역사를 바꾼
50인의 위대한
리더십

역사를 바꾼 50인의 위대한

리더십

마크 로버트 폴릴 지음 | 김수진 옮김

:정 치 의 리 더 십:
:종 교 의 리 더 십:
:군 사 의 리 더 십:
:사 상 의 리 더 십:
:과 학 의 리 더 십:
:어 심 의 리 더 십:
:기 업 가 · 발 명 가 의 리 더 십:
:외 교 의 리 더 십:

LEADERSHIP

말·글빛냄

위대한 리더는 사회와 문명을 캔버스 삼아 그림을 그리는 화가다. 역사의 기록은 위대한 인간과 그 인간들이 숭배하는 신에게 바치는 찬가에서 시작되었다. 그 후 대중정치 시대를 기점으로 20세기까지, 역사학자들은 리더들이 보다 내밀하고 인간 외적인 '역사의 힘'에 예속되어 있는 경우가 흔히 있음을 증명해보이기 시작했다. 카를 마르크스가 말했듯이 "인간은 자신의 역사를 만들지만, 자신이 만들어낸 조건으로 만드는 것은 아니다."

토마스 칼라일Thoman Karlyle을 위시한 여러 저술가들의 지지를 받은 '영웅great man'이라는 역사 이론은, 최근까지도 이제는 역사 속에 사라진 코르셋이나 코네스토가 왜건(시카고 지역에 처음으로 정착했던 이들이 운송수단으로 이용했던 대형 포장마차—역주)처럼 그야말로 해묵은 이론으로 여겨졌다.

그러나 21세기에 들어서면서 역사와 리더십에 관한 연구, 진화론적 심리학과 같은 다양한 분야에서의 최근 연구로, 우리는 다시 한번 위대한 역사 속 리더들에 대한 경외감을 느낄 수 있게 되었다. 작은 존재에 불과한 한 개인이 역사에 있어 중요한 차이점을 만들어 낼 수 있는 것이다. 나비의 날갯짓이 지구 반대편에 거대한 폭풍을 일으키듯이….

이 책은 몇 가지의 간단한 의문에서 시작한다. 개인이 정말 역사에 크고 중요한 차이를 만들 수 있는 걸까? 만일 그렇다면 어떻게 그것을 증명할 수 있을까? 어떻게 그러한 개개인이 '역사를 만드는 것일까?' 개인과 사회, 혹은 한 개인이 다양한 방식으로 만들고자 하는 사회와의 관계는 과연 어떤 것일까? 리더는 타고나는 것일까, 아니면 만들어지는 것일까? 실제로, 그리고 지적으로 일상 속 우리에게 자극을 주는 역사상 위대한 리더십에 대한 연구에서 뚜렷하게 구별되는 어떤 패턴이 있기는 한 걸까? 위대한 리더가 될 기회는 남녀 모두에게 동등하게 부여되는 것일까? 위대한 리더십은 시대와 장소, 문화와 관계가 있는 것일까? 시대와 장소, 문화의 차이를 초월하는 위대한 리더십의 기술에 보편적 실재가 존재할까? 훌륭한 참모 없이 위대한 리더가 가능하기는 한 것일까? 성숙한 민주 사회에도 여전히 위대한 리더는 필요할까? 생물학은 그러한 리더의 탄생에 어떠한 역할을 하며 문화는 또 어떤 역할을 할까? 이러한 의문들이 근본적인 해답을 줄 수는 있을까? 만일 그렇다면 역사상 위대한 리더십에 대해 물어야 할 질문을 이제는 바꿀 때가 되었다는 뜻 아닐까?

나는 역사상 위대한 리더십이라는 주제에 관한 기존의 문헌들을 이 책을 읽고 있는 독자들을 위해 쉽고 훌륭하게 종합하려 한다. 이 책은 위대한 리더십의 아직 밝혀지지 않은 부분에 대해 우리가 품을 수 있는 의문에 독자 스스로 자신의 생각을 확립할 수 있도록 이론적 도구와 내용적 데이터베이스를 제공할 것이다. 우리가 '리더십은 가장 많은 주목을 받았으면서도 가장 이해하기 힘든 현상 중 하나다'라는 사실을 깨닫는 데 이 책은 충분히 제 역할을 발휘해 줄 것이다.[주1]

위대한 리더에 대한 사례를 연구함에 있어서 아래 기준을 적용해 초점을 맞췄다. 어느 정도는 십여 년 이상 대학에서 역사를 가르쳐 온 경험에서 나온 필자의 판단과, 역사 교과서와 전문적인 리더십 연구 문헌(참고 문헌 참조)에 자주 등장하는 위대한 리더들에 의존했다. 필자는 또한 정치 및 종교, 예술, 과학적 영역에서의 리더십을 연구하고자 했다. 또 한 가지 고려해야 할 사항은 이 책에서 다룰 위대한 리더들이 당대뿐 아니라 오늘날 우리 사회에 어느 정도까지 영향을 미치고 있는가이다.

우리는 또한 조건법적 서술에 의한 의문(니얼 퍼거슨Niall Ferguson 등 유명 역사학자들에 의해 다시 한번 그 가치를 인정받았다)을 가질 수도 있을 것이다. 바로 이런 것인데, X라는 리더가 이 세상에 태어나지 않았다면 어떻게 되었을까? 그랬다면 과연 역사는 변화하지 못했을까? 역사가 결국 어느 정도 비슷한 길을 가는 것으로 밝혀진다면, 리더 X는 그 역사에 등장하지 않을 것이다. 도덕성에 있어서는 어떨까? 이 책이 단지 훌륭한 리더들에 대한 것이어야만 할까? 한 가지 분명한 사실은 훌륭한 리더들조차도 당대에는 결코 성인이 아니었으며 성인으로서 기대되지도 않았다는 것이다.

또 다른 문제는 역사학자 존 루카치John Lukacs가 확인한 사실로, 히틀러와 같은 리더가 '대단한 것'은 그들이 역사에 끼친 영향과 리더십 능력 때문이라는 것이다. 우리가 히틀러나 이반 4세Ivan IV와 같은 역사의 폭군에 주목해야 할 점은, 루카치에 따르면 '자신들이 가진 재능을 사악한 목적에 이용했다'는 것이다. 그러나 그들이 역사에 끼친 영향은 우리가 이 책을 읽는 목적과 부합한다.

리더의 위치에 있음에도 합당한 재능을 갖추지 못한 리더들은 불가능해 보이는 일을 지속적으로 수행해 줄 참모진이 주변에 없으며, 자신이 책임지고 있는 비전을 중심으로 사람들을 규합시킬 능력조차 가지고 있지 않다. 이 책에서 다룰 위대한 리더들은 사람들에게 자신의 원대한 비전을 명확하게 표현함으로써 정상적인 상태에서는 하지 않을 행동을 사람들 스스로 하게 만드는 능력을 지니고 있었다.

CONTENTS

01

: The Leader as Politician :

정치의 리더십

: 윈스턴 처칠 Winston Churchill(1874~1965)

윈스턴 처칠은 2차 세계대전 중 대영제국의 수상으로 재임하면서 전쟁을 승리로 이끈 영국의 정치가다. 처칠은 체계가 잡히지는 않았지만 르네상스 교양인으로서 베스트셀러 작가이기도 했으며(주로 역사서를 썼다), 군인이었고, 아마추어 화가이기도 했다. 특히 2차 세계대전 중 그가 했던 명쾌한 연설로 유명하다.

최고를 향한 끈기의 리더십

처칠은 가문의 배경으로 고통을 겪었으면서도 또한 그 권위로 덕을 보기도 한 리더의 전형이다. 말보로 공작the Duke of Marlborough(루이 14세의 군사적 앙숙)의 직계 후손인 처칠은 출신 가문 덕분에 빅토리아 시대 영국에서 높은 사회적 지위를 물려받을 수 있었다. 처칠은 뛰어난 재능도 물론 가지고 있었지만, 그가 높은 사회적 지위를 갖고 태어나지 않았더라도 과연 그러한 업적을 이룰 수 있었을지는 장담하기 어렵다(처칠이 학창시절 겪었던 학습 장애를 생각해 볼

때 그러한 의문은 커진다). 가문의 배경이 처칠에게 부정적인 영향을 미치기 시작한 것은 아버지인 랜돌프 처칠 경 Lord Randolf Churchill과의 뒤틀린 관계에서 비롯된다. 그의 아버지는 재능 있는 정치가로서, 천천히 성장한 윈스턴에게서 너무 일찍부터 지나치게 많은 것을 기대했다. 윈스턴은 지나치게 많은 것을 요구하는 아버지의 입장에서 부족하기만 한 아들이었다. 그의 어머니 제니 제롬Jennie Jerome은 아름다운 미국인이었지만, 윈스턴의 성장기 시절 남편과 헤어졌다. 가정 내의 그러한 긴장 상태는 공적으로 드러난 랜돌프의 매독 감염으로 일어난 것이었다. 랜돌프는 매독으로 인해 마지막 의회 연설에서조차 흐느끼고 조리에 맞지 않게 말을 더듬거릴 정도였다.

처칠의 리더십 능력의 열쇠는 "유명한 사람들은 대개 불행한 어린 시절을 보낸다"라고 하는 그의 신념에서 찾을 수 있다. "환경이 주는 가혹한 압박, 자신의 불운에 대한 정신적 고통, 어린 시절에 겪었던 멸시와 상처에서 오는 자극 등이 있어야만 확고부동한 목적을 끊임없이 환기할 수 있으며, 그것이 없으면 위대한 실천은 좀처럼 이뤄지지 않을 것이다"라고 그는 믿고 있었다.[주2] 위대한 리더의 자리에 오르려 한 윈스턴 처칠의 추진력은, '황폐한 들에 놓여 있는 깃발을 다시 세워 올리려는 … 내 아버지의 기억이 정당하다는 것을 입증하려는' 그의 바람에서 기인한 것이었다. 관행대로 당시 영국 상류층의 교육을 받으면서, 처칠은 정서적으로 부모보다는 '움'이라는 애칭의 그의 보모에게 더 의지했다. 처칠이 학창 시절부터 보여 준 타고난 리더십 자질은 집요한 끈기였다. 그는 해로우학교에 재학하던 시절 자신의 난독증을 이겨내기 위해 무던히도 몸부림쳤으며, 학문적인 분야를 넘어 다른 분야에서 자신의 리더십을 증명해 보일 기회를 찾아내려 애썼다. 윈스턴 처칠의 키는 겨우 168cm에 불과했고 늘 허약했다. 그런 그가 펜싱을 비롯한 여러 운동에서 뛰어났던 것은 순전히 그의 고집스런 끈기 덕이었다. 처칠은 또한 걸핏하면 사고를 당했는데, 1931년 뉴욕의 어느 거리에서 자동차 사고로 하마터면 죽을 뻔한 일도 있었다.

아버지의 눈에 들고픈 욕심에 그는 영국의 명문 사관학교인 샌드허스트 입학시험에 겨우 합격하게 되었다. 제4 허자 경기병대에 입대한 후, 그는 자기 자신과 자신의 대의를 미리 알리기 위해 영국 사회의 상류층 사람들과 친분을 맺기 시작했다. 집요한 성격과 사회적 인맥으로 그는 군인으로, 또 언론인으로 유명세를 타게 되었다. 그는 인도에서도 복무했는데, 영국의 이권을 위한 파탄무슬림과의 전투와 사소한 충돌을 즐기기까지 했다. 인도에 있는 동안 처칠은 시간을 효율적으로 사용하면서 자신이 해로우학교와 샌드

허스트사관학교에 다니면서 미뤄 두었던 독서를 시작했다. 기번 Edward Gibbon의 『로마제국쇠망사』는 그가 이 시기에 읽은 책 중 가장 대표적인 것이다. 더욱 중요한 것은 처칠이 사병들과 친밀한 관계를 유지함으로써 통찰력 있는 리더십을 보여 주었다는 것이다. 다른 장교들이 인도에서 클럽에 드나들고 폴로를 즐기면서 안이한 생활을 해 나갈 동안 처칠은 자기 자신을 계속 향상시키기 위해 더 힘든 길을 선택했고, 이는 미래에 있을 새로운 기회를 놓치지 않기 위한 준비의 시간이었다.

처칠은 또한 행동으로 위대한 리더십을 보여 주었다. 1898년 수단, 그는 영국의 이권을 위협하는 아프리카와 이집트에서의 이슬람 근본주의자 반란을 진압하기로 결심했다. 그는 기술적으로 뒤떨어지는 적에게 기관총과 리엔필드 소총 등 최신식 무기가 미치는 영향을 예의 주시했다. 전투에서 현대적 기술의 역할이 매우 큼을 진작부터 알고 있었던 처칠이었기에 훗날 연구원들이 제공해 준 레이더와 암호 해독기, 원자폭탄이 나치와의 대치 상황에서 매우 큰 역할을 할 수 있었다.

군대에서의 모험주의와 저널리즘에 한창 몰입해 있던 중, 처칠은 쿠바를 방문했고 그곳에서 게릴라가 스페인 당국과의 싸움에서 소기의 성공을 거두고 있는 것을 목격했다. 마침내 그는 보어전쟁이 한창이던 때 남아프리카로 여행을 떠났다. 보어인에게 투옥된 이후, 처칠은 탈출하여 다시 영국으로 돌아왔고 그로써 그의 정치 인생은 시작되었다. 사실 세계대전 이전의 유럽의 제국주의는 이러했다. "왕과 국가는 윈스턴 처칠이 가진 절대적 종교였다."

처칠이 영국과 대영제국에 대해 가지고 있던 뜨거운 신념은 그의 군생활이 마무리 단계에 들어섬에 따라 정치로의 몰입을 가능하게 했다. 1901년에 그는 초선의원으로 의회에 진출한다. 그는 이렇게 표현했다. "파도는 지배할 수 있을지 모르나 정작 자신의 하수구 물은 처리하지 못하는 제국에게 영광은 없다." 처칠은 20세기의 열강들이 외교 정책을 의욕적으로 수행하기 위해서는 자국 내 사회적 힘을 길러야 한다고 생각할 정도로 통찰력 있는 사람이었다. 그러나 처칠이 항상 훌륭한 연설가였던 것은 아니다. 그는 1914년 전쟁이 일어나기 전 의회에 있으면서도 자신의 재주를 연마하고, 책임을 다하기 위해 열심히 노력했다. 처칠은 독립심이 강한 여성과 결혼했다. 클레멘타인Clementine Churchill은 남편이 정치 인생에서 해로운 사람을 곁에 두지 않도록 끊임없이 경고하는 현명한 아내였다. 존 키건John Keegan은 처칠을 여자 복이 없는 사람이라고 생각했으며, 많은 위대한 리더와 마찬가지로 자신의 정치적 운을 앞당긴다는 점에서 외골수였다고 기억한다.

히틀러처럼 처칠 역시 1차 세계대전에서 고무적인 대의와 성공을 가속화하는 데 힘을 실어 줄 만한 것을 발견했다. 전쟁이 시작되자 해군본부의 지휘권을 가진 처칠은 독일군에 맞서 영국 해군을 효과적이면서 안전하게 모병했다. 처칠은 그 시대 많은 사람들과 마찬가지로 서부 전선에서 전개된 군사적 위기에 대해 깊은 좌절감에 빠져 있었다. 그러나 다른 사람들과는 달리 그는 그러한 위기를 극복하기 위해 정도에서 벗어난 작전을 쓰며 한 사람의 리더로서 기꺼이 위험을 감수했다. 처칠은 갈리폴리 전투(터키에 대한 당시의 공격은 러시아와의 통신망과 보급선에 포격을 개시하기 위한 작전이었다)에서 패배함으로써 비싼 대가를 치렀고 수상이 되겠다는 그의 야심을 스스로 의심할 정도가 되었다. 그러나 순수하고 집요한 처칠의 칠전팔기 성격은 다른 정치가라면 영원히 매장되었을 비참한 패배에서 그를 재기할 수 있게 해 주었다. 전쟁이 끝날 때까지 그저 그늘 속에 숨어있는 대신, 처칠은 로얄 스카우트 퓨질리어 보병제6연대의 중령으로서 참호에서 시간을 보냈으며 최초로 전쟁에서 탱크를 사용할 수 있도록 단계를 빠르게 진척시켰다(탱크의 암호명은 '물탱크' 였는데, 이는 탱크 관련 사항이 극비였기 때문이다).

처칠이 보다 훌륭한 리더가 될 수 있었던 것은 자신의 성격에서 다른 면을 개발하려고 기꺼이 노력한 때문이다. 그는 노벨상 수상 작가가 되기 위해 자신을 단련했으며, 여가 시간에는 그림을 그리기도 했다. 그러한 활동은 처칠에게 있어 매우 건전하게 작용했다. 처칠은 그런 활동을 통해 뿌리 깊은 우울증 발작(그는 그것을 '검둥개' 라 불렀다)과 맞서 싸울 수 있었던 것이다. 서서히 처칠은 자신의 명성을 되찾았고, 갈리폴리 전투 이후 국수 장관과 국무 장관, 재무 장관과 식민성 장관을 역임했다.

그러나 세계대전 이후 몇 년간은 처칠에게 있어 그야말로 '황무지 같은 세월' 이었다. 그는 자신이 그토록 오랫동안 동경해 온 권력과 정치의 중심부로 결코 들어가지 못할 것이라고 생각했다. 그

16

의 토리당 정치는 20세기 사회주의와 노동당이 꾸준히 득세하면서 점점 구태의연한 것으로 치부되는 것 같았다. 심지어 처칠의 재정 상태는 1929년의 주식 시장 붕괴로 심하게 타격을 받았다. 그 황무지 같은 세월은 1931년에 가장 밑바닥으로 곤두박질쳤다. 뉴욕에서 자동차 사고로 죽을 고비를 맞은 것이다. 그는 평소에도 강건하지는 않았으나 이 시기에 더욱 더 악화되는 것 같았다. 훗날 그때를 회상하며 처칠은 이렇게 말했는데, "사무실도 없고 앉을 자리도 없고, 소속 당도 없고, 심지어 맹장까지 없는" 상태였던 것이다.

평범한 사람이라면 이러한 고난에 무릎을 꿇었을지도 모르겠다. 그러나 처칠은 자신을 다시 추스르고 역사와 세계대전, 작금의 사건에 대한 글을 쓰는 일에 열중하기 시작했다. 그는 재정 상태를 충분히 회복하여 자녀 모두를 명문 학교에 보냈고 최고급 의류를 입었으며, 아바나산 엽궐련을 즐기며 자신이 좋아하는 위스키와 소다를 마음껏 마실 수 있게 되었다. 그러한 때 처칠은 중년의 여유를 즐기며 편안한 인생행로를 선택할 수도 있었다. 그러나 1930년대 히틀러의 승승장구에 처칠은 새로이 초점을 맞추기 시작했다. 마치 카산드라(불행한 일의 예언자—역주)처럼, 처칠은 앞으로 닥칠 세상의 위험에 대해 경고했으나 모두 헛일이었다. 1차 세계대전 같은 무시무시한 전쟁이 또다시 발발하는 것을 막기 위해 여론은 회유책에 기울었다. 처칠은 강인한 성품으로 당시의 여론에 맞섰다. 당시 대중의 지지를 얻지는 못했지만 그는 매우 일관되게 히틀러에 대해 강경한 입장을 고수했고, 그로 인해 자신이 단순한 정치가가 아니라 진정한 리더임을 증명했다.

결국 처칠이 가장 우려했던 일이 현실로 드러나고 말았다. 1939년 히틀러의 폴란드 침공으로 전쟁이 발발한 것이다. 1940년 5월 무렵 히틀러의 군대가 이미 프랑스 깊숙이까지 들어오자 영국인들은 재야의 예언자 윈스턴 처칠에게 구원을 요청하게 되었다. 이러한 위기 상황에서 수상직이라는 달갑지 않은 감투를 쓴다는 것이 얼마나 힘든 일인지는 모두가 알 것이다. 영국의 전략적 상황은 절망적이었다. 히틀러가 스탈린과 손을 잡으면서 러시아는 기껏 중립적인 입장을 취하고 있었다. 프랑스를 점령하면서 히틀러는 영국을 침공할 준비를 갖출 수 있게 되었다. 미국은 유럽의 전쟁에 또 다시 참전하기를 원치 않았다. 도대체 전쟁은 왜 계속되는 것일까? 존 참리John Charmley와 다른 수정주의 역사학자들은 영국이 대영제국과 독립적으로 평화를 유지했더라면 더 잘 살게 되었을 것이라고 주장한다. 처칠은 여러 가지 선택의 가능성 중에서 숙고에 숙고를 거듭했겠지만, 참리의 그러한 주장에 대해서는 전혀 생각도 하지 않을 사람이었다. 처칠은 전쟁을 하겠다고 신속히 결정했다. 이것이 아마도 처칠의 정치 인생에서 가장 위대한 리더십의 결정이었을 것이다. 그가 히틀러와 흥정을 했더라면 단지 영국 국민들에게 일시적인 안위를 보장했을 뿐, 장차 나치 독일의 위성국가의 하나가 됨으로써 영국의 미래를 희생하면서 불가피하게 비싼 대가를 치르고야 말았을 것이다.

그러나 처칠은 전쟁을 결심했고 나치 독일과 끝까지 싸우는 데 사활을 걸기로 다짐했다. 영국은 한정된 자원으로 세계대전을 치르기 위해 모병을 실시했으며, 그에 대한 공은 처칠에게로 돌아갈 만하다. 1인당 국민 소득을 기준으로 볼 때 처칠이 수상으로 있던 당시 영국은, 경제사학자 알란 밀워드Alan Milward에 따르면 모든 주요 경제 부문을 지나치게 많이 전쟁에 동원했다. 처칠은 심지어 나치 침략군이 영국 해안에 착륙할 것에 대비해 독가스 살포 계획을 세우기도 했다. 1941년 스탈린이 히틀러의 공격을 받게 되자, 처칠은 가능한 자신의 모든 외교적 수단을 동원하여 스탈린을 지원했다. 그 보수적인 토리당원은 공산주의와 힘을 합칠 길을 찾은 것이다. 리더로서 처칠의 최우선 목표는 나치 독일의 철저한 파괴라야 했고, 그 역시 그것을 알고 있었다. 처칠은 그러한 동맹이 히틀러의 패배를 보장할 수만 있다면 악마와의 거래도 용인할 수 있었다고 훗날 솔직하게 인정하기도 했다. 사실 히틀러는 처칠과 같은 리더를 본 적이 없었다. 무자비하고 권모술수에 능한 스탈린조차도 히틀러를 아군으로 대해야 할지 적군으로 대해야 할지를 완전하게 이해하지 못했다. 요컨대 다른 리더가 판단을 확실히 내리지 못하면서 어설픈 영악함만을 가지고 나치의 위협에 대응하고 있을 때, 처칠은 리더의 자리에 오르는 순간부터 단호히 히틀러를 상대한 것이다.

영국이 전쟁에서 밀려난 후 군 인력과 장비를 잃은 뒤였기 때문에, 1940년 여름 처칠이 영국인들에게 계속 전투에 임하도록 하기 위해 취할 수 있는 방법은 오직 연설뿐이었다. 어느 비평가의 말처럼 처칠은 이 시기에 '영어로 가능한 모든 연설을 동원해 모병하는 데 성공한' 능력을 발휘함으로써 자신의 위대한 리더로서의 면모를 증명해 보였다. 위기 상황에서도 냉정함을 유지하는 처칠에 비해 히틀러는 형편없는 리더였다. 위기나 심각한 도전에 직면했을 때 히틀러는 비이성적으로 격분하는 반면(히틀러는 1940년 베를린이 영국군에게 오인 폭격을 당한 이후 곧바로 런던을 폭격하는 무리수를 두게 된 것이다), 처칠은 전쟁을 치르는 동안 줄곧 평정심을 유지했다. 그의 하루 일과는 오히려 전쟁 중에 더 규칙적이었다. 취침은 늦어도 새벽 2시, 아침 기상은 8시, 침대에서 공문서를 훑어보면서 아침 식사를 했고(파트리지 고기나 꿩 고기 또는 스테이크를 즐겨먹었다), 뒤이어 회의와 공식석상에 모습을 보이는 일로 매일의 일과를 일정하게 유지했다. 히틀러와는 달리 전쟁통에도 처칠은 기꺼이 전선을 순방하며 폭격 당한 도시를 찾아갔고, 시민과도 대화를 계속했다. 처칠은 리더로서 더없이 훌륭한 면모를 보인 것이다.

그는 또한 자신에게 독창적인 조언을 제시할 만한 훌륭하고 독립심이 강한 인물을 늘 가까이 두었다. 정부 내적으로 갈등이 있는 경우에도 그는 내각의 의사를 결코 거스른 일이 없다. 그는 민주주의가 다른 것은 모두 제쳐놓고라도 정부의 형태로서는 최악의 조건일 수도 있다는 인식을 할 정도로 현명했다. 처칠의 군사 고문이었던 알란 브룩Alan Brooke의 표현을 빌자면, 윈스턴 처칠은 "매일 열 가지 생각을 했는데, 그 중 하나만이 좋은 생각이고 나머지 아홉은 형편없었다." 히틀러와는 달리 처칠은 다양한 경험에서 나오는 현명한 견해를 수용해 자신의 의사결정을 철회하기도 하는 등, 리더로서의 지혜로운 면모를 보여 주었다.

그가 리더십을 갖고 가장 훌륭하게 행동한 일은, 1940년부터 1941년까지 히틀러를 상대로 영국 홀로 전쟁을 계속한 것이었다. 그렇게 함으로써 그는 러시아와 미국을 상대로 전쟁을 벌인 히틀러에게 확실한 패배를 안겨 주었던 것이다. 처칠은 끈질긴 집요함으로 어떻게 위대한 리더십이 패배를 위대한 승리로 뒤바꾸는지를 증명한 것이다.

: 아돌프 히틀러 Adolf Hitler(1889~1945)

아돌프 히틀러는 1933년부터 1945년까지 독일을 지배한 독재자다. 1차 세계대전의 사병으로 출발한 그가 독일의 최고 권력자가 된 것은 1차 세계대전을 종식시킨 베르사유 조약에 대해 독일인이 품은 집단 우울증과 분노 때문이었다. 그는 2차 세계대전의 발발에 가장 큰 역할을 했다. 히틀러의 극단주의 나치 이데올로기는 그가 정복한 나라의 국민들에게는 호소력을 발휘하지 못한 것으로 드러났으며, 결국 그것은 1945년 독일을 참패로 이끄는 요인이 되었다.

사악한 목적으로 쓰인 위대한 재능

그저 평범하기만 했던 아돌프 쉬클그루버Adolf Schicklgruber는 역경을 딛고 많은 이들이 20세기 초강대국 중 하나가 될 것이라 기대했던 나라, 독일의 리더가 되었다. 아마도 뛰어난 재능과 에너지, 야망을 그토록 형편없는 목적에 이용한 리더는 역사상 결코 없을 것이다. 히틀러는 1889년 오스트리아 브라우나우에서 출생했다. 대부분의 역사학자들은 히틀러의 조상이 유태인이라는 주장을 무시

하지만 정작 히틀러 자신은
이러한 자신의 혈통을 우려
했을 것이다. 그의 아버지 알
로아Alois Hitler는 다문화 국
가인 오스트리아-헝가리제
국의 세관 공무원이었다. 어
머니 클라라Klara Polzl가 히
틀러를 너무 애지중지 키워
그를 망쳐놓은 반면, 그의
아버지는 아동학대라고 여
겨질 정도로 어린 히틀러에

게 자주 폭력을 행사했다. 훗날 히틀러는 자신의 학창시절에 대해
역사 과목에 뛰어난 학생이었다고 주장했는데, 역사에 대한 그의
관심은 높은 역사 성적을 훨씬 능가하는 것이었다. 그의 유년 시절
사진을 보면 어릴 때부터 자주 싸우는 아이였음을 느낄 수 있다.
혹자는 그의 어린 시절 사진을 보고 윌리엄 골딩William Golding의
소설 『파리 대왕』에 나오는 어린 골목대장에 딱 들어 맞는 모습이
라고 생각할지도 모르겠다.

　히틀러는 십대 시절부터 미래에 이룰 자신의 위대한 성공에 대
한 야심찬 생각을 키워 나갔다. 그에게서 어린 월터 미티(제임스 서
버James Thurber의 단편 소설 『월터 미티의 비밀 생활The Secret Life of Walter
Mitty』에 나오는 가상의 인물—역주)의 모습을 발견했다고 느끼는 사람

도 있다. 그의 꿈은 항상 그가 가지고 있는 능력보다 더 원대했다. 히틀러를 가르친 교사와 동기 등 많은 이들이 평하기를 그는 기본적으로 게으른데다 턱없이 허황된 꿈을 꾸는 성향이 오묘하게 뒤섞여 있었다고 한다. 아버지가 세상을 떠난 후, 히틀러는 쿤스틀러 Mort Kunstler 같은 위대한 화가가 되기로 결심하고 비엔나로 떠났다. 그는 비엔나예술원에 지원했으나 낙방한다. 히틀러가 당시 그린 그림은 판에 박힌 현실주의 양식을 보여 준다. 당연히 사람들은 그의 그림을 눈여겨 보지 않았다. 히틀러는 정치가가 되어 자신을 한 예술가로서 느끼며 사람들을 자신의 미적 설계에 따라 재배치할 수 있는 풍경 속 인물로 여긴 것은 아닐까?

이 시기 히틀러의 친구인 아우구스트 쿠비젝August Kubizek은 히틀러가 몇 시간이고 도서관에서 시간을 보내고, 밤새도록 잠도 자지 않으면서 결코 완성하지도 못할 오페라를 작곡하거나, 어떤 정치적 사건이나 당시의 이론에 대해 독백처럼 쉼없이 이야기하거나를 번갈아 가며 되풀이했다고 말했다. 비엔나에 체류하던 시절 히틀러의 자유분방한 생활의 뒤에는 그를 유난히도 아끼던 어머니의 재정적 지원이 있었다. 후에 자신의 자서전인 『나의 투쟁』을 위해 만들어 낸 이야기와는 대조적으로, 그는 사실 이 시기 가난한 노동자로 살지는 않았다. 대학 문턱에는 가 본 적도 없는 그에게, 사실상의 대학은 이 시기 동안 계속해서 '수업료'를 대 준 어머니로 인해 그가 누린 비엔나에서의 자유분방한 룸펜 생활이었다.

비엔나에 있는 동안 히틀러는 선동적인 비엔나 시장 카를 뤼거

Karl Lueger의 영향을 받았다. 뤼거는 반유대주의 성향을 이용해 권력을 유지한 정치가였다. 반유대주의는 동유럽 출신의 유태인들이 구 제정 러시아 시절의 고난과 대학살을 피해 서유럽 쪽으로 이동하고 있었던 당시 대중적으로 인기를 얻을 수 있는 정치적 카드였다. 뤼거는 "나는 유태인이 어떤 인간인지를 분명하게 정의한다"라는 말로 유명하며, 그것을 자신의 시장직의 남은 임기 동안 정치적으로 유리하게 이용했다. 히틀러는 또한 성년이 되면서 게오르크 폰 쇠네러Georg von Schonerer의 범게르만주의적 민족주의의 영향도 받았다. 그는 또한 하층 인종주의적 대중 언론에 크게 감화를 받기도 하여, 북유럽 게르만계 민족의 우수성과 유태인의 표리부동에 대한 이론을 논하던《오스타라》등의 삼류 잡지를 수집해 탐독하였다.

　오늘날 우리가 히틀러를 알게 된 단 한 가지 이유는 바로 1차 세계대전이다. 어머니가 암으로 사망한 후 히틀러는 혈혈단신 외톨이가 되었다(아이러니하게도 그는 유태인 의사 에두아르드 블로흐Eduard Bloch가 자신의 어머니를 치료해 준 것에 감사했다). 돈은 다 떨어지고 미술에 있어서 이렇다 할 만한 이력도 없던 히틀러에게 세계대전은 자신의 존재를 내세울 수 있는 큰 기회였다. 히틀러는 오스트리아-헝가리제국에서의 군복무를 피하기 위해 1914년 독일 뮌헨으로 이주함으로써 징병 기피자가 되었다.

　1914년 9월 무렵, 히틀러는 독일제국 군대에 자원입대하였다. 그는 1918년까지 서부 전선에서 통신병으로 복무했다. 그는 겨우 상병까지 진급하는 데 그쳤는데, 상관들이 히틀러에게서 리더십 능력을 발견하지 못했기 때문이다. 참호에서 그의 가장 친한 친구는 개였다. 동료들이 히틀러를 외톨이지만 전쟁을 즐긴 사람으로 기억하는 것은 그리 놀라운 일이 아니다. 그는 전선에서 휴가 중에도 도덕적으로 절제하며 엄격한 생활을 했음이 분명하다(그러나 동료들에게는 환영 받지 못하는 성격이었다). 히틀러는 결국 전시의 공훈을 인정받아 유태인 장교로부터 철십자훈장을 받았다.

그러나 1918년 전선에서 독가스 공격을 받으면서 행운의 여신은 그를 저버리기 시작했다. 일시적으로 눈이 멀게 되는 고통을 겪은 것이다. 역사학자 중에는 그저 아무 것도 내세울 것 없는 평범한 사람이 광신적 정치가로 탈바꿈한 것은 심리적으로나 육체적으로 경험했던 이 시기의 정신적 충격으로 인한 '회심체험conversion experience'의 결과였다고 믿는 사람도 있다. 병원에서 점차 회복하면서도 1918년 11월 독일의 공식적인 패배에 대한 그의 분노는 누그러들지 않았다. 그가 아는 범위에서, 또한 뉴스에 대한 불신에서, 그는 독일 운명의 충격적이고 예기치 않은 반전에 대한 독일인들의 반응을 구체화했다. 대부분의 독일인들은 1918년 여름, 승리가 거의 임박했다고 느꼈던 것이다. 러시아가 1917년 동유럽에서 이미 패하지만 않았더라도.

히틀러는 독일이 전쟁 반대론자와 좌익 정치가, 유태인이 연합하는 바람에 '등 뒤에서 칼에 찔린 격'이 되었다고밖에 결론 내릴 수 없었다. 파리 평화회의에서 나온 예기치 않은 베르사유 조약의 엄혹함은 이러한 생각에 대한 그의 믿음을 확인시켜 줄 뿐이었다. 그는 종전 이후 정치가가 되기로 결심했다. 그의 새 가족인 독일군은 히틀러를 스파이로 잠정 고용했다. 스파이로서의 임무는 뮌헨 지역에서 활동하고 있는 다양한 급진 단체를 감시하는 일이었다. 결국 그는 자신이 감시 활동은 벌인 소수당 하나를 접수하기에 이르렀다. 나중에 국가사회주의당으로 알려지게 된 당이었는데, 주로 술이나 마시면서 자본주의와 유태인, 독일의 민족주의의 위대한 미래에 대해 한탄하는 몇 안 되는 당원들로 구성된 그런 당이었다. 창당 초기부터 국가사회주의당은 전형적인 '반정당'이었다. 긍정적인 것에 대해서보다는 공산주의, 민주주의, 유대주의 같은 것에 더 반대한 것이다. 히틀러는 리더십의 기술이 국민의 관심을 하나의 적에게 집중시키는 것이라 믿고 있었기에 종국에는 독일의 과거와 현재의 고통에 대한 희생양으로 유태인을 이용했다.

1920년대 국가사회주의당을 이끄는 과정에서 히틀러가 전술적인 기회주의자로서의 면모를 보인 것은 나름 흥미로운 점이다. 그는 지속적으로 베르사유 조약의 부당함에 주목했으며, 현재의 신생 독일 민주주의 정부의 무능함으로는 독일인들의 문제를 해결할 수 없다는 데 초점을 맞추었다. 당시 그는 청중이 반유대주의에 대해 불편해 한다는 것을 감지하면서, 자신의 반유대주의를 실제로 얕잡아 보고 있었다. 그는 자신의 상징이 된 연설법을 개발함과 동시에 연설 시간에 늦는 용의주도함을 보였다. 이로 인해 군중은 기대감으로 더욱 격앙되었고 거칠어졌다. 실로 히틀러를 리더로서 두드러지게 만든 것 중 하나는 바로 예술가적인 독특한 통찰력을 판에 박힌 정치 공작과 융합시키는 그의 능력이었던 것이다.

그는 나치의 깃발과 기념장, 그리고 그의 유명한 연설용 극장을 설계하는 데 있어 크나큰 역할을 했다. 그는 리더십을 하나의 '종합 예술 작품'으로써 접근했다. 추종자들의 감각을 압도하며 위압감을 주도록 설계한 바그너풍 종합 예술 작품인 것이다. 히틀러는 청중의 합리적인 본능을 제어하고 가장 깊숙이 내재되어 있는 충동과 악의 화신에 직접 호소하는 방법을 알고 있었다.

1923년 무렵, 히틀러는 독일 바이마르 공화국의 혼란스런 정치 상황에서 권력을 향한 직접적인 승부수를 던질 준비를 하고 있었다. 그해의 맥주홀 폭동(뮌헨 폭동이라고도 불림—역주)은 대재앙이었다. 자신의 민족주의적 목표를 지지하는 세력이 봉기할 것으로 예상한 것과는 달리 결코 실현되지 못했다. 그는 쿠데타 시도로 인해 재판에 회부되고 말았다. 히틀러는 엄청난 회복력을 보여 주었으며 리더로서도 빈틈이 없었다.

그는 오히려 그 재판을 이용해 자신을 신성한 독일 민족주의 야심을 위한 순교자로 만들었다. 그는 정부가 베르사유 조약에 순순히 항복한 데 대한 공격의 수단으로 그 재판을 이용했다. 국가에 대항하는 반역 행위에도 불구하고 히틀러는 지극히 가벼운 형량을 선고 받았다. 란쯔베르크 감옥에 수감되어 있었던 기간은 실제로 히틀러의 리더로서의 성장에 긍정적으로 작용했다. 그 기간 동안 히틀러는 자신이 겪은 경험에서 많은 것을 터득할 수 있었다.

자신의 세계관을 완성시키기 위해 독서와 글쓰기 훈련을 하는 기회로 삼았던 것이다.

감옥에 있으면서 그는 『나의 투쟁』을 썼다. 히틀러는 후에 리더로서 최고의 자리에 올랐을 때 실제로 자신이 그 저서에 쓴 대로 행동했으며, 또한 자신이 추구하는 바를 그대로 책 속에 표현했다. 1945년 스스로 목숨을 끊을 때까지 벗어 버리려 하지 않은 정치적 이념을 이 시기에 세워 놓은 것이다. 그러면 『나의 투쟁』에 담겨 있는 핵심 이념은 무엇일까? 간단히 말해 19세기 독일 민족주의, 유태인 혐오증, 인종적 다원주의를 강력하게 통합한 책이다. 히틀러는 자신이 역사를 여는 열쇠를 발견했다고 믿었다. 즉, 역사적 변화는 인종적 투쟁과 생존을 위한 국가 간의 투쟁 결과라는 것이다. 인종 간에는 공간, 즉 국민의 생활권을 두고 서로 전쟁이 있어 왔다. 독일이 러시아의 막대한 자원을 개발함으로써 유럽을 지배하고 나면, 히틀러는 독일이 초강대국으로서 세계를 지배하게 될 것이라고 전망했다.

바로 이 시점에서 그가 '유태-볼셰비즘Judeo-Bolshevism'이라 부르던 실체를 전멸하려는 시도가 시작될 수 있었다. 히틀러에게 있어서 유태인은 모두 공산주의자였으며, 공산주의자는 모두 유태인이었다. 그의 눈에 유태인과 공산주의자는 유럽과 독일 문명을 위협하는 '사악한 병균'의 양면에 지나지 않은 것이다. 이러한 이념이 바로 민족주의적 사회주의 세계관의 핵심을 이루었다. 독일인들의 총통으로서 히틀러는 자신을 이러한 인종적 유토피아를 이루는 데 없어서는 안 될 필수 요소로 간주했다. 히틀러는 다른 이념을 융합하는 재능을 타고났다고밖에 볼 수 없다. 실로 그의 뛰어난 정치적 수완은 20세기 가장 강력한 두 개의 이념을 국가사회주의당이라는 하나의 당 안에 결합시킨 것이다.

수감 생활을 마친 후, 히틀러는 정치적으로 약빠른 전술적 능력을 보여 주었다. 1936년 무렵 그러한 능력으로 히틀러는 자신의 완벽성을 선전해야 한다는 덫에 빠지고 마는 지경에까지 이르게 된다. 일단 석방이 되자 히틀러는 적법한 절차를 거쳐 권력을 잡아야겠다고 결심한다. 보수파와 질서를 존중하는 독일 중산층을 겁에 질리게 하지 말아야겠다고 생각한 것이다. 그는 자신의 반유대주의 메시지를 기꺼이 접어 두고 독일 공산주의자들과 전략적인 동맹을 맺었다. 그리하여 경제에 대한 독일인들의 분노와 1차 세계대전 이후 국제 문제에서 독일이 차지하고 있는 굴욕적인 입지에 초점을 맞추었다. 히틀러는 라디오와 같은 신기술을 이용해 독일과 세계 전역에 자신의 메시지를 전파했고, 자신이 당대의 가장 세련된 리더 중 한 사람이라는 점을 증명했다. 그는 주요 정치가로는 처음으로 정기적인 비행기 순방을 하며 독일 전역에 자신의 정치적 야망을 전파했다. 국가사회주의당에서는 오늘날에도 여전히 이용되는 방식인 다이렉트메일을 사용했다.

히틀러에게는 1929년 미국 주식 시장의 붕괴 이후 유럽을 강타한 대공황이 가장 큰 기회였다. 독일인들의 경제에 대한 불만을 포착한 히틀러는 나치당을 독일 여당으로 바꿔 놓았다. 수많은 막후

전술을 통해 히틀러는 결국 합법적인 방법으로 힌덴부르크 대통령의 지명하에 1933년 1월 30일 수상으로 임명되었다. 히틀러는 독일 엘리트 집단의 생각을 약삭빠르게 이용하여 자신이 그들의 이익을 대변하는 꼭두각시에 지나지 않는 것처럼 가장했다. 그 대신 히틀러는 재빨리 경찰력을 장악함으로써 국가 기관을 통제하기 시작했다. 히틀러는 실제로 자신의 사병인 SS(원래는 히틀러의 개인 호위병)와 SA(나치당의 시가전 전담 부대)를 만들어 두었다.

히틀러가 나치의 의사당방화사건을 기회주의적으로 이용함으로써 유년기 독일 민주주의는 '법과 질서'의 이름으로 거의 무너질 위기에 직면하였다. 그런 다음 그는 장기 집권을 노리고 '총화단결Gleichschaltung'을 통한 독일 사회의 능률화를 꾀했다. 독일 사회에서의 모든 집단적 모임은 보이스카우트에서부터 전문적 협회에 이르기까지 나치의 목적에 부응하여 총화단결해야 했다. 히틀러의 가장 큰 골칫거리는 오히려 SA였다. 국가사회주의당의 사회주의자 쪽을 대변하는 SA는 독일의 신설 군대가 된 것에 대한 보상을 원했던 것이다. 히틀러는 자신의 운동원 중 결코 분리시킬 생각이 없었던 부분을 과감히 잘라내기로 결정함에 있어서 놀라운 민첩성을 보여 주었다. 후에 '장검의 밤the Night of the Long Knives'이라 이름 붙여진 한 사건에서, SA의 대장인 에른스트 룀Ernst Rohm을 비롯한 정적 여러 명을 처형한 것이다.

많은 비평가들이 카리스마적 리더십에 관해 질문을 해 온 것처럼, 어떻게 그로 인해 고삐 풀린 권력을 관례화하고 안정화시킬

까? 일단 위대한 리더가 권력을 쟁취하고 모든 결정을 내리게 되면, 그가 실수라도 하는 날에는 어떻게 되는 것일까? 그를 저지할 사람은 있을까? 1936년 라인 지방의 재무장 도중 많은 위험을 용케 모면하고 난 후에(영국과 프랑스의 연합군에 의해 쉽게 저지될 수도 있었던 군사 행동이었다), 히틀러는 자신이 실패할 리 없다고 믿기 시작했다. 본격적으로 정복 전쟁을 계획하기 시작한 것이다. 히틀러는 초반부터 외교 정책에서 성공을 거두었다. 왜냐하면 그는 당시 유럽의 어느 정치가도 갖지 못했던 최고의 패를 손에 쥐고 있었기 때문이다. 말하자면 그에게는 기꺼이 전쟁도 불사하겠다는, 열정으로 원하는 것을 쟁취하려는 의지가 있었다.

유럽의 모든 리더가 아직도 1차 세계대전이 남긴 상처를 치유하는 데 정신이 없을 때, 히틀러는 연설법을 이용해 독일인들에게 전쟁이야말로 인간의 지고한 활동임을 역설하였다. 히틀러는 또한 민족자결주의에 대한 자신의 정적들에 반대하면서도 그들의 연설법을 사용하는 데 있어 뛰어난 통찰력을 발휘했다. 우드로 윌슨 Woodrow Wilson이 모든 국민은 스스로 결정할 자격이 있다고 말한 점을 생각해 본다면, 독일이 오스트리아와 연합국을 구성하지 못한 이유는 무엇일까? 왜 체코의 주데텐 지방에 사는 독일 민족이 수백만 명이나 되는 것일까? 히틀러는 세계 여러 나라가 무장해제 한다면 자신도 역시 기꺼이 그리하겠노라 약속했다. 창의력이라고는 찾아볼 수 없는 당시의 세계 리더들은 초반 히틀러의 공격적인 움직임에 대해 대응하지 못했으며, 2차 세계대전이 발발하는 엄청난 대가를 치러야 했다.

일단 오스트리아와의 연합이 이루어지고 1938년 주데텐란트(주데텐 산맥 주변에 있는 보헤미아-모라비아의 북부 지역—역주)가 히틀러에 굴복한 뮌헨 회담 참가자에 의해 독일 영토가 되자, 영국과 프랑스는 히틀러의 탐욕이 결코 채워질 수 없을 것이라는 점을 간파하게 되었다. 전쟁이 일어나는 것은 이제 시간 문제였다. 그가 전쟁 이전의 외교를 통해 가능한 모든 것을 다 얻을 수 있었던 것은, 러시아 공산주의를 두려워하는 서구 열강의 약점을 이용한 그의 능력 때문이었다. 독일 밖으로는 나가 본 적도 없었던 히틀러는, 놀랍게도 적국의 심리적 약점을 날카롭게 이해하고 있었던 것이다. 1939년 봄 히틀러가 체코를 모조리 집어 삼킨 후, 영국과 프랑스는 최후 방어선을 지키는 수밖에는 도리가 없게 되었다. 폴란드는 이러한 조치 이후 영국과 프랑스로부터 안전을 보장 받았다. 히틀러는 어떻게 1차 세계대전 때와 같은 상황인 전선을 두 군데에 두고 전쟁을 치러야 하는 딜레마에서 벗어날 수 있었던 것일까? 1939년 8월, 히틀러는 러시아를 공격하지 않겠다는 협정을 맺음으로써 양국이 폴란드를 둘로 양분하기를 바란 스탈린의 냉소주의를 적극 이용한 것이다.

1939년 가을 재빨리 폴란드를 정복한 후 히틀러는 서유럽에서의 전쟁을 준비했다. 그는 겨울에 공격을 감행하는 일이 실행 가능성이 없다고 하는 휘하 장군들의 조언을 주의하여 듣고 프랑스와 노르웨이, 덴마크, 벨기에, 네덜란드 등을 공격하는 군사 행동을 계획하는 유연함을 보이기도 했다. 첫 공습 계획이 연합군의 손에 떨어지자, 히틀러는 휘하 장군인 만슈타인Erich von Manstein이 개진한 정통성 없는 작전을 기꺼이 시도해 보기도 했다. 벨기에를 경유해 프랑스를 공격하는 대신, 히틀러는 자신의 기갑부대에게 벨기에 남쪽에 있는 아르덴 숲을 행군하게 함으로써 크나큰 위험을 무릅쓰기도 했다. 본질적으로 보면 히틀러는 샤를마뉴 대제 이래 어떤 리더도 이룬 적 없는 일을 이루어 낸 것이다. 그는 유럽 전역을 정복했다. 그것도 비교적 단기간에 적은 희생을 치르고 말이다. 히틀러는 '최후의 유럽 전쟁'에서 승리한 것이다. 히틀러가 이후 닥칠 세계대전에서(1941년 소련과 미국의 연합군 참전으로) 패하게 된 것은 어쩌면 너무 많은 것을, 너무도 짧은 시간에, 너무도 쉽게 성취한 때문일지도 모르겠다.

영국과의 전쟁을 끝내기 위해 중동 지역에서의 영국의 지위를 파괴하는 것이고, 그렇게 한다면 영국 해군의 원유 공급을 차단할 수 있을 것이라고 해법을 제시하기란 쉽다. 자신의 동지인 독재자 스탈린과의 동맹을 유지하면서 영국을 부숴 버리는 것이야말로 '대단원의 성공'이라는 문제의 최적의 해결책이었다. 그러나 자신이 항상 꿈꿔 온 진짜 전쟁(유태–볼셰비즘의 중심지인 러시아를 상대로 한 성전)을 벌이면서 서유럽에서 승승장구하지 않았던들, 히틀러는 도박꾼과 카리스마적 이상주의자, 공론가를 결합한 그러한 리더는 못 되었을 것이다.

자신은 절대 오류를 범하지 않는다는 믿음을 가짐으로써 히틀러는 잇따른 실수를 했다. 그는 자신이 살아있는 동안 나치의 목적을 모두 달성해야 한다고 믿으면서 너무도 많은 것을 너무도 빨리 하려고 애썼다. 자신 이외의 어떤 리더도 그 일을 완수할 수 없을 것이라 믿은 것이다(히틀러는 단명의 두려움을 갖고 있었다). 러시아 침략이 성과 없이 끝나자, 그는 다른 사람의 조언에 귀를 닫고 점점 더 완고해졌다. 히틀러는 그때까지 그에게 성공을 가져다 준 마력이 있다고 믿고 있었다. 그렇기에 그는 가능성이 있을 때 스탈린과 화해해야 한다는 조언을 결코 진지하게 고려하지 않았던 것이다.

그는 독일이 거둔 그간의 성공이 모두 자신의 리더십 덕분이라고 믿기에 이르렀다. 반면 모든 실패는 자기 편의에 따라 희생양의 탓으로 돌렸다. 더욱 중요한 문제는 그의 주변이 점차 '예스맨'으로 둘러싸였다는 사실이며, 예스맨들은 히틀러 자신과 적에 대한 히틀러의 선입견을 비준해 주는 역할을 할 뿐이었다는 것이다. 간단히 말해 히틀러는 완벽한 한 리더에게 의지해 전체 시스템이 운용되고, 그 시스템에 의지해 살아가도록 하는 정치 제도와 이데올로기를 만들어 낸 것이다.

절대 오판하지 않을 리더가 일단 한 번 실수를 저지르고 나니 독일 전체는 그에 대한 대가를 치러야 했다. 결국에는 히틀러의 리더십도 양자택일의 문제였다. 즉 완전한 승리와 완전한 패배, 둘 중 하나인 것이다. 히틀러의 리더십에 대한 진정한 의문은 그가 왜 패했을까가 아니라 그가 자신의 도박성 강한 본성을 왜 최대치까지 끌어 올리지 못했느냐다.

: 마오쩌둥 毛澤東(1893~1976)

마오쩌둥은 1949년부터 1976년 사망할 때까지 중국을 이끈 리더다. 그는 중국을 공산주의 국가로 바꾼 장본인으로, 중국의 최고 리더로서 성공적으로 자신의 지위를 굳건히 했으며 중국의 제국주의가 1세기쯤 지난 후 중국의 자존심을 회복시켰다. 그러나 그는 또한 중국과 공산주의의 국제적 평판에 심각한 상처를 남긴 정책을 펼치기도 했다. 공산주의 체제하의 중국을 급속도로 근대화하려는 마오의 시도는 중국 국민 수백만 명의 목숨을 앗는 결과를 초래했다. 그는 또한 러시아의 힘에 맞서 미국과 협력함으로써 냉전을 종식하는 데 본의 아니게 일조하기도 했다. 러시아 중심의 공산주의 세계에 반대함으로써 냉전의 중반부와 후반부에 국제 공산주의 운동을 분열시키는 데 기여했다.

근대 중국을 창설하다

마오쩌둥의 이력은 리더십 연구에서 문화적 보편성과 문화적 특수성이 차지하고 있는 역할의 문제를 제기한다. 로버트 니스벳 Rober Nisbett은 저서 『문화를 통한 사고*Thinking Through Cultures*』에서 아시아인과 서구인은 서로 상이한 인지 양식을 갖고 있다고 주장한다. 많은 연구에서 오랫동안 주장해 왔듯 아시아 문화는 개인보

다는 집단을 우선시
하는 경향이 있으
며, 사회적이고 지
적인 면에서 보다
보수적인 경향이 있
다. 또한 도덕적 사
고라는 측면에서 보

면 내면화된 죄책감보다는 수치심에 의해 동기 유발되는 경향이
더욱 강하다고 주장해 왔다. 이러한 연구가 본질적으로 주장하는
바는 문화와 생물학적인 사소한 차이가 오랜 세월이 지나면서 티
핑 포인트(아주 작은 것에서 출발해 어느 정도에 달하면 '극적으로 변화하
는 순간' —역주)에 도달해 결국 역사에서 중요한 영향을 끼치게 되
는 경우가 있다는 것이다. 우리가 그러한 일반화를 완전히 믿을 필
요는 없어도 중국에서의 위대한 리더십은 서구와는 전혀 다른 방
식으로 진행되었다는 강력한 주장에 주목해야 한다. 중국 역사의
근원으로 거슬러 올라가다 보면, 중국 사회에서의 리더란 다른 어
떤 것보다도 도덕적인 모범으로서 존재해야 한다는 부담을 안고
있다. 그는 그러므로 모든 일이 이루어지도록 하는 영향력이 있는
존재인 것이다.

중국은 유구한 그들의 역사에서 유일신의 틀만을 견지하고 있었
기 때문에 국민의 도덕적 건강을 책임질 만한 성직자가 없었다. 반
면 유교적 전통 내 선비 계급이나 관리 계층이 사회의 도덕적·정

치적 리더십의 부담을 지면서 황제 제도권과의 연결 역할을 담당했다. 간단히 말해 마오쩌둥은 그저 무無에서 위대한 리더로 불쑥 나타난 사람은 아니었다는 뜻이다. 앞으로 우리는 그의 리더십 방식이 분명 중국 전통에 뿌리 박혀 있음을 보게 될 것이다.

마오는 부농의 자식이었다. 그는 지적인 삶과 교육 분야를 무척 좋아했으나 실용주의적인 마오의 아버지는 결코 납득하지 않았다. "잘 먹고 잘 살아라"라는 욕이 대다수 중국인들에게는 욕이지만, 마오와 같은 이들에게 그 말은 결국 큰 기회를 가지게 될 수 있다는 뜻이기도 했다. 1911년 혁명의 여파로 중국에는 자기 계발과 성취를 위한 기회가 열렸다. 고대 진 왕조는 7세기 이후 중국제국을 지배해 왔지만 이제는 더 이상 그렇지 못했다. 중국은 공화제가 되면서 서구를 따라잡으려는 노력을 느리지만 지속적으로 하고 있었다. 짧은 기간이었지만 마오는 중국 정부를 근대화하려는 자국의 노력의 중심에 있었던 쑨원孫文을 스승으로 삼았다. 마오는 심지어 혁명 운동에 기여하기 위해 몇 개월 동안 군인으로 복무하기도 했다.

아직은 학생이던 시절, 마오는 중국 황제의 생애와 업적을 공부한다. 20세기 대다수의 중국인들과 마찬가지로 마오쩌둥은 조지 워싱턴과 나폴레옹 등의 인물이 보여 주는 리더십 모델과 업적에 매료되기도 했다. 마침내 1918년, 마오는 창샤의 제일사범학교를 졸업한다. 그는 자신을 지식인이라 생각했지만, 그의 사회적 배경과 변변치 못한 학벌은 중국의 엘리트 집단, 그리고 문맹인 대다수의 민중 모두에게 아웃사이더에 지나지 않았다. 이론의 여지는 있지만 마오쩌둥은 바로 이러한 딜레마를 자신에게 유리하게 바꿔 놓았다. 이들 두 사회 집단의 강점과 약점을 객관적으로 볼 수 있었던 그는 권력으로의 기나긴 여정에서 이를 유리하게 이용했던 것이다.

중국의 이상주의적 정치의식을 가진 많은 젊은이와 마찬가지로 1919년 5 · 4운동은 마오쩌둥에게 더 나은 중국에 대한 희망을 일깨워 주었다. 1919년, 북경에서는 대규모 대중 시위가 벌어진다. 파리 평화조약에서 중국은 자국의 요구를 무시당했고, 일본에게는 중국의 주권을 침해할 수 있는 길을 열어 주게 된다는 말을 들은 것이다. 베이징에 있는 동안 마오는 대학 도서관 사서의 보조원으로 생계를 겨우 이어가고 있었다. 그는 중국 공화 정부의 실패에 환멸을 느끼면서 좌익 정치 성향을 갖게 된다. 그 당시 많은 중국인들처럼 그 역시 마르크스주의가 과학과 경험주의를 강조하고 있음을 알게 되었다. 전통적인 중국 문화의 반과학적 성향에 참신한 변화를 일으킬 수 있다고 본 것이다.

마오쩌둥은 1921년 중국 공산당에 입당한다. 공산당 안팎의 여러 지식인과는 달리 마오는 대다수가 문맹인 소작농 계급을 정치 세력으로 인정하는 것을 잊지 않았다. 또한 성장 배경과 변변치 못한 사회적 지위 덕에 마오쩌둥은 공산당 지도부의 패배주의적 엘리트 의식을 포함한 중국 사회 각 계층의 강점과 약점을 이해하는 통찰력을 가질 수 있었다. 소작농 계급에 대한 이해가 있었기에 장기적으로는 '인민의 한 사람'이자 도덕적 리더라는 바탕을 기반으로 마오쩌둥은 스스로에게 특별한 리더십 지위를 부여할 수 있게 된 것이다.

마오쩌둥이 소작농 계급의 혁명적 역량을 일찌감치 이해하고 있었던 데 반해, 장제스蔣介石의 국민당 같은 중국의 우익 정치인들은 좌익 인사들과 마찬가지로 자치성을 장악하느라 씨름하면서 많은 시간을 허비했다. 국민당과 공산주의자들은 1927년까지 짧았지만 동맹 관계를 유지하기도 했었다. 그러던 중 장제스가 공산주의자와 대치함으로써 그들을 전멸하려는 기도를 했다. 마오와 공산주의자들은 당시 수세에 밀리고 있었고 앞으로 적어도 20여 년 정도는 그러한 상태를 면치 못할 것 같았다. 상황은 더욱 악화되었고 마오와 그의 골수 지지자들은 국민당 군대를 피해 중국 내륙 깊숙이 이동했는데, 이것이 그 유명한 장정(1934~1935년에 이루어진 중국 공산군의 역사적 대행군. 그 결과 공산당의 혁명 근거지가 중국 동남부에서 서북부로 옮겨졌으며, 마오쩌둥은 확고부동한 리더로 부상했음―역주)이다. 얄궂게도 1930년대 계속된 일본의 중국 침략은 중국에서 공산주의를 살아남게 하는 데 일조했으며, 국민당은 일본군을 저지하느라 소중한 자원을 모조리 소진할 수밖에 없었다.

역사학자들은 최근 마오쩌둥도 장정의 시기에 실수를 했음을 증명하고 있는데, 마오가 군사적 충돌이 있는 동안 전선에서 그리 정확한 통솔력을 발휘하지 못했다는 것이다. 그의 판단은 잘못된 결과를 초래한 적이 많았으며, 용맹함과는 단연코 거리가 먼 사람이었다. 그럼에도 불구하고 마오쩌둥은 소작농 계급의 투사로서의 이미지를 공들여 만드는 자신의 모습에 고무되어 있었던 것이 분명하다. 바로 여기서 농부의 아들이라는 그의 배경은 확실한 성과를 거두었다. 그의 천재성은 이러한 출신 배경을 불리한 것이 아닌, 오히려 이점으로 보았던 것이다.

리더십에 대한 마오쩌둥의 혜안을 알 수 있는 또 하나의 열쇠가 있다. 바로 자신이 속한 당과 군대가 국내외의 많은 적과 부딪히는 수년 동안 온전하게 지켜낸 그의 인내력이다. 2차 세계대전이 끝날 무렵, 공산주의자들은 마침내 공세로 전환하기 시작했다. 일본군이 중국에서 철수하면서 러시아 공산주의자들은 일본과 러시아 양국의 무기가 어떤 일이 있어도 마오쩌둥에게로 전달되도록 노력했다. 이러한 무기 지원에 힘입어 부패할 대로 부패한 중국 정부와 싸우면서 얻은 도덕적 이점은 마오가 중국의 지방을 장악하면서 중국 자치성까지 장악하게 되는 것을 시간 문제로 만들었다.

1949년에는 마오쩌둥이 정권을 잡고 세계 열강들에게 이렇게 선포할 수 있게 되었다. "우리 중국 인민은 이제 일어섰습니다." 마오쩌둥은 마르크스주의를 수정하여 '뒤처져 있는 소작농 계급'의 혁명 잠재력을 조직화함으로써 자신의 오랜 권력 투쟁에서 유연함과 창의성을 보여 주었다. 일단 권력을 잡게 되자 마오는 냉전이 최고조에 이르렀던 시기 국내외에서 이론을 실천에 옮기는 실험에 정면으로 대응하고자 했다.

마오쩌둥은 중국 사회와 문화에 내재해 있는 오랜 관행을 뒤바꾸기 위해 공산주의 독재 체제 내의 권력을 이용했다. 1955년 무렵, 지방은 급속도로 집단 농장화되었고 사유 재산은 국가에 귀속되었다. 마오쩌둥은 결단력을 갖고 오랜 봉건적 사회 인습을 척결해 나갔다. 여인들의 전족과 중국 황실 문화의 세습에 대한 맹목적인 숭배가 유교 자체에 대한 숭상을 포함하여 그 척결 대상이었다. 1953년 이후 소련에서 탈 스탈린주의가 진행되면서, 마오쩌둥은 그 선례를 따르는 듯 보였다. 이른바 1950년대의 '백화운동(1956년 중국 지식인에 대한 제약을 해제하고 사상과 언론의 자유를 보장하기 위해 중국 공산당 정부 내에서 시작된 운동—역주)'은, 훌륭한 농부라면 자신의 밭에 건강하고 다양한 풀이 자라도록 하는 것과 마찬가지로 정치에서도 다양한 사상적 경쟁이 허용되는 것처럼 보이게 했다.

그러나 독자적인 사상이 새로이 싹을 틔워 번창하기도 전에 싹은 잘라졌다. 설상가상으로 1958년 대약진 운동(1958~1961년의 경제 공업화 정책—역주)이 시작되었다. 운동의 이념은 공산주의의 사회적 공작을 이용하여 하룻밤 만에 중국을 현대적 산업 대국으로 변화시키자는 것이었다. 소작농들은 뒷마당에 소형 제철 공장을 설치하라는 지시를 받았으며, 동시에 소출도 늘리라는 명령까지 받았다. 결과는 믿을 수 없을 정도로 엄청난 참상을 불러 왔다. 단 몇 년 사이 2~3천만 명이 아사했다. 일상의 모든 중요한 국면에 대한 전체주의적인 중앙의 공작은 반드시 재앙을 초래한다는 사실이 입증된 것이다.

마오쩌둥은 정권을 잡는 데는 천재적일지 몰라도, 일단 권력을 손에 쥐자 히틀러나 이반 4세가 '위대하다'고 여겨지는 것과 같은 방식으로 스스로 위대한 리더임을 증명하고자 했다. 말하자면 헤아릴 수 없을 정도의 엄청난 규모의 파괴를 일삼았다는 것, 또한 헤아릴 수 없을 정도의 수많은 인생에 상처를 남겼다는 것에서만 '위대'했던 것이다. 그 훌륭한 키잡이가 일단 권력에 안착하자, 결국 그다지 혁신적인 인물은 아니었던 것이다. 그는 오히려 진시황제와 같은 과거 중국의 폭군을 닮아가고 있었다. 멋대로 분서갱유를 감행하고 인민에게 자신의 과대망상적 환상을 강요했던 것이다. 간단히 말해 마오쩌둥은 자신의 개인적 카리스마를 허황되고 이기적인 목적을 위해 이용했다고 볼 수 있다.

자신이 확실하게 틀린 경우에도 관료가 결코 자신의 권위에 이의를 제기할 수 없게 하기 위해 마오는 대재앙을 초래한 문화혁명을 시작했다. 그는 자신의 홍위병에 "반역 행위는 정당하다"라고 선포했다. 그러한 반역 행위가 그를 개인적으로 위협하는 경우 철저히 제한 받았음은 물론이다.

마오쩌둥은 스스로 인민의 평범한 한 사람으로서의 이미지를 계발했으면서도, 방탕한 이야기꾼의 삶을 즐겼다. 그는 불쾌한 진실과 독자적인 이견은 외면했고, 술과 여인, 가무를 좇느라 정신없는 날이 허다했다. 자신의 특별 열차에서 애첩을 데리고 희롱하던 중 중국 공안이 몰래 염탐한 것을 알고는 화를 내며 펄펄 뛰기도 했다. 그는 또한 괴벽스러운 데가 있어서, 영험한 차만으로 치아 위생에 관한 모든 문제가 해결될 수 있을 것이라 믿기도 했다.

그의 외교 정책은 이렇다 할 상상력이라곤 찾아볼 수 없는 것이 대부분이었다. 그는 북한을 위해 백만 대군의 인적 손실을 입으면서도 정작 대가로 얻는 것은 거의 없었다. 그는 1960년대에 들어서 갑자기 소련과의 관계를 끊어 버렸는데, 당시 더 우위에 있었던 소련의 기술을 이용하는 대신 이념적 순수성이라는 노선을 택한 것이다. 그는 그런 뒤 미국과의 외교 관계를 다시 회복함으로써 얄궂게도 제일 먼저, 이후 나머지 동유럽 공산주의 국가들이 공산주의를 버리고 의심하게 하는 데 일조하였다. 그는 오늘날 대부분의 중국인들이 그 어떤 정치도 냉소적으로 받아들이는 문화를 유산으로 남겼다.

중국의 과거 제국주의 문화에 대한 막연한 자부심 이외에도, 유일하게 남아 있는 한결같은 바람은 아마도 부자가 되려는 것과 일본인을 비롯한 다른 거만한 외국인에 대해 복수를 하려는 것 같다. 마오쩌둥의 유산은 전제적인 황제의 유산이다. 그는 자신이 한때 약속했던 도덕적 리더십으로 기억되지 못했으며 자신이 축적한 권력으로 인해 두려움과 숭배의 대상이 되었다. 자신이 표상한다고 주장한 공산주의의 순수성은 이제 없다. 그 이유는 정확하게 말하면 그가 리더로서 실패했기 때문이다. 마오쩌둥이 남긴 공산주의 독재 체제의 잔재는 중국이 현대 세계의 강대국으로 부상하는 데 걸림돌이 될 것이다. 자주적 사고와 혁신적 마인드를 제거함으로써, 공산주의자들이 중국을 세계 공산주의의 시험장으로 만들수는 있을 것이다. 그러나 그것은 중국을 계속기업(기업이 영속적 생명을 갖고 계속하여 경영 활동을 영위한다는 개념—역주)으로 만들기 위한 청사진을 영구히 외국에 의존하는 결과를 낳을 것이다.

: 에이브러햄 링컨 Abraham Lincoln(1809~1865)

에이브러햄 링컨은 남북전쟁 당시 남부연합에 맞서 북부 연방을 이끈 리더다. 남북전쟁은 인명과 재산의 손실이라는 점에서 양측 모두에게 파괴적이었다. 그러나 링컨의 강력한 리더십으로 북부 연방은 전쟁 초반의 열세를 극복할 수 있었다. 그는 북부 연방을 규합하여 자신들의 우월한 자원을 성공적으로 동원했으며, 전쟁을 미국 내 노예제도 폐지를 위한 성전으로 전환시킴으로써 북부 연방을 승리로 이끌었다.

통합 국가를 건설한 미국 최고의 대통령

에이브러햄 링컨은 동시대를 산 오토 폰 비스마르크와 마찬가지로 전쟁을 국민 통합의 도구로 이용함으로써 리더로 성공한 인물이다. 링컨은 미국을 결속력이 부족하며 온전한 주권을 가지지도 못한 주의 연방체에서 근대적 국가 형태로 변형시켰다. 그런 과정에서 그는 세계 역사의 흐름까지 바꿔 놓았다. 새로운 미국의 기초를 닦아 놓음으로써 미국을 초강대국으로 발전시킨 것이다. 링컨

이전 미국은 '통합된 주의 복수 개념'이었지만, 링컨 이후의 미국은 '통합된 주의 단수 개념'이 되었다. 미국의 통합은 남북전쟁의 필연적인 결과는 아니었다. 링컨의 리더십이 있었기에 미국이라는 한 국가는 재건 될 수 있었던 것이다.

　미국의 많은 대통령이 자신을 통나무집에서 태어나 가난이라는 역경을 딛고 일어선 사람이라고 주장했으나 링컨이야말로 진짜 그러했다. 그는 켄터키 주 하딘 카운티에 있는 통나무집에서 가난 하지만 부지런한 부모인 톰 링컨Tom Lincoln과 낸시Nancy Lincoln의 아들로 태어났다(어머니 낸시는 유명 레슬링 선수였다). 어린 링컨이 미국의 엘리트 반열에 들기 위해서는 하딘 카운티의 열악한 환경 에서 벗어날 강력한 추진력이 절실했다.

　한동안 링컨의 부모는 어린 링컨을 데리고 노예제에 반대하는 교회에 나갔다. 당시 그러한 교회는 북부에서도 그리 흔치 않았다. 하물며 켄터키 주와 같은 보더 스테이트(노예제도를 채용한 남부의 여 러 주 중 북부와의 타협에 기울어졌던 주로 켄터키를 비롯해 델라웨어, 메릴 랜드, 웨스트버지니아, 미주리 등이 그에 속함—역주)에서는 말할 것도 없었다. 그러한 것들이 어린 링컨의 삶에 당연하게 받아들여졌고,

어떤 사고방식에 대해 의문을 던지는 능력을 북돋우는 데 영향을 끼쳤다. 소년 시절에도 링컨은 척박한 환경에서는 흔치 않은 초자연적 감수성과 사려 깊은 면모를 보여 주었다. 소년 시절 칠면조를 쏜 후 다른 사람과는 달리 동물을 학대하는 것에 대해 아무렇지 않게 생각하지 못했다. 그 대신 그는 자신의 행동에 대해 혐오감과 가책을 느꼈다. 그러한 사려 깊은 성품은 훗날 링컨이 정치 인생을 걷는 동안에도 많은 기여를 했다.

1816년쯤, 링컨의 가족은 인디애나 주로 이사를 한다. 그의 어머니는 곧 세상을 떠났고, 사라라는 여성이 계모가 되었다. 링컨은 운 좋게도 계모와 사이가 좋았다. 그녀는 독서를 좋아하는 링컨을 뒷받침해 주었다. 그가 즐겨 읽은 책들은 태곳적부터 리더의 잠재력이 있는 이들에게 지혜와 분별력을 연마시켜 준, 없어서는 안 될 가상 현실적인 도구였다. 독서광인 링컨은 즐겨 읽은 분야도 다양하여 파슨 윔스Parson Weems의 『워싱턴의 생애*Life of Washington*』, 다니엘 디포Daniel Defoe의 『이솝 우화』, 번연John Bunyan의 『천로역정』, 『성서』 등을 탐독했으며 심지어 일리노이 주의 개정 법령까지도 읽었다. 당시에는 굳이 로스쿨에 다니면서 고생을 하지 않아도 법률을 독학할 수 있었다.

링컨은 자신이 책임지고 있는 고된 허드렛일과 직무 때문에 원하는 만큼 많은 책을 읽을 수가 없었다. 그럼에도 불구하고 짬을 내 틈틈이 책을 읽는 버릇이 있었다고 전해진다. 링컨은 어딘지 어색하고 볼품없는 외모 때문에 거친 동년배들의 조롱을 견뎌내야만 했는데, 자신을 괴롭히는 한 불량배와의 몸싸움에서 이겨 그 패거리가 더는 자신을 함부로 할 수 없게 만들었다는 유명한 일화도 있다. 링컨은 언제나 자신을 얕잡아 보는 적의 실수를 역으로 이용할 줄 알았다.

링컨의 일생에 영향을 끼친 또 다른 일화는 미시시피 강을 따라 뉴올리언스로 배를 타고 여행한 일이다. 그는 뉴올리언스로 내려가는 상품의 수로 안내인으로서 돈을 벌었을 뿐만 아니라 그 과정에서 노예제도를 직접 눈으로 보았던 것이다. 사슬에 묶이고 족쇄가 채워져 있는 노예들을 본 것이 링컨의 젊은 혈기에 커다랗게 각인되었다. 그는 남부 깊숙이까지 들어간 그 여행 후 노예제도에 대해 본능적으로 혐오감을 느꼈다.

언제나 기회를 찾으면서도 자기 수양을 추구한 링컨은 일리노이 주의 살렘으로 이사했다. 그때 링컨의 나이 스물하나였다. 1823년 블랙 호크 난에서, 링컨은 부대장으로 선발됨으로써 그의 리더십 역량을 증명해 보였다. 그가 군인으로 보낸 기간은 매우 짧아 작전 지속 기간이 겨우 90일 정도에 불과했는데, 그 짧은 기간 동안 적극적으로 경험의 폭을 쌓으려고 애쓰면서 링컨은 군 업무와 심리를 어느 정도 알게 되었다. 그때 깨달은 것들이 훗날 남북전쟁 중 북부 연방의 리더가 된 그에게 많은 도움을 주었다. 링컨은 허풍을 떠는 일이 전혀 없었고 그것이 그가 주변 사람들의 사랑을 받는 한 요인이기도 했다. 그는 항상 겸손했고, 블랙 호크 난에서의 자신의 경험담을 이야기할 때에도 늘 자신을 낮추어 말하곤 했다.

링컨은 사회적 신분 상승을 거듭하면서 우체국장으로, 혹은 육체노동자로 일하기도 했고 심지어 조세 사정관과 기업가로서 직무하기도 했다. 그러나 조세 사정관이나 기업가의 경우는 링컨에게 그리 성공적인 직업이 못되었다. 그가 지분으로 소유하고 있는 잡화점은 참담하게 실패했다. 한 비평가의 말에 따르면 그 잡화점이 실패한 이유는 다른 데 있지 않았다. 동업자 중 한 명은 늘 책만 읽었고 다른 한 사람은 늘 술에 취해 있었다. 링컨은 파산 처리를 속행시킴으로써 대인배다운 성품을 보여 주었다. 그는 몇 년 동안 힘들여 일해 번 자신의 돈으로 채권자들의 빚을 모두 청산하였다. 링컨은 실패와 성공 모두에서 배울 줄 아는 사람이었다.

그는 헨리 클레이Henry Clay(19세기 미국의 정치가—역주)와 휘그당을 존경하게 되었는데, 클레이를 발전하는 '미국적 시스템'의 투사로 여겼기 때문이었다. 미국적 시스템이란 사회적 유동성과 자유 경쟁적인 노동 및 재능에 바탕을 둔 능력 위주의 사회를 뒷받침해 주고자 하는 것이다. 클레이가 입안한 은행과 관세 제도는, 링컨의 시각에서 보면 미국을 경제적으로 진일보한 사회로 변화시키는 데 도움이 되는 제도였는데, 그러한 사회에서는 가진 것 없는 범부라 해도 자신의 혈통과 인맥에 상관없이 자신의 노력만으로 성공할 수 있다는 희망을 가질 수 있었기 때문이다. 법률을 공부하기 시작하면서 링컨은 자신이 여태껏 이루어 온 것에 대해 자부심을 느꼈다. 링컨은 독학을 시작하기 전의 자신의 인생에 대해 "나 역시 노예였다"라고 술회했다. 그러나 휘그당이 표상하고 있다고

민은 '자유로운 토지에 자유로운 노동' 이라는 이데올로기를 몸소 구현함으로써 자신의 피폐한 시절에서 벗어나려고 한 것이다.

심리적 측면에서 보면, 링컨이 겪은 칼빈주의적 양육 환경은 그에게 항상 좌절을 어느 정도 운명적인 것으로 합리화할 수 있는 이점을 주었다. 링컨은 지난 일에 연연하지 않고 앞으로 나아가 다음 문제를 다룰 줄 알았다. 1834년, 링컨은 일리노이 주의 하원의원으로 선출되었다. 그의 정치 이력은 전도유망해 보였지만, 개인적 삶은 고통스럽기 짝이 없었다. 그의 첫사랑이자 유일한 사랑인 앤 루틀지Anne Rutledge의 죽음으로 힘겨운 우울증에 시달린 것이다. 링컨은 여자 앞에서 결코 자연스럽게 행동할 수 있는 사람이 아니었다. 사교적인 면에서 임기응변의 재치가 부족한 그는 정치적으로도 매우 불리한 입장에 처했다. 그러나 링컨은 자신의 능력을 재치 있게 이용해 항상 자신의 결함을 중화시키거나 아니면 오히려 그 결함을 힘의 원천으로 삼았다. 최상류층 사람들에게 그의 말투와 투박한 외모는 멸시의 대상이었지만, 링컨의 날카로운 재치와 겸손은 일반 유권자의 사랑을 받게 했다.

링컨은 결국 메리 토드Mary Todd와 결혼한다. 그녀는 대농장주의 딸이었으며 매우 신경질적이었다. 그러나 링컨 역시 애처가라고 말할 수는 없으므로 어떻게 보면 서로 공평한 셈이기도 했다. 실제로 그는 집에서도 일하는 것을 더 좋아하는 것처럼 보였다. 그렇지만 누가 뭐라 해도 아버지로서의 링컨은 자상하고 너그러웠다. 링컨의 동료 변호사는 어느 날 링컨의 아들이 사무실에서 날뛰고 있는데도 그저 지켜보기만 하는 그를 보고 아연실색을 한 일도 있다. 그가 변호사 일에 오래도록 집중한 것(1837~1861)은 정치를 하는 데 있어 좋은 훈련이 되었다. 그는 그때도 이미 강한 정신력을 갖고 있었지만 변호사로 일하면서 그마저 면도날처럼 날카로워졌다. 그러는 사이 링컨의 연설 능력은 법정에서나 정치 무대에서나 많은 훈련을 거듭하면서 훌륭하게 연마되었던 것이다. 그가 5천 건 가량의 사건을 다루었던 것도 그리 놀라운 일이 아니다. 그 중 3백 건의 사건은 미 대법원에서 다룬 것이다. 1847년, 그는 미 의회에 진출한다. 그는 남부에서 노예제도를 확장하려는 징후를 보인 미국과 멕시코의 전쟁에 반대하였지만 별 효과는 없었다. 그 래도 링컨은 멈추지 않고 승승장구했다.

스티븐 더글러스Stephen Douglas가 1858년 미 상원의원 자리를 놓고 링컨을 누르기는 했지만, 링컨은 더글러스와 벌인 공개 토론에서 북부의 상상력을 포착했다. 링컨은 북부의 백인들을 소외시키지 않고 자신의 노예제도 반대 의견을 얼마만큼 진행시킬 수 있을 것인지를 감지했고, 그 점에서 리더로서의 위대한 통찰력을 보여 주었다. 그렇기에 노예제도를 혐오했음에도 불구하고 원리주의적인 노예제 반대론자가 되는 것은 거부한 것이다. 대법원의 드레드 스콧Dred Scott(1856년 샌포드Sandford에 대한 자신의 노예 해방 소송에서 패소함—역주) 판결과 캔자스 주의 노예제도 투쟁, 존 브라운John Brown의 노예제도 반대 기습 사건 등으로 남북 관계가 소모전으로 더욱 치닫고 있을 때, 링컨은 1860년 새로운 공화당의 대표가 되었다. 그는 당 대표직을 완벽하게 수행하며 사생결단으로 '자유로운 토지에 자유로운 노동' 이라는 이데올로기를 구현해 갔다. 당시의 공화당에 그만한 적임자는 더 이상 없었다. 1860년 11월 6일, 링컨은 당시 분리되어 있던 미국 대통령에 공식 당선된다. 39%의 득표만으로 선거에 이긴 것이다. 링컨은 당시 주요 정치 현안을 누구나 이해할 수 있는 방식으로 단순화시키는 능력이 있었다. "남부의 여러분은 노예제가 옳다고 생각하고 오히려 확대되어야 한다고 생각하시겠지만, 우리 북부 사람은 노예제가 옳지 않은 것이므로 마땅히 없어져야 한다고 생각합니다."

대통령으로서 링컨이 탁월한 리더십을 보여 준 조치는 정치적으로 엄청난 부담이 된 남부연합과의 전쟁 개시를 준비하는 것이었다. 그의 표현대로, "당신의 손에 … 남북전쟁이라는 중대 현안이 놓여 있습니다." 만일 남부연합에도 링컨의 리더십에 필적할 만한 능력이 있었다면, 침략자를 자처하며 전쟁을 시작한 링컨의 덫에 걸려드는 것을 피할 수 있었을 것이다. 남부연합의 리더가 사정에 밝았다면 링컨이 노예제 문제에 대해 상당히 온건한 의사를 표시한 점을 유리하게 이용했을 것이다. 그러나 남부연합의 리더십은 그러한 소임을 다할 능력이 없었다. 계속해서 링컨은 자신의 리더로서의 탁월한 기술을 이용하고자 했다. 압력을 받고 있는 상황에서 오히려 냉정을 유지하는 점, 신중한 판단력, 개인적 보복을 하지 않는 점, 친구뿐 아니라 적과도 대화할 수 있는 능력 등이 전쟁 중 중대한 시점에 남부연합을 궁지에 빠뜨린 것이다. 남부연합이 영국과 프랑스를 자기편으로 끌어들이려 공작을 펼 때, 링컨은 1863년 노예해방령을 선포함으로써 재빨리 선수를 쳤다. 그로써 당시의 진보적 국가들이 노예제를 고수하는 귀족 정치 국가를 위해 싸워주는 것은 더욱 어려워졌다.

남부연합이 대대적인 승리를 거두는 상황에서도 링컨은 새로이 군대를 소집하고 새로이 장군을 승진시킴으로써 당시의 위기를 해결해 나가는 집요함을 보였다. 남부연합이 무모한 도박을 감행할 때, 링컨은 철저한 계산을 한 연후 위험을 감수하는 방식으로 대응했다. 여기서 링컨이 진정으로 염려하는 부분, 즉 상위 법인 미 연방 법을 지키기 위해 하위 법을 어겼다는 것은 논란의 여지가 있다. 그는 적절한 인증 절차 없이 정부의 돈을 썼으며 인신보호영장을 보류시켰고, 온전한 하나로서의 미합중국을 보장하기 위해 먼 길을 돌아 간 것이다. 그러나 이것만으로는 충분치 않다는 듯 링컨의 전시 리더십은 근대적 대통령과 그 막강한 권력의 모체가 되었다. 전쟁 전에는 대통령이 아닌 의회가 권력의 최고 자리에 있었다. 전쟁이 끝날 때쯤 대통령의 권력은 상당 수준까지 높아졌고, 이후의 미국 대통령은 좋은 목적으로든 나쁜 목적으로든 그 권력을 이용하는 것이 가능했다. 어떤 의미에서는 1865년 4월 9일 링컨 암살이 그의 리더십을 한층 더 오래 지속되게 해 준 셈이다.

순교자 링컨은 현재 정치의식을 가진 모든 미국인들의 마음 속에 깊이 자리 잡고 있다. 링컨은 헌법과 독립선언서에 내재해 있는 약속을 완수한 사람으로서 영원히 기억될 것이다. 링컨 이전에는 노예제도가 세계 많은 나라에서 당연시 여겨졌다. 그러나 링컨 이후 그러한 사고는 논쟁할 가치도 없는 것이 되었다. 링컨 자신이 인종적인 평등주의자는 결코 아니었다 해도, 그의 공적인 행동은 굉장히 설득력 있는 논리였다. 이러한 링컨의 유산은 자수성가한 리더로서의 그의 뛰어난 능력을 입증해 준다. 그는 늘 일신의 명예나 부, 개인적 특권보다는 더 완전한 미국을 추구하는 것에 충성을 다한 사람이었다.

: 조지 워싱턴 George Washington(1732~1799)

조지 워싱턴은 미국 독립전쟁에서 미국을 승리로 이끈 장본인이다. 독립전쟁 중 군 지휘관으로서의 그의 업적은 워싱턴을 거의 만장일치로 미국 초대 대통령에 올려 놓았다. 일부에서 추대하는 방식으로 독재자나 왕으로 군림하기를 단호히 거부함으로써, 워싱턴은 이후 미국에서의 제한된 행정 권력의 기준을 세웠다. 그는 또한 대통령의 재임에 대한 선례를 남겼으며, 20세기 프랭클린 루스벨트 대통령까지 그 전통은 이어졌다.

미국 건국의 아버지

조지 워싱턴은 미국 독립전쟁에서 없어서는 안 될 인물로 일컬어져 왔다. 워싱턴이 없었다면 독립전쟁의 성공은 상상도 할 수 없다. 워싱턴은 우리에게 리더십이란 천재성에 좌우되는 것이 아니라는 사실을 몸소 보여 준다. 그는 배경과 근면성을 통해 큰일을 이룬, 자신의 고결한 인격을 최대한 이용할 줄 아는 사람이었다.

워싱턴의 아버지 오거스틴Augustine Washington은 부유하고 패기만만한 사람이었다. 그런 아버지가 세상을 떠난 후, 워싱턴은 이복

형인 로렌스Lawrence Washington에게 가서 살게 되었다. 로렌스가 축적한 부동산인 버지니아의 버논 산은 후에 워싱턴이 상속 받게 된다. 워싱턴은 15살이 될 때까지 모범적으로 정규 교육을 받았다. 정규 교육 과정 이외에도, 그는 대지주인 귀족 계급으로서의 예법을 배우는 데에도 열심이었다. 그는 측량을 포함해 기타 실용적인 농업 기술을 배웠으며, 영국 학교에서의 경험과 영국 해군에서의 복무에 대한 로렌스의 이야기를 통해 더 넓은 세상에 대해 알게 되었다. 워싱턴은 영국의 전통을 존중하면서도 그 시대 많은 미국인들과 마찬가지로 서부 개척을 통해 토지소유를 확대하려는 미국인들의 권리에 대해 영국이 제한 조치 등을 취하는 것을 달가워하지 않았다.

1752년 무렵, 당시 스무 살에 불과했던 워싱턴은 로렌스가 결핵으로 사망하자 그가 축적해 놓은 엄청난 토지를 총괄해야만 했다. 워싱턴은 그 토지를 8천 에이커 이상으로 늘림으로써 자신의 능력을 입증했다. 그로써 그의 토지는 당대 미국에서 가장 자산 가치가 높은 재산 중 하나가 되었다. 그는 자신이 당시 진보한 농업 기술에 조예가 깊은 것에 상당한 자부심을 갖고 있었다. 워싱턴은 독창적으로 사고하는 사람은 아니었지만, 정치와 관련이 있든 농업 기술과 관련이 있든 당대의 새로운 생각에 굉장히 개방적인 사람이었다. 다음 세대를 위해 워싱턴은 책임감 있고 성실한 대지주 귀족의 삶을 살았다. 그는 여우 사냥에서 레슬링에 이르기까지 여러 지역 활동에 기꺼이 참여했다. 그러면서 워싱턴은 당당하고 균형 잡힌 사람으로 변모해 갔다. 키는 188센티미터가 넘었고, 사교 에티켓은 더할 나위 없었다. 워싱턴은 젊은이라면 그 정도는 마땅히 해야 할 도리라고 생각했다.

1750년대는 워싱턴이 정치에 입문하기에 단연 적기였다. 1758년 미 대륙 식민정부의 최초의 입법기관인 버지니아 버지스 의회의 의원으로 선출된 것이다. 그러나 워싱턴에게는 여전히 한 가지 부족한 것이 있었는데, 그것만 채워진다면 당시 워싱턴에게 리더로서의 역량을 발휘할 기회가 훨씬 더 커질 수 있었다. 그것은 바로 군 복무 경험이었다. 1753년 그에게 군 복무의 기회가 왔다. 영국은 오하이오 계곡에 있는 프랑스에게 지체 없이 이 지역에서의 앵글로-아메리칸의 이권을 인정해야 한다는 메시지를 보내려고 안달했다. 워싱턴은 어찌됐든 토지에 대한 주권을 완강하게 주장하는 프랑스에게 그 메시지를 제대로 전달했지만, 돌아오는 길에 죽을 고비를 넘기고 말았다. 인디언의 총에 맞아 계곡에 빠져 익사

할 뻔한 것이다. 워싱턴은 중령으로 승진하여 프랑스의 오하이오 주권 주장을 반대하고자 또 다시 군사 행동을 준비했다. 이번에는 워싱턴의 노력이 성공하지 못했다. 그는 니세시티 요새에서 포위를 당해 굴욕적인 항복을 해야만 했다. 그럼에도 불구하고 워싱턴은 1755년 브래독Braddock 장군의 지휘 하에 영국 정규군이 전투에 합류할 때까지 자신이 할 수 있는 한 최선을 다해 싸웠고, 그런대로 명성은 되찾게 되었다. 워싱턴은 곧바로 브래독의 참모진에 발탁되었다. 비록 브래독의 휘하에서 프랑스에 맞서 또 다시 패하기는 했지만, 그가 용감하고 명예롭게 싸웠다는 사실은 다시 한번 미국 식민지와 영국 본토에 좋은 평판을 불러 왔다. 그는 실제로 1755년 버지니아 부대 전체를 총괄하는 지휘권을 갖게 되었는데, 그것은 서부 개척지에서의 실패에도 그의 성실함을 인정받은 결과였다.

1758년, 프랑스와 인디언의 전쟁으로 앵글로-아메리칸 쪽에 유리하게 국면이 전환되기 시작했다. 그 해에 듀케인 요새를 프랑스로부터 빼앗으려는 전략적 목적이 결국에는 달성되었다. 워싱턴은 전쟁 내내 집요하고 끈질긴 모습을 보여줌으로써 모두를 놀라게 했다. 그러한 근성으로 인해 그는 향후 혁명전쟁을 치르는 과정에서 부딪친 최악의 사태를 잘 넘길 수 있었다. 워싱턴은 또한 전쟁을 직접 겪으며 심각한 군기 문란 행위에 대해 부하들을 매달아 놓고 징계함으로써 군 기강의 중요성을 체험하기도 했다. 군에서 제대한 후 1759년, 그는 미망인인 마사 커스티스Martha Custis와 결혼한다. 마사는 부유한 집안의 예의 바른 여성이었다. 워싱턴은 자신이 가진 상당한 토지 외에 더 많은 토지와 노예를 얻게 된 것이다. 워싱턴은 이때 대단한 혜안으로 리더상에 대한 영국의 기대에 부응했다. 그는 런던에서 최고급 옷을 공수해 입었고, 손님 접대에 있어서도 아낌이 없었다. 그가 1768년에서 1775년까지 약 2천 명의 손님을 초대하여 접대했다고 말하는 이도 있다. 간단히 말해 워싱턴은 자신이 원래부터 지니고 있었던 모든 결점을 보완하기 위해 많은 사회적 자산을 축적한 셈이다.

이렇게 축적한 사회적 자산은 영국의 왕이 미국인들도 이제 제국의 국방비를 더 많이 분담해야 한다고 판단하고 앨러게니 산맥 서쪽으로는 정착을 금지시킨 1763년을 기점으로 워싱턴과 동부 13주의 영국 식민지에 대단히 유용하게 기능했다. 초반부터 워싱턴은 미국의 자유를 침해하는 영국에 단호한 저항을 하자는 주의였다. 그는 1774년 대륙회의 소집 결의안에 서명하는 데 주저함이 없었다. 영국과의 전쟁을 개시하게 되자 워싱턴은 대륙 군대의 지휘권을 완강히 사양했는데, 그 이유는 자신이 그 자리를 맡을 자격이 없다는 것이었다. 심지어 다른 사람을 그 일에 추천하기도 했다. 그러나 워싱턴에 견줄 만한 인물은 없었다. 버지니아 출신의 워싱턴은 남부에게도 뉴잉글랜드에게도 무난한 인물이었다. 당시 본국에 반란을 일으킨 미 식민지의 여러 다루기 힘든 주를 총괄하는 리더로서 그가 가진 통합의 능력은 성공의 중요한 요소였던 것이다. 워싱턴은 자신의 이익보다는 보다 큰 명분에 무게를 두었다.

그는 사령관으로서의 실질적 희생에 대한 보상을 제외하고는 자신의 직무 수행에 있어 어떠한 대가도 받으려 하지 않았다.

　워싱턴의 첫 군사적 과제는 영국을 저지시키는 일이었다. 대담한 그는 보스턴 남부의 도체스터 하이츠를 빼앗았고, 영국을 보스턴에서 철수하게 만들었다. 다음 과제는 뉴욕을 영국의 통제권에서 지켜 내는 일이었는데, 이 과제는 그의 지휘 능력이 언제나 최고는 아님을 보여 주었다. 제퍼슨Thomas Jefferson조차도 전장에서 그가 여러 차례 실수를 했다고 진술한 바 있다. 워싱턴의 가장 중대한 실수 중 하나는 롱아일랜드에서 주위를 에워싼 바다를 장악한 영국군에게 패한 뒤 자신의 군대를 거의 전멸당하게 한 일이다.

　워싱턴의 진정한 군사적 통솔력은 냉정함에 있었다. 뉴욕을 쟁탈하기 위한 전투처럼 대참사에 가까운 경우에도 워싱턴은 전혀 낙심하지 않았다. 그는 또 다른 전투를 위해 다시 전의를 가다듬을 줄 알았다. 그는 또한 리더로서 주변의 다른 군 지휘자의 말에 귀를 기울일 줄 아는 사람이었다. 결정을 내림에 있어서 늘 자신의 보좌관들이 합의를 통해 제안하는 의견을 채택했다. 성미 급한 장성들과는 달리, 워싱턴은 항상 침착한 태도를 유지했다. 또한 워싱턴은 자신의 군대가 지구전술을 구사하도록 했는데, 시시한 지휘관이라면 영국에 맞서 싸우면서 화려한 승리를 위해 자신의 모든 것을 걸었을 것이다. 그러나 개개의 전투에서 이기는 것보다는 더 큰 승리에 가치를 둔 리더인 워싱턴은 미국의 지리적 여건상 시간이 언제나 자기편이라는 것을 잘 알고 있었던 것이다.

뉴욕에서의 패배 후, 워싱턴은 1776년 트렌턴과 프린스턴에서 기습 공격을 가해 영국군을 동요시키면서 자신의 회복력이 얼마나 대단한지를 입증했다. 하지만 1777년의 승리는 부분적인 승리였을 뿐이다. 새라토가 전투에서 영국군의 군사적 요충지를 빼앗기는 했지만, 워싱턴은 브랜디와인 전투에서 패배의 고배를 마셔야 했으며 적에게 필라델피아를 내 주고 말았다.

1777년과 1778년의 암울했던 겨울, 밸리포지에서 워싱턴은 자신의 군대를 살리기 위해 그가 가진 모든 리더십 역량을 동원했다. 사실 워싱턴을 사령관직에서 끌어내릴 중대한 몇몇 시도가 있기도 했다. 그러나 그는 끝까지 버텼고, 1778년 프랑스군과 동맹을 맺기에 이른다. 결국 영국군은 프랑스 해군의 위력이 본국과의 수송로에까지 미치게 되자 필라델피아를 내줄 수밖에 없는 처지가 되었다. 워싱턴은 지칠 대로 지친 박봉의 군인들을 이끌고 1781년까지 버텨 프랑스 그라스의 해군에 압력을 가해 요크타운에서 영국군 사령관 콘웰리스Cornwallis를 함정에 빠뜨리는 대담한 작전을 감행케 했다. 요크타운에서의 영국군의 잇따른 패배는 미 대륙에서 승리할 것이라는 영국의 희망에 종지부를 찍었다.

워싱턴의 리더십 역량을 검증하려는 도전은 계속되었다. 그는 가능한 가장 강하게 뉴버그의 음모(오랜 임금 체불에 불만이 쌓인 여러 장교들이 독립전쟁 말기인 1783년에 계획한 음모—역주)를 맞받아쳤다. 이 사건에서 그는 군에 전권을 준 대가로 왕권을 부여 받았다. 대륙회의가 임금과 후생에 관한 군과의 약속을 지키지 못했음에도 워싱턴은 군에 의회를 지지하도록 명령했다. 로마의 킨키나투스 Cincinatus처럼, 전사 워싱턴은 1783년 영국군이 뉴욕을 떠나자 군 사령관직에서 명예롭게 내려 왔다. 그는 평범한 시민이자 농부로 되돌아가길 바랐던 것이다.

연합 규약이 적용되던 1780년의 미국이 마냥 잘 돌아간 것만은 아니다. 각 주에서는 설명할 필요도 없이 자신들이 원하는 대로 했다. 비록 워싱턴은 새로 제안된 헌법이 완벽하다고는 생각하지 않았지만, 헌법과 헌법에서 약속한 강력한 연방 체제를 결연히 지지했다. 국가는 그 헌법을 비준하고 미국에 없어서는 안 될 인물인 워싱턴을 초대 대통령으로 거의 만장일치로 추대함으로써 그에게 통수권을 위임하게 되었다.

대통령이 되자 워싱턴은 우선 국가에 뿌리 깊이 박혀 있는 여러 파벌적 분파를 초월하려고 무던히 노력했다. 행정부에 해밀턴 Alexander Hamilton과 제퍼슨 같은 극단적 성향의 인물을 과감하게 기용함으로써 워싱턴은 자신의 리더십 기술을 거리낌 없이 시험대에 올려놓았다. 그는 또한 프랑스와 영국 간의 계속되는 전쟁에서 중립을 유지한다는 어려운 목표를 정해 놓기도 했다. 워싱턴의 재임 기간 중 이 두 가지는 대체로 성공적이었다. 그는 독립전쟁 이후 재건을 위해 분투하면서도 평화를 유지했으며, 미래의 대통령들의 처신에 대한 전례를 남겼다. 마음만 먹으면 삼선을 통해 대통령직을 연임할 수 있었음에도 워싱턴은 자진해서 대통령직에서 내려왔고, 이것은 매우 명예로운 일이었다.

그는 대통령의 품위에도 어찌나 신경 썼는지, 대통령직에 있던 중 그 누구의 초대에도 응하지 않을 정도였다. 심지어 편파적인 인상을 남길까 염려한 나머지 사람들과의 악수도 되도록 피했다. 1796년 퇴임 연설에서 워싱턴은 미국이 복잡하게 얽혀 있는 동맹 관계를 피해야 한다고 경고하는 현명함을 보인다. 워싱턴의 죽음은 리더십의 화려한 막이었다. 그는 고결하게 임종을 맞았다. "난 여간해서는 죽지 않는 사람이지만, 이렇게 가는 것이 두렵진 않으이 … 이제 나는 가야겠소. 모두들 곁을 지켜줘서 고마울 뿐이오. 하지만 이젠 더 이상 내 문제로 수고들 하지 말아 주시게나."

: 프랭클린 루스벨트

Franklin Roosevelt(1882~1945)

프랭클린 루스벨트는 1932년에서 1945년까지 세계대전과 경제 대공황이라는 크나큰 두 상황을 관통하고 있는 미국을 이끈 32대 대통령이다. 그의 정치적 인기는 미국 정치사의 수십 년 동안 민주당을 다수당으로 만들어 주었다. 그의 뉴딜정책은 1930년대의 대공황을 해결하지 못했지만, 미국인들에게 정부가 최악의 경제 상황을 완화시킬 수 있을 것이라는 확신을 주었다. 그의 전시 리더십은 미국에게 나치 독일과 제국주의적 일본을 상대로 한 통쾌한 승리를 안겨 주었다. 2차 세계대전 중 나치 독일을 패배시키는 데 모든 초점을 맞추기로 한 루스벨트의 판단은 논란이 있었지만, 끝내 성공을 거둔 결정이었다.

난세의 위대한 영웅

프랭클린 루스벨트는 미국의 자본주의 체제를 파괴하려 한 급진주의자로, 자신의 계급 내에서는 배신자로 일컬어졌으며 비판을 면치 못했다. 그러나 루스벨트는 자본주의를 구하기 위해 그것을 약간 수정한 것뿐이었다. 그렇게 함으로써 그는 당시의 나치 독일과 파시스트 이탈리아, 공산주의 러시아를 찬성하는 측에서 제안

한 대공황의 극단적인 해결책을 피한 것이다. 그의 리더십 능력은 또한 미국인들에게 진주만과 같은 대참사도 극복할 수 있으며 (1941년에 미국인들을 위해 시작한) 세계대전에서도 역시 승리할 수 있다는 생각을 심어 주었다. 제임스 맥그리거 번스에 따르면 루스벨트는 국내외적으로 상호 변화적 관계의 리더로서의 희대의 미국 대통령이었다. 당시 어떤 정치인도 연달아 네 차례나 대통령에 당선될 수는 없었다. 그는 대공황과 2차 세계대전을 겪으면서도 매우 교묘한 방식으로 나라를 이끌었다.

루스벨트가 미국 내에서 사회적으로 최고 엘리트층임과 동시에 최고 부유층이었던 점은 이점인 동시에 난점이기도 했다. 그로턴 학교와 하버드대학 같은 명문 학교에 다니는 등 수준 높은 교육을 누리며 성장했지만, 다른 한편으로 그의 젊은 시절 숫기 없는 성격은 미국의 일반 시민들에게서 고립된 성장 과정을 통해 더욱 심해졌다. 일반 시민들에 대한 귀족적 태도는 미국 사회에서 정치인으로 성장하는 데 거의 도움이 되지 않는 것이었다. 루스벨트는 가족에게서 민주당에 대한 충성심을 물려받기는 했지만, 그의 먼 친척뻘인 시어도어 루스벨트Theodore Roosevelt의 진보주의적인 영향을 크게 받았다.

그는 1905년 결국 시어도어 루스벨트의 질녀를 만나 결혼한다. 엘리너 루스벨트Eleanor Roosevelt는 그의 정치 인생에서 없어서는 안 될 조력자인데다(특히 그가 소아마비에 걸린 이후), 그녀 자신 역시 타고난 리더였다. 루스벨트는 반자본주의자가 결코 아니었기에 로스쿨 졸업 후 전문직을 시작하게 된 것을 매우 기뻐했다. 한 법률회사에 들어간 그는 자유 경쟁적 경영에서 발생하는 법인의 이익을 보호하는 일을 전문으로 했다. 그가 정치에 처음 발을 들여놓은 때는 뉴욕 주의 상원의원에 출마한 1910년이었다. 아무도 그가 선거에 이기리라고는 예상하지 못했으나 그는 해냈다. 열렬하고 열성적인 선거운동을 기반으로 한 승리였다. 법률회사는 그의 적성에 맞지 않았지만, 정치는 천직이었다. 당시 미국 정치에서 뉴욕의 역할이 컸던 만큼 경쟁이 치열한 정치 환경에서 승승장구할 수 있는, 그리고 뉴욕시의 태머니홀(뉴욕 시정을 지배한 기구의 속칭—역주) 정치를 개혁한 루스벨트의 능력은 미래의 정치적 대망에 좋은 징조였다.

루스벨트는 1912년 선거운동 과정에서 우드로 윌슨의 관심을 끌었다. 윌슨에 대한 충실한 지지의 대가로 루스벨트는 1913년 미 해군성 차관보로 임명된다. 이후 7년간 해군성 차관보로 재직하면서 타고난 정치적 기술을 실현할 수 있는 또 한 번의 기회를 맞게 되었다. 재직 기간 중, 루스벨트는 행정가의 눈을 통해 세상을 바라보게 된 것이다. 그의 행정 능력은 1차 세계대전의 미 해군이 감당해야 할 요구 사항으로 인해 시험대에 올랐다. 그는 서른여덟의 나이에 민주당 대통령 후보인 제임스 콕스James Cox의 부통령 후보 파트너로 지명되어 선거 운동에 나서게 된다. 루스벨트의 혜성 같은 성공은 어쩌면 그의 인생 최대의 좌절이라고도 할 수 있는 일을 겪으며 잠시 주춤한다. 1921년, 무서운 소아마비에 걸리고 만 것이다. 그는 이후 평생 다리를 쓸 수 없게 되었다.

어쩌면 루스벨트에게 있어 가장 위대한 용기와 리더십을 발휘한 행동은 다리를 다친 바로 그 시점에 나온 것일지도 모른다. 가족 중에는 그에게 은퇴해 하이드파크에 있는 안락한 소유지에서 편하게 지내라고 권유한 이도 있었다. 그곳에서라면 편안하게 여가를 즐기며 여생을 보낼 수 있었을 것이다. 그러나 루스벨트는 다시 정치에 복귀하여 전력질주하기로 결심했다. 비록 신체적 장애가 있는 정치인으로서는 폭넓은 지지를 기대할 수 없는 시절이었지만 말이다.

1928년, 그는 뉴욕 주지사에 출마한다. 그해 미국의 정치 판도는 공화당 쪽으로 기울었다. 주지사 재임 시절, 루스벨트는 자신에게 닥친 많은 도전에 효과적으로 대처했다. 우선 그는 뉴욕 주 북부지방 사람들의 이익이 중심가 사람들의 이익과 상충되지 않도록 효과적으로 조율했다. 이는 오늘날의 정치에서도 결코 간단한 일은 아니다. 두 번째로 그는 1929년 뉴욕 주에 영향을 미치기 시작한 대공황에 민첩하게 대응했다. 그는 임시 비상 대책 본부를 구성하여 대공황의 최전선에서 신속하게 대응한 것이다.

루스벨트의 인생 최고의 전성기는 이제 막 시작하려 하고 있었다. 1932년, 그는 세력이 약해진 허버트 후버Herbert Hoover에 맞설 민주당 대통령 후보로 지명되면서 명실상부한 선두 주자로 올라섰다. 루스벨트는 선거가 치러진 해에 오히려 더욱 악화일로를 걷고 있던 대공황을 선거운동에 이용했다. 선거에 이긴 것은 그가 대통령이 된 후 그의 앞에 닥친 여러 도전에 비하면 오히려 쉬운 일이었다. 최소한 1,300만여 명의 미국인이 실업자로 나앉고 수천 개의 은행이 문을 닫는 상황에서, 루스벨트가 할 수 있는 것이라곤 대중 앞에 직접 모습을 보여 희망의 메시지를 전하고 자신감을 심어 주는 것뿐이었다. 루스벨트는 "우리가 두려워해야 할 것은 두려움 그 자체일 뿐이다"라고 선언하며 자신의 직무를 시작했다.

일단 모든 이의 마음을 짓누르던 두려움이 실제로 확인되고 인정되자 미국인의 자신감은 되살아나기 시작했다. 이러한 두려움을 누그러뜨리는 최선의 방법은 일선에서 다양한 조치를 취하는 것이다. 그러면서 어떤 조치든 당면한 경제 위기를 해결하는 기미가 있는지를 관찰하는 것이다. 루스벨트가 탁월한 리더가 될 수 있었던 것은 바로 뛰어난 조언자(이른바 '전문가 집단')를 찾아내 그들의 의견을 기꺼이 지지할 바탕이 있었기 때문이다. 대통령 임기 초기, 루스벨트는 내면 깊숙이 있는 확신을 혼자서만 간직하는 습관을 들였다. 바로 그러한 습관 덕에 실제로 정책적 전략이 요구되는 시기에 융통성 없이 이념적인 편견에 사로잡히기보다는 오히려 최적의 자유로운 상태를 유지할 수 있었다.

루스벨트의 시대에 '알파벳이 조합된 정부 기관'이 여럿 만들어 졌는데, 이를테면 농업조정법(AAA: Agricultural Adjustment Act)과 연방긴급구제국(FERA: Federal Emergency Relief Administration), 민간자 원보존단(CCC: Civilian Conservation Corps)과 국가산업부흥법(NIRA: National Industrial Recovery Act) 등이 그것이다. 이들 기관 모두가 소 비 부족으로 위축된 경제를 되살리기 위해 직·간접적으로 소비 자들의 주머니 속으로 돈을 되돌려 주었다.

그러나 대통령이나 보좌관 어느 쪽도 케인즈 경제학(경기부양책 의 하나로 루스벨트의 뉴딜정책의 근간이 된 이론—역주)에 충실하지 않 았기에 기본적인 종합 계획 같은 것은 없었다. 그 대신 실험 정신 이라고 하는, 전임 대통령들에게서는 전혀 들어본 적 없는 막연한 것이 있었다. 불안해하는 미국 대중들에게 루스벨트가 지속적인 인기를 끈 것은 바로 무엇이든 새로운 것을 기꺼이 시도해 보려는 기본적인 의지였다. 그가 국내 정치에서 이룬 지속적인 성공은 사 회보장과 미연방을 규제하는 법, 노동 조건의 현대화, 테네시 강 유역개발공사(뉴딜정책의 일환으로 연방 정부가 창설한 테네시 강 유역을 중심으로 미국 남부의 종합적 개발을 위해 설립된 공사—역주)와 같은 대 규모 공공 부문 토목 공사 등과 같은 프로그램에서 볼 수 있다. 심 지어 1937년의 법원규제계획 등의 실패한 정책도 대법원과 같은 보수적 기관이 루스벨트의 실험적 접근을 간접적으로나마 지지하게 만드는 효과가 있었다.

역사학자들은 기술적으로 말해 루스벨트는 결코 대공황을 '해결한 것'이 아니라고 주장한다. 세계 역사상 그 누구도 마법 같은 해법을 가지고 있지는 못했다. 심지어 스탈린이나 히틀러와 같이 겉보기에 성공한 것처럼 보이는 이들도 이런 점에서는 잔인하고 비도덕적인 독재를 통해 유지된 환영일 뿐이다. 그러나 루스벨트는 당당하고 확신에 찬 리더십으로 민주주의와 자본주의의 가치에 대한 신뢰를 유지할 수 있도록 비판적인 미국 대중을 설득했다. 두 이념 모두가 많은 세계인의 눈에 케케묵은 것처럼 보이던 시기에 말이다.

루스벨트가 대공황이라는 괴물에 맞서 싸우며 자기 자신을 지탱하고 있는 동안, 그는 2차 세계대전에서 적국에 대한 완승하는 것 말고 그 어떤 것도 모색할 여유가 없었다. 고립주의 정책과 경제적 고난의 시대에, 루스벨트는 자신의 모든 리더십 기술을 이용해 독일과 이탈리아, 일본의 팽창주의가 만연해 있던 시대에 현실성 있는 외교 정책에 대한 지지를 얻어야만 했다. 1940년 프랑스가 독일에 패하자, 루스벨트는 그 어떤 누구보다 먼저 미국이 지리적으로 위협을 받게 될 것임을 예견했다. 유라시아의 지정학적 공간이 독일과 같은 악의에 찬 강국의 지배하에 들어가게 된다면 대서양과 태평양도 이제는 더 이상 미국을 보호해 줄 수 없었다. 그리하여 그는 고립주의를 표방하는 의회와 국민과의 신뢰를 깨지 않으면서 영국을 돕기 위해 자신이 동원할 수 있는 모든 행정력을 이용했다. 1941년 그는 심지어 영국에 생필품 조달을 차질 없이 완수하기 위해 진주만 공습이 있기 훨씬 전 미 해군 함정에 독일 잠수함과 군함에 대한 발포 명령을 내리기도 했다.

그가 일본의 진주만 공격을 미리 알고 있었더라면 루스벨트의 리더십이 이룬 업적은 그 가치가 완전히 추락할 것이다. 분명한 사실은 당시 미국이 일본의 군 암호를 해독하는 데 어느 정도 성공을 거두기 시작한 시점이었으나, 공습의 정확한 위치를 예측할 정도로 충분하지는 않았다는 것이다. 광대한 면적의 태평양에서 일본이 진주만 이외에 표적으로 할 만한 곳은 여럿 있었다. 진주만이 아니라 필리핀이 주요 표적이었을 것이라는 추측도 있다. 미국이 진주만을 쉽게 공격을 받을 정도로 방치했던 것은 지나친 자기 과신이었다. 많은 미국인들은 일본군의 군사력을 과소평가했다.

더욱 중요한 사실은 그가 진주만 공격이 있을 즈음 미국 역사상 유례가 없는 가장 뛰어난 전시 대통령으로 거듭나고 있었다는 것이다. 독일을 보다 큰 위협으로 간주한 그의 능력은 영국과 러시아 등 동맹국과의 효과적인 연합을 가능하게 했다. 그는 무조건 항복을 받아내기 위해서는 싸울 만한 가치가 있다는 것을 통찰할 정도로 혜안이 있었다. 그렇게 해야만 1차 세계대전의 결과가 결말을 맺지 못하고 또 다시 되풀이되는 것을 막을 수 있다는 통찰력 말이다. 1944년 많은 나라들이 추이를 지켜보자는 안을 내놓으며 전쟁이 태평양까지 확대되는 것의 여부에 초점을 맞추려고 할 때, 그는 프랑스를 공격해야 한다고 주장한 것이다. 그는 위험천만한 맨하탄 프로젝트(2차 세계대전 중 미 육군의 원자폭탄 개발 계획—역주)를 승인하고 많은 기금을 후원했다. 핵무기의 위력으로 전쟁을 끝낼 수 있을 것이라는 판단이었다. 마지막으로 그에게는 탈 식민지화와 UN, 안정적인 국제 무역 시스템 등에 바탕을 둔 전후 세계를 계획할 만한 선견지명이 있었다. 그러나 루스벨트는 자신이 만들어 내려고 그토록 노력했던, 비교적 안정되고 상서로운 전후 세계를 보기도 전에 사망하였다.

: 간디 Mohandas Karamchand Gandhi(1869~1948)

간디는 1947년 영국의 식민 통치에서 인도를 해방시키는 원동력이 된 인물이다. 간디는 인도의 독립운동에서 불복종이라는 평화적 수단을 사용했다. 이는 오늘날까지도 부당한 지배하에 고통 받고 있는 이들이 그대로 이어받고 있다. 그의 소박한 생활과 평화적인 성정은 비폭력의 방식으로 수백만 인도인에게 영감을 주었고, 인도 대륙에서 영국의 식민 지배를 몰아내도록 이끌었다. 그의 비폭력 저항은 1950년대의 마틴 루터 킹, 1960년대의 미국 인권 운동을 고무시키기도 했다.

비폭력저항의 힘

간디는 타고난 리더는 결코 아니었다. 그는 부단한 노력과 도덕적 분투, 새로운 리더십에 대한 창의적 사고로써 한 사람의 리더로 거듭난 것이다. 한 집안의 막내인 그는 세계적인 석학 프랭크 설로웨이Frank Sulloway의 이론, 즉 맏이가 아닌 아이는 맏이들은 느끼지 않는 현상 유지에 대해 반기를 드는 성향을 갖고 있다는 것에 자신이 부합하는지 궁금해진다. 간디가 살던 시대는 반기를 들 만한 것이 부지기수였다. 식민주의, 인종주의, 교파주의 등은 20세기 전반에 걸쳐 간디의 조국 인도를 병폐시킨 사회악 중 극히 일부에 불과했다.

  그의 가족은 정통 힌두교를 믿는 집안이었다. 간디의 노년을 보면 그가 어릴 적 자이나교의 영향을 받았다는 것을 알 수 있다. 자이나교는 아힘사(비폭력주의)를 강조하고 생명이 있는 만물을 존중하라고 가르치는 종교였다. 어린 간디는 수줍음을 타는 기껏해야 평균 정도 수준의 학생이었다. 그가 겨우 13살이 되었을 때 집안에서는 그를 결혼시키지만, 간디는 점점 더 혼자 산책하는 것을 즐겼고 가족 행사에 섞이기를 꺼렸다. 실제로 간디가 십대였을 때 반골 기질이 있었다는 증거도 있다. 한동안 장난삼아 무신론자로서 육식을 하기도 했던 것이다. 그렇긴 해도 그는 지극히 자기비판적인 사람이었고, 자기 발전을 위한 체계적인 노력에 몰두하기 시작했다. 성인이 되어가면서 그는 부모의 기대에 부응하며 살아가려고 애썼다. 많은 선대들이 걸어 온 길처럼 간디는 인도 정부의 관료나 장관이 되고자 했다. 이러한 목표를 달성하기 위해서는 대학 수준에서 법률 교육을 받을 필요가 있었다. 그는 변호사가 되기 위해 영국으로 갔다.

  1888년에 시작한 영국 여행은 청년 간디의 인생을 변화시킨 경험이었다. 그가 영국에 체류하는 동안 혼자서 고립되지 않으려고 고안한 한 가지 방법은 런던 채식주의 모임에 가입하는 것이었다. 이 모임은 영국에서 조국 인도의 문화인 채식주의를 각인시키고 영국 문화의 유사한 측면과 비교해 인도의 문화가 보다 우월하다고 여긴 소수 단체 중 하나였다. 비록 처음에는 영국의 문명에 겁을 먹었지만, 간디는 자유로운 사고를 경험하고 채식주의 모임의 급진적 영국인 회원을 만남으로써 처음으로 영국을 비롯한 서구 문명이 반드시 인도보다 더 월등한 것은 아니라는 생각을 하게 되었다. 그는 물질주의와 인종차별, 팽배한 자본주의 등에 맞서 싸우는 과정에서 그 모임의 다른 일원들과 공통의 대의를 찾게 되었다.

1891년 간디는 인도로 돌아와 변호사 일을 시작하였다. 그러나 그는 변호사로서는 무능력한데다 숫기도 없었다. 인도에서는 더 이상 밝은 미래가 보이지 않을 것을 직감한 그는 무작정 남아프리카에서 일할 기회를 붙잡았다. 간디가 인도에서 목격한 인종차별적 탄압은 남아프리카에서 훨씬 더 심하게 나타났다. 그곳에서는 남아프리카 백인과 영국인이 흑인과 인도인을 공개적으로 차별했다. 그는 기차에서 쫓겨나고 백인을 우대하는 호텔을 경험함으로써 직접적인 인종차별에 부닥쳤다. 수동적으로 그러한 상황을 수용하고 손사래를 치는 대신, 간디는 더욱 효과적인 대응을 선택했다. 그는 그때부터 그러한 부당함에 보복이나 폭력을 쓰지 않고 저항하기고 결심했다. 이러한 경험은 후에 간디로 하여금 사티아그라하(힌디어로 '진실의 힘'을 뜻한다)의 개념을 구상하게 하는 계기가 되었다. 그것은 압제자로 하여금 자신의 과오를 서서히 깨닫게 만듦으로써 스스로를 지치게 하는 전략을 낳았다.

자신과 동포 인도인들이 남아프리카에서 당한 노골적인 인종차별에 대한 대응으로 그가 이루어낸 첫 결실은 인도의회를 결성하는 것이었다. 그것은 인도 사회에 정치적 조직화와 자부심이라는 의미를 부여하는 데 일조하였다. 초기 간디의 비폭력적 생각은 1897년 그가 자신의 인권 의제에 분개한 백인들에게 신체적 공격을 받았을 때 시험대에 올려졌다.

후에 그는 자신을 공격한 백인들에 대해 사법 제도 내에서 유죄 판결을 받아내려 하지 않겠노라 결심했다. 보복으로 생각되는 저급한 형태의 정의를 피함으로써, 그는 대신 노골적인 탄압 행위에 대해 비폭력과 무저항이라는 원칙을 지키기로 한 것이다. 실로 1차 세계대전 중 영국이 시시각각으로 전쟁에 휘말리게 되었을 때에도, 간디는 자신의 정치적 목적을 위해 영국의 약점을 이용하지 않고 정도를 걷는 쪽을 택했다. 그는 전쟁을 치르면서 분투하고 있는 영국을 지지했다. 심지어 야전 의무대를 모집해 영국군을 지원하기도 했다. 남아프리카를 떠나기 전, 간디는 대영제국 정부의 주요 지도급 인사들로부터 최고의 존경을 받고 있었다. 그들은 간디의 대의가 궁극적으로 옳다는 데 공감한 이들이었다. 간디의 리더십은 식민지 국가 엘리트 계층의 양심에 호소했을 뿐 그들의 저급한 본능은 자극하지 않은 것이다.

간디는 변호사이면서 운동가이기도 했다. 그는 폭넓은 독서를 통해 주요 도덕적 문제와 정치 현안에 관한 선입견을 곱씹는 사람이었다. 세계의 여러 종교에 대한 그의 비교 연구를 통해 그는 모든 신념 체계가 단지 동일한 궁극적 진리에 이르는 개별적으로 독립된 길일 뿐이라는 확신을 갖게 되었다. 그는 인간은 무릇 물질적 소유와 갈망에 예속되기를 거부할 필요가 있음을 점점 더 확신했다. 그는 또한 리더란 인생의 수많은 영고성쇠에 직면하여 쉽사리 동요하지 않는 태도를 길러야 한다고 믿었다. "인간은 자신의 확신을 끝까지 지켜내야만 한다. 코앞의 승리나 패배가 아무리 엄청난 것이라 해도." 간디는 자신이 설파한 것은 반드시 실행에 옮겼다. 그는 변호사로서 많은 돈을 벌었지만 그 돈의 대부분은 다른 이들을 돕는 데 썼다.

자기중심주의와 탐욕, 시시한 두려움으로 인한 속박으로부터 스스로를 자유롭게 함으로써 간디는 새로운 형태의 리더로 변모해 갔다. 그는 심지어 자신의 도덕적 순결함을 시험하기 위해 벌거벗은 소녀들과 함께 잠을 자기도 했다. 유혹을 이겨낼 수 있다는 것을 검증하려는 것이었다. 어떤 지식인은 이때의 그에 대해 이렇게 술회한다. "그는 위험하고 불편한 적이다. 당신이 그의 육신을 언제라도 정복할 수 있다고 생각해도 그의 영혼에는 뭔가를 더 얹어 줄 만한 것이 없기 때문이다."

1919년 영국의 가혹한 선동금지법은 인도 전역에서 간디의 영향을 받은 비폭력 형태의 저항을 불러 일으켰다. 영국 경찰은 암리차르에서 열린 한 정치 집회에서 약 4백 명의 인도인을 사살하는 파행을 저질렀다. 당시까지도 무능했던 인도의회는 1920년, 간디의 리더십 아래 대규모로 조직화되었다. 몇 년 동안 비폭력적 대중 시위를 주동한 결과, 1922년 간디는 끝내 체포되고 말았다. 몇 년을 감옥에서 보낸 후 빈민층에 과도한 부담을 주는 영국의 소금세에 반대하여 대중 집회를 주도함으로써 간디는 또 다시 인도인들의 마음을 사로잡았다.

그는 또한 인도의 불가촉천민을 위해 일했다. 그들은 영국인보다는 오히려 동족인 인도인에게서 더 많은 차별을 받고 있는 사람들이었다. 하지만 1930년대 중반 무렵부터 간디는 의회 정당 정치에 염증을 느끼기 시작한다. 그는 인도의 많은 사회·정치적 문제에 대해 힘들고 긴 투쟁을 해 온 것이다. 정치에서 잠시 손을 놓고 있는 동안 그는 간단한 가내 수공업과 농촌 빈민에 대한 교육, 카스트에 근거한 차별의 근절 등을 추진하였다.

2차 세계대전은 인도에게는 독립을 위한 최고의 기회였다. 영국이 일본과 독일의 전쟁 도발을 이겨내기는 했지만 그 희생은 너무도 컸다. 전쟁에 기진맥진해진 영국과 다른 식민 열강들은 더 이상 식민지를 쥐고 있을 여유가 없었다. 불행히도 간디는 새로운 위기에 직면했고, 그것은 1946년에서 1947년까지 힌두교와 이슬람교 간에 발생한 분쟁이었다. 그의 도덕심은 이러한 폭력 사태에 저항하기 위한 방편으로 단식을 택했다. 간디에 대한 존경과 감탄은 인도 전역에 걸쳐 하나였기에 결국 실제로 휴전 협정을 이끌어냈다. 그러나 슬프게도 그는 이슬람에 지나치게 우호적이라는 이유로 힌두교 광신도에 의해 1948년 살해되었다. 비폭력 저항의 순교자가 되고 만 것이다. 그는 힌두교의 과거 고행자의 길을 따름으로써 일신의 도덕적 완성을 추구할 수도 있었을 것이다. 대신 그는 스스로 새로운 역할을 만들어냈다. 자신을 계몽시킨 것처럼 타인도 계몽시키고자 하는 리더로서의 비폭력적 고행자라고 하는 역할을 말이다.

　그가 이룬 업적은 뜻깊은 것들이었다. 그는 마틴 루터 킹의 인권 운동에 원동력이 되었고, 킹 목사는 후에 예수는 메시지를 전하러 왔지만 간디는 그 방법을 전한 사람이라고 말하기도 했다. 그는 제국주의와 신민주의의 정당성을 부정하는 데 일조했다. 그는 자민족에게도 자신들의 이상에 따라 살아가지 않는다고 통렬히 비판함으로써 단순한 민족주의를 넘어섰다. 진실로 간디는 힘없는 자들이 역설적으로 엄청난 힘을 발휘한다는 바츨라프 하벨Vaclav Havel의 생각을 실증한 것이다.

: 율리우스 카이사르

Julius Caesar(BC 100~BC 44)

율리우스 카이사르는 고대 로마의 역사가 나아갈 길을 바꿔 놓았다. 정치적 · 군사적 천재인 그는 자신의 리더십을 로마의 변혁에 이용하였다. 로마를 공화정의 전통에서 새로운 형태의 황권 통치 형태로 옮겨 가게 한 것이다. 군인으로서 갈리아에서 거둔 그의 성공은, 그에게 로마 정치에서의 출세를 위해 필요한 정치적 자산이 되었다. 그의 성공은 너무도 단기간에 이루어진 것이어서 구 로마 공화정에 충성했던 자들의 적대적 반응은 불가피했다. 그러한 반응은 BC 44년 그를 극적으로 시해하는 결과를 초래하고 말았다. 오늘날 우리가 사용하고 있는 달력에도 그의 이름(July)이 표시되어 있을 정도로 역사에 미친 카이사르의 영향은 매우 크다.

귀족주의적 인민주의자

율리우스 카이사르는 권력을 실제로 휘두른 시간보다 그 권력을 획득하는 데 더 많은 시간을 보냈다. 서구 문명에 미친 그의 영향은 매우 커서 만일 그가 더 오래 살았더라면 어찌 되었을지 알 수 없을 정도다. 시해 당할 무렵, 공화정 막바지의 무너지기 일보 직전의 로마를 강력한 제국으로 일으킨 카이사르는 이 제국이 수세

기에 걸쳐 존속할 것이라고 장담해 왔다. 그의 갈리아 정복으로 로마는 앞으로의 야만적인 공격에 맞설 완충 지대를 추가로 얻은 것이다. 카이사르가 쇠락해 가는 로마에 다시 생명을 불어넣음으로써, 좋은 도로망과 내부 수송로를 가지고 있는 로마제국의 틀 안에서 가톨릭은 그 세력을 키워 확산할 수 있는 여건이 열렸다. 카이사르의 치하에 있으면서 중흥기를 맞은 로마는 그들의 유산이 미래의 후손에게 물려줄 수 있을 만큼 충분히 오래도록 보존될 것이라 장담했다.

카이사르는 평민들이 과두정치 원로원인 엘리트 계층에 반대하며 세력을 키워 가던 시대에 귀족 명문가인 율라이Julii 총독 가문에서 태어났다. 카이사르의 성공적 리더십의 열쇠는 부패한 귀족계급에 맞서 하층계급과 협력한 그의 능력에 있었다. 그에 앞서 그라치 형제Gracci brothers(티베리우스Tiberius와 가이우스Gaius—역주)가 로마 빈곤층에게 토지를 주려고 했지만, 그러는 과정에서 그들은 엘리트계층 원로원들에게 배신자라는 이름으로 살해된다. 카이사르는 자신이 그토록 존경한 그라치 형제에게서 교훈을 배운 셈이다. 카이사르 또한 로마를 개혁하려는 통찰력을 갖고 있었지만, 개혁을 성취함에 있어 그라치 형제보다 뛰어난 능력이 있었다.

이 시기에 정치에 입문한다는 것은 쿠르수스 호노룸이라는, 관직에 오르는 일련의 코스에 인내심을 갖고 합류해야 한다는 것을 의미했다. 그래야만 언젠가는 최고의 자리인 집정관에 올라 절대 권력을 가질 수 있었던 것이다. 카이사르의 귀족적 배경은 쿠르수스 호노룸 제도를 자신에게 유리하게 이용할 수 있다는 점에서 그에게는 이점이었다. 그러나 진화를 거듭하고 있는 로마의 정치 세계에서 출세를 하기 위해서는 카이사르 역시 노련하고 고집스러워야 했으며 재능도 있어야 했다. 그는 당시의 임명직 정치에 정통해 있었다.

그는 장차 장군이 되었을 때 자신에게 힘이 되어 줄 평범한 로마 시민에 자연스럽게 다가갔다. 사실 카이사르는 로마의 짓밟힌 시민을 동원해 새로운 정치 질서를 부여해야 한다는 견해를 가진 선대 인민주의 정치인 마리우스Gaius Marius에게서 많은 영감을 받았다. 이렇게 제안된 새로운 질서에서는 1인 지배 체제하에 있는 강력한 중앙 정부가 국정 책임자로서 원로원의 자리를 대신하게 되는 것이다. 로마 시민들에게는 토지와 후한 급료, 많은 수혜가 있는 군복무의 기회가 주어지게 된다. 그러니 그들에게 원로원의 파벌에 맞서 싸우는 카이사르를 지지하는 것은 어쩌면 당연한 것이었다.

이 제안이 안고 있는 한 가지 문제는 과두제를 해 온 원로원들이

83

결국에는 그 새로운 질서의 논리를 수긍할 것이라고 가정했다는 것이다. 그러나 현실은 그렇지 않았다. 마지막으로 원로원과 맞서기 전, 카이사르는 많은 것을 깨닫지 못하고 있었다. 카이사르는 정치 권력에 대해 인내심과 결단력이 있는 젊은이였다. 그는 특히 한 정치인을 만들 수도 있고 무너뜨릴 수도 있는 연설법에 대한 교육을 잘 받았다. 그의 리더로서의 첫 행동은 지중해를 여행하는 중 그를 포로로 잡은 해적들에게 가차 없이 처벌을 한 것이다. 그는 해적들이 요구하는 만큼 몸값을 올려 줌으로써 자신을 풀어주게 한 뒤 집요하게 자신의 해군력을 키워 그 해적들을 추적했다. 그리고 자신을 납치했던 자들을 전부 십자가에 매달았다. 이는 자신의 목적을 성취하려는 카이사르의 단호함을 입증해주는 일화 중 하나다.

　로마 정치의 핵심으로 더 가까이 접근해 감에 따라, 그는 융통성을 발휘해 적시에 적절한 동맹을 맺었다. 폼페이우스와 연합군을 결성함으로써 카이사르는 원로원 세력에 맞설 중요한 동맹을 확보하게 된다. 집정관이 되기 위해 정치적 지위를 더욱 확보해 나가면서도, 그는 자신의 궁극적인 정치적 동맹인 로마 시민들을 결코 소외시키지 않았다. 이는 다소의 희생을 감수해야 하는 것이었다. 왜냐하면 당시의 정치적 기준상 야심을 가진 정치인이라면 로마 시민들을 배불리 먹이며 스릴 넘치는 유흥을 제공함으로써 그들을 즐겁게 해줘야 했기 때문이다. 카이사르는 내키지 않으면 절대 하지 않는 성격이었다. 가진 돈도 그리 많지 않았기 때문에 그는 재빨리 크라수스Crassus(로마 공화정 말기의 정치가이자 카이사르에게 필요한 모든 자금을 제공해 줄 만큼 돈이 많았던 모험가다)와의 동맹을 확보하는 정치적 노련함을 보였다.

급격한 변화를 맞은 로마의 정치는 최초의 삼두 정치를 시작하게 된다. 카이사르는 자신의 강력한 두 동맹으로부터 갈리아의 전략적 지역의 총독직을 확보했다. 카이사르의 생애 가장 중대한 다음 단계가 막 시작된 참이었다. 카이사르는 로마에서 최고의 권력을 얻기 위해서는 군 사령관으로 올라섬으로써 자신의 중요성과 가치를 입증해야 함을 일찌감치 깨달았다. 군인으로서의 그의 정력과 열성은 타의 추종을 불허하는 것이었다. 그는 군 사령관으로서 갈리아에 있는 동안 자신이 성취하고자 하는 것에 대해 시종일관 통찰력을 갖고 있었으며, 갈리아 북부를 정복함으로써 로마에 장차 영국과 독일의 공격에 대비한 완충 지대와 발판을 제공하고자 했다. 이렇게 로마가 세력을 확장해 나기기 위해서는 (갈리아의 우수한 기병과 정예 부대가 갖추고 있는 군 기강과 포위술에서) 로마가 가진 이점을 극대화시켜야 함을 카이사르는 예리하게 통찰하고 있었다.

BC 52년, 카이사르가 갈리아의 추장 베르킨게토릭스Vercingetorix를 프랑스의 고대 도시인 알레시아에서 포위했는데, 결국 후방에서 갈리아 구원 부대의 위협을 받게 되었고 이때 그의 군사 작전 결정이 내려졌다. 카이사르의 민첩함과 전시 리더로서의 그에 대한 부하들의 신뢰만이 대참사가 일어나는 것을 막을 수 있었다. 카이사르는 베르킨게토릭스에 대한 복합적 포위망을 그대로 유지하면서 후방에서 그를 공격하는 적군을 격퇴시켰다. 이들 구원 부대가 격파된 후 마침내 알레시아는 항복했다.

카이사르가 갈리아에서 전쟁을 하고 있는 동안 로마의 상황은 점점 나빠지고 있었다. 크라수스가 장군의 지위에서 자신의 능력 이상의 것을 원함으로써 파르티아인들에게 굴욕적으로 죽임을 당한 것이다. 한편 폼페이우스는 카이사르에 대한 경계와 질시로 인해 다시 원로원 기성 권력의 파벌 체제 속으로 돌아가 버렸다. BC 50년, 법이 통과되면서 일단 카이사르에게 군권을 포기하고 로마로 귀환하라는 명령이 내려졌고 내전은 불가피해졌다. 그 법에 따른다는 것은 로마에서 이제 막 성공을 거두고 있는 카이사르에게는 자살행위나 다름없는 것이었다. 그러나 저항은 곧 반역을 의미했다. 딜레마에 직면한 카이사르는 지체 없이 행동에 옮기기로 결정하고, 정적들이 균형을 잃고 자신의 의도를 혼란스러워하도록 만들었다.

카이사르는 BC 49년 충성스런 자신의 군대를 이끌고 이탈리아 북부에 있는 그 유명한 루비콘 강을 건넌다. 폼페이우스 휘하의 원로원 군대를 패배시키는 데는 채 1년도 걸리지 않았다. 카이사르는 명예가 땅에 떨어진 폼페이우스를 잡으러 곧 이집트로 건너갔다. 그곳에 있으면서 그는 클레오파트라 여왕을 사랑하게 된다. 그 사랑은 처음으로 로마 시민들이 카이사르에게서 등을 돌리게 만든다. 그리스계 이집트인인 클레오파트라를 로마로 데리고 들어

옴으로써, 카이사르가 동양인과 외국인에게 휘둘리고 있다는 인상을 준 것이다. 심지어 그가 로마에 군주국가를 건설하려 한다는 암시를 던지는 사람도 있었다. 로마인들이 증오해 마지않던 에트루리아족 왕들을 기억한다면, 이 모든 것은 애국심 강한 로마인들이 수용하기에는 너무도 벅차고 갑작스러웠다.

카이사르의 계속되는 성공(원로원에게 "왔노라, 보았노라, 이겼노라"라고 한 그의 간결한 정황보고로 요약될 수 있다)은 어쩌면 로마를 재건하기 위한 그의 계획을 가속화시켰을 뿐 아니라, 그로 인해 그의 충실한 지지자들까지도 소외시키는 결과를 낳고 말았는지도 모른다. 그는 한꺼번에 너무 많은 것을 이루려고 했다. 동으로는 바빌론에 대한 새로운 군사 작전을 준비하고, 원로원에 대해서는 끊임없이 그들의 힘을 약화시키면서도 퇴역 군인과 다른 로마 시민들에게 토지를 하사했다. 어쩌면 자신만의 왕권을 확립하기 위해 제국 정부의 힘을 강화시키려 한 것인지도 모른다.

아이러니하게도 리더로서의 카이사르의 관용과 담대함은 BC 44년 그의 죽음을 불러 왔다. 뿌리 깊은 보수적 정치 문화에서 자신의 원대한 계획 모두를 실행할 수 있는 유일한 길은 아마도 정적을 무자비하게 제거하는 것이었을지도 모른다. 대신 그는 자신의 품안에 그들을 포용하려는 노력했고, 그 노력은 수포로 돌아갔다. 오히려 카시우스Cassius와 브루투스Brutus는 그의 시해 음모를 주도했다. 카이사르가 이들 두 골수 공화정 지지자들에게 일찌감치 단호한 조치를 취했더라면 불가능했을 음모였다. 모든 권력을 사적으로 행사하려는 의도를 보이는 리더는 자신의 적에 의해 언젠가 위험에 빠진다는 것을 몸소 증명한 것이다.

: 표트르 대제 Peter the Great(1672~1725)

표트르 대제는 러시아를 시대에 뒤떨어진 중세 국가에서 근대 유럽의 강대국으로 변모시

킨 황제다. 그의 목적은 가능한 빨리 러시아를 서구화시키는 것이었다. 그는 스웨덴의 침

략으로부터 러시아를 보호하고 상트페테르부르크를 창건했다. 그의 근대화 방식은 가혹하

고 잔인했지만, 달리 선택의 여지가 없다고 믿었다. 그는 러시아를 가능한 빨리 근대화시

켜야만 다른 서구 열강의 침략을 받지 않을 것이라고 굳게 믿었던 것이다.

러시아 근대화의 기수

표트르 대제는 궁극적으로는 '계몽적 전제 군주'였다. 그는 자신
을 새로이 근대화하고 있는 러시아의 제1 관리인으로 인식한 절대
권력의 열렬한 신봉자였다. 러시아의 황제로서 그가 다소 특별하
게 인식되는 이유는 그가 다른 사람들에게 하듯 자기 자신에게도
똑같이 많은 것을 요구했다는 것이다. 그는 러시아 군대를 재편한
후 새로운 군 서열 체계를 확립했다. 그는 자신도 다른 사람과 마
찬가지로 공을 세워야만 승진할 수 있게 했다. 다른 전제 군주와는

달리 그는 취향도 간소하고 소박했다. 국가의 제1 관리인으로서, 그는 자신을 간소한 옷차림을 하고 평민들과 즐겨 어울리는 모습으로 보이게 했다. 비록 자신을 찾아온 손님에게 신분 고하를 막론하고 자신의 엄청난 주량과 겨루기를 요구하는 일이 자주 있긴 했지만 말이다. 표트르는 말 그대로 키가 장대 같아서(약 198cm) 체구 면에서도 다른 이들을 압도했으며, 러시아를 위한 원대한 야심 또한 그러했다.

비록 생애 말 자신이 이룬 업적으로 인해 황제의 작위를 받기는 했지만, 그의 초년은 참으로 초라한 것이었다. 표트르의 아버지 알렉시스Alexis 황제는 1676년 그가 겨우 네 살 때 세상을 떠났다. 그의 이복형제 표도르 3세Fyodor III가 그 후 권력을 잡았지만, 그는 표트르의 득세를 달가워하지 않는 정파에게 조종이나 당하는 나약한 군주였다. 1682년 표도르가 세상을 떠나자 표트르가 황제가 될 것처럼 보였다. 그러나 표트르에게 적대적인 정파가 표트르의 또 다른 이복형제 이반Ivan의 득세를 추진하기 위해 스트렐치라는 왕실 근위 민병대를 동원하는 조치를 취했다. 이반은 1696년 사망할 때까지 이름뿐인 공동 군주로 남아 있었다. 이 파벌 싸움은 젊은 표트르에게 지워지지 않는 인상을 남겼다. 이런 위치에 있는 여느 젊은이라면 젊은 황제를 둘러싼 크렘린 궁의 수많은 공모와 음모에 압도되고 말았을 것이다. 그러나 표트르는 그의 통치에 대한 도전을 오히려 자신을 더욱 강한 통치자로 만드는 데 이용했다.

러시아를 단독으로 통치하게 되기까지 때를 기다리는 동안, 그는 병법에 대한 공부와 다양한 실용 분야(조선에서 제철에 이르기까지)에 대한 자신의 열정에 총력을 기울였다. 그는 훈련을 즐기기 위해 가능한 한 실전과 같은 방식으로 매우 정교한 군사 기술을 배웠다. 1689년 표트르가 국정에 대한 실제 권력을 행사하기 시작할 무렵, 그는 한 가지 커다란 문제와 기회에 직면하게 된다. 러시아의 경제적, 사회적, 기술적 후진성이 바로 그것이었다. 그러나 표트르는 많은 기회를 잡기도 했다. 그가 러시아의 근대화라는 도전에 대처할 수 있다면, 또한 스웨덴과 터키인들을 치면서 서쪽으로 러시아의 국경을 확장시킬 수도 있는 일이었다. 이들 두 민족 때문에 러시아는 서구 진출과 서구가 표상하고 있는 근대화에 가로막혀 있었던 것이다. 표트르의 천재성은 상호 보완의 외교와 국내 정책을 착안해 내는 능력에 있었다. 표트르 자신이 러시아의 영토라고 간주하는 곳에서 터키인들과 스웨덴인들을 몰아냄으로써, 표트르는 진정으로 서구의 근대화 흐름에 발맞춰 러시아를 개방할 수 있게 된 것이다.

일찍이 표트르는 1696년 터키인들에게서 아조프항을 빼앗는 중요한 위업을 성공적으로 계획했다. 러시아 함대 건조를 추진하는 데 자신이 직접 앞장섬으로써 이 야심찬 과업을 달성한 것이다. 이미 얻은 명예에 만족하는 대신, 표트르는 자신이 애초 성공시킨 과업으로 탄생한 정치적 자산과 명망을 이용하여 대규모 사절단을 이끌고 서구 세계로 향했다. 보수적인 러시아 국교회에서는 서구 세계를 상당히 의심스런 눈으로 보아왔다. 그러므로 표트르가 사절단과 함께 수백 명의 뛰어난 러시아인을 수행원으로 데리고 가기 위해서는 자신이 믿을 만한 모든 이들을 동원해야 했다. 사절단을 이끌고 가는 그의 목적은 간단했다. 장차 터키인들과의 싸움을 계속하기를 원했던 것이다. 그에 앞서 더욱 중요한 목적은 러시아를 근대화시키기 위해 서구의 선진 기술을 배우는 데 있었다.

러시아를 떠나 있는 동안, 그는 어떻게 최강의 해군력을 규합시킬 수 있을지에 대한 구상을 위해 네덜란드에서 목수로 일하기도 했다. 여행 중 서구의 일상생활을 더 잘 알아보기 위해 신분을 가장한 것이다. 1698년 말, 표트르는 보수적인 왕실 근위대 스트렐치의 두 번째 반란을 진압하기 위해 어쩔 수 없이 러시아로 돌아온다. 스트렐치의 반란은 표트르의 강제 모병에 의한 서구화 계획에 러시아 보수주의자의 저항을 상징하는 것이었다. 표트르의 방법은 어쩌면 고압적인 것이었을지도 모른다. 그러나 러시아의 리더로서 그는 서구 세계로부터 계속 고립되는 것이 러시아를 외세의 공격에 방치해두는 일일 뿐이라고 생각했다. 또한 러시아 국교회의 쇄국주의와 계속되는 사회적 침체 말고는 달리 대안이 없었던 것이다.

표트르는 러시아 귀족들이 콧수염을 깨끗이 면도하도록 손수 나섬으로써 새로운 개혁 정신의 상징적 전조가 되었다. 그것은 상관이라는 말이 사업을 의미하고 말끔하게 면도한 얼굴이 서구의 근대적인 문물을 받아들인다는 것을 상징하게 된다는 것이었다. 그는 또한 자신이 원하는 대로 하지 않는 사람들을 주기적으로 때리는 데 사용할 회초리를 지니고 다니기도 했다.

더욱 의미심장한 것은, 표트르가 초기 근대 유럽의 혁신의 중심지인 지방 도시에 제한적으로 자치 정부를 허용함으로써 더 많은 자유를 주었다는 것이다. 그는 러시아를 중앙 정부 기관이 책임을 지는 총독에 의해 감독이 이루어지도록 합리적인 행정 구역으로 나누었다. 또 귀족의 중앙 지배적 의회를 더 근대적인 상원제로 대체시켰고 정부 부처를 재편성했으며, 관료 계급으로부터 가장 엄격한 기강을 강제하기 위해 군사적 위계에 따라 합리화했다. 표트르는 군대를 근대화하고 거의 전무하다시피 했던 해군을 창설했다. 교육은 종교적 구속 없이 더욱 세속화되고 광범위하게 이루어졌다. 표트르는 심지어 러시아 최초의 신문을 발간하고 서구의 달력에 따라 러시아의 달력도 근대화하는 일을 장려했다. 그의 실용적 기술에 대한 관심은 최초의 러시아 산업과 공장의 개발로까지 확대되었다.

인간의 정력은 중년이 훌쩍 넘어서까지도 건강하게 자신의 책무에 접근하는 방식에서 가장 잘 드러난다. 1725년 세상을 떠나기 1년 전, 그는 핀란드의 해안 근처에서 익사 위험에 처한 몇 명의 선원을 구출하기 위해 차가운 바닷물 속으로 주저 없이 뛰어들었다. 이날의 사건 이후 얻은 병도 그가 러시아를 위해 더욱 생산적으로 일하는 것을 막지는 못했다. 그가 남긴 유산은 러시아가 더 이상 세계의 가장 진보한 국가들과 사상적으로 단절되지 않고, 세계 역사에서 중요한 역할을 하게 될 것이라는 확언이었다.

: 샤를마뉴 대제 Charlemagne(742~814)

샤를마뉴는 초기 중세 유럽의 핵심 리더였다. 샤를마뉴는 유럽이 이슬람과 같은 라이벌 문명에 밀리고 있던 시기에 힘과 안정을 가져다주었다. 그는 전통적인 군 지휘자 그 이상이었다. 그의 군사적 성공은 가톨릭교회와 같은 중세 제도를 강화하려는 그의 노력으로 인해 지속적인 효과를 가질 수 있었다. 그는 심지어 교육과 같은 문제에도 관심을 갖고 개혁을 단행함으로써 장기적으로 유럽에 많은 유익한 효과를 가져 왔다.

유럽을 대륙의 중심에 올려놓은 리더

샤를마뉴 이전에는 유럽이라는 개념이 중요한 의미에서 실제로 존재하지도 않았다. 샤를마뉴 이후의 유럽은 처음으로 분명한 실재로서 신뢰 받는 관념이 되었다. 유럽은 로마제국의 세 후계자 중 가장 약골이었다. 그러나 샤를마뉴의 치세 이후 유럽은 얼마 지나지 않아 비잔티움과 이슬람의 경쟁자가 된다. 샤를마뉴는 군 지휘자로서 뿐만 아니라 문화적 리더로서도 성공했다. 그의 통치 기간 중 가톨릭과 학문은 더욱 강화되고 제도화되었다. 샤를마뉴의 천재성은 고전 문화와 가톨릭, 게르만족 문화를 융합시켜 마침내 오늘날의 서구 문명을 탄생시켰다.

고대 메로빙 왕조는 오늘날 프랑스에 해당하는 영토를 카롤링거 왕조가 왕권을 잡기 전까지 혼란 상태에 빠트렸다. 샤를마뉴의 조부인 샤를 마르텔Charles Martel은 732년까지 유럽의 심장부에서 이슬람교도와의 전쟁을 해야만 했다. 샤를마뉴가 즉위했을 때는 유럽의 향방이 어찌될지 아무도 예측할 수 없는 상황이었다. 유럽이 이 이상 분열될 수도 있었고, 외부로부터 침략을 당할 수도 있었으며, 문화적으로도 붕괴될 가능성이 충분히 있었다.

샤를마뉴에 대한 최초의 전기를 쓴 아인하르트Einhard를 통해 우리는 그가 비록 배불뚝이였으나 키가 무척 큰 사람이었음을 알 수 있다. 그는 라틴어를 배우고 성 아우구스티누스St. Augustine의 『하나님의 도성』과 같은 책들을 몹시 읽고 싶어 했다. 그는 능력 있는 군 지휘자이기도 하면서 호기심이 강하고 부지런한 군주였다. 그의 첫 과제는 이탈리아 북부 지방에서 그의 왕위 계승과 그를 지지하는 교황의 권력 모두에 위협적 존재였던 롬바르드족(게르만족의 한 지류)을 몰아내는 것이었다. 그는 교황과의 제휴가 초기 가톨릭 국가의 군주에게 신권을 부여함으로써 그 정통성을 확보하게 해줄 것이라는 점을 잘 알고 있었다.

가톨릭 국가를 결집시키는 데 있어서 샤를마뉴의 지정학적 리더십 과제는 자신의 왕국 동쪽에 있는 이교도 색슨족을 정복하는 것이었다. 샤를마뉴는 색슨족 침략자들을 처벌하고 그들 사이에 있는 이교도들을 기독교도로 개종시키려 했다. 유럽의 통일은 비싼 대가를 치르고서야 얻어진 것이다. 782년에는 단 하루 만에 약 4천 5백 명의 색슨족이 샤를마뉴 군에 의해 처형되었다. 샤를마뉴는 이어서 자신의 영토를 독일 남서부로 확장시켜 나가 고대 로마제국조차도 실패한 일, 즉 게르만족 정복의 위업을 달성했다.

그의 군사적 실패조차도 영광스러운 것이 되어 버렸다. 스페인과 프랑스를 가르는 피레네 산맥 국경을 넘는 그의 공격은 실패했으나, 〈롤랑의 노래〉를 쓴 서사 시인의 손에서 아름다운 실패로 승화되었다. 이 서사시에는 롤랑이 왕 중 왕인 샤를마뉴에게 충성을 다하는 이상적인 가톨릭 전사로 그려져 있는데, 스페인에서 돌아가는 길에 샤를마뉴 군대의 롤랑 후위가 이슬람교도(실제로는 바스크족)의 공격을 받는다. 그리고 롤랑은 비굴한 항복이나 퇴각을 하기보다는 영웅적이면서도 기사도에 입각한 패배를 받아들이기로 결심한다.

다른 군 지휘자들과는 달리 샤를마뉴는 자신이 정복한 치적이 지속성을 가지게 했다. 그는 지방 정부의 행정 구역 체계를 확립하여 유럽을 약 3백 개 주로 구분함으로써 백작이라고 하는 최고 귀족의 지배하에 두었고, 이는 오늘날까지도 이어지고 있다. 그는 유럽에서 장차 왕위에 오르는 사람들이 왕국 지배의 통치 모델로 삼고자 하는 본보기를 확립했다. 그는 정기적으로 각 주마다 정부를 대표하는 순찰사를 파견했다. 그렇게 함으로써 지방에 대한 통제가 제대로 이루어지고 있는지를 확인한 것이다. 최고 권위의 교회법과 국법도 구두 형태로만 발포되곤 하던 시대에 그는 프랑코 왕국의 법령인 서면 형식의 명령을 정기적으로 발포했다. 이는 그의 통치를 더욱 제도화시켰고 효과적인 정부의 정통성이 유럽의 미래 세대 리더들에게 전승되도록 만들었다.

가장 중요한 것은 후일의 르네상스를 샤를마뉴의 이름을 따서 카롤링거 르네상스라고 명명했다는 것이다. 이 르네상스는 자의식을 갖고 고전적인 그리스ㆍ로마의 귀중한 문화유산을 보존하려는 것이었다. 그렇게 그리스ㆍ로마의 문화를 보존하기 위해서는 유럽의 사제 계급과 지배 계급의 후학들을 교육해야만 했고, 후일 이탈리아 르네상스와 근대 세계 전반에 대한 모태가 되었다.

샤를마뉴는 789년 발포 후 법령에 대해 그 공적을 인정받고 있다. "모든 주교 관할구와 수녀원에서는 시편과 기도법, 성가, 연도 및 계절의 계산, 문법을 교육하도록 한다. 또한 서적의 내용을 수정할 시 주의를 요한다." 가톨릭 국가를 군사적으로뿐 아니라 오늘날까지도 서구 문명을 특징 짓고 있는 일반 교양 과정을 시작함으로써 문화적으로도 통일시킨 것이다. 문법과 수사학, 논리학의 삼학과 수학, 기하학, 음악, 천문학의 사학은 모두가 샤를마뉴 시대로부터 현대에 이르기까지 서구의 지적인 리더를 배출시키는 원동력이 되었다. 그는 오늘날 우리가 쓰고 있는 활자체의 기본이 된 카롤링거 소문자체와 같은 것들도 개발토록 하고 프랑크 왕국 전역에 걸쳐 학교를 설립함으로써, 유럽을 중세의 암흑기에서 구해 문화를 화려하게 꽃피우도록 이끄는 근간을 마련한 것이다.

 샤를마뉴가 유럽 문화와 문명에 남긴 흔적은 너무도 커서 후일 나폴레옹 같은 정복자들도 어쩔 수 없이 스스로 유럽의 왕으로서 본보기가 되기 위해 노력해야 했다. 다양한 언어권에서 왕을 나타내는 단어로 샤를마뉴의 이름을 차용하기도 했다. 오늘날의 유럽 연합에서도 샤를마뉴와 그의 치적에 기대어 영감과 정통성을 찾고자 한다. 샤를마뉴의 업적을 인정하고 있는 것은 후세만이 아니다. 서기 800년, 교황은 샤를마뉴를 서로마제국의 황제로 즉위시킴으로써 과거 유럽의 쇠퇴기에 제국 지배 영광의 부활을 알리는 신호를 울린다. 샤를마뉴 덕분에 로마의 세 번째 후계자는 차후 세계 지배를 향한 돌파구를 마련하는 자리에 안착하게 된 것이다.

: 카를 5세 Charles V(1500~1558)

카를 5세는 서구 문명사의 중요한 시기에 스페인과 유럽 대부분을 이끌었다. 그는 비극적

이었을망정 책임감이 강한 리더였다. 많은 가톨릭교도들은 그를 가톨릭교회를 위협했던

종교개혁을 제압하지 못한 사람으로 기억한다. 그를 비난하는 사람들은 당시 세력을 확장

하고 있던 이슬람 터키제국에 대한 그의 승리를 잊고 있는 것이다. 당시의 터키제국은 그

의 영토뿐 아니라 유럽 전체까지 위협하고 있었다. 그가 중세 유럽이 공유한 라틴 문화의

생명력을 지속시키려고 한 시도 역시 존경할 만하다. 오늘날 유럽은 현재의 유럽연합에서

이러한 역사적 선례를 찾고 있다.

유럽 수호를 위한 끝없는 도전

카를 5세는 리더십을 비극적 차원에서 예증한다. 그는 당대 가장

강력한 리더였으나, 치세의 대부분을 단지 자신이 가진 것을 지키

려고 하는 데에 썼다. 왕권 승계를 통해 그는 스페인과 신대륙의

식민지, 이탈리아, 독일, 북해 연안의 저지대 국가(현재의 네덜란드

와 벨기에), 태평양에 산재해 있는 스페인 영토를 지배하기로 되어

있었다. 그가 강력한 정치의 균형을 깨려는 위협 요소에 대처해 수

100

십 년 동안 적국을 물리친 사실은 그의 회복력과 행정력을 증명해 준다. 그는 통치 기간 내내 적국으로 하여금 그에게 선제공격을 하게 했다. 그것은 점차 그의 중세적 세계관을 대체하기 시작한 정치 변화의 근대적 세력을 이해한다는 점에서 그가 리더로서 실패했다는 것을 의미한다.

카를의 권력 기반이 스페인에 있었음에도 불구하고, 그는 북부 부르고뉴의 문화를 바탕으로 성장하였다. 그곳은 중세 전성기 기사도의 이상과 가톨릭교적 세계관을 강조하는 곳이었다. 그가 나중에 민족주의와 프로테스탄티즘의 근대적 세력에 대처하게 되었을 때 스스로 이러한 문화적 배경의 포로가 된 것도 어쩌면 이 때문일 것이다. 결국 누군가는 그러한 새로운 질서의 검증되지 않은 힘에 맞서도록 이미 검증된 믿을 수 있는 구질서를 수호해야 했던 것이다.

그는 성년이 되어 광대한 자신의 영토를 통치할 수 있게 되었을 때 자신의 웅대한 전략에 매우 개방적이었다. 우선 유럽에서 가톨릭의 패권이 지속될 필요성에 대해 믿음을 갖고 있었고, 가톨릭의 통일성과 전통이 요구한, 프로테스탄티즘을 이단적 교리로 취급해야 한다는 명제를 수호하고자 했다. 둘째로 그는 진정 신성로마제국에 이상이 있다고 믿었다. 유럽이 지난 천 년 동안 하나의 가톨릭교회 아래 통일해 온 것과 마찬가지로, 내부의 적과 외부의 적에 맞서 유럽을 보호하기 위해서는 교황과 협력할 수 있는 한 사람의 유력한 리더가 있어야 했다. 이러한 생각은 분명 웅대한 것이지만 부정적인 면 또한 있었다. 그는 변화가 일어나게 하기보다는 변화를 중단시키는 데 집착했다.

그가 직면한 첫 번째 문제는 마틴 루터와 프로테스탄티즘의 등장이었다. 그 시대 많은 이들이 그랬듯, 1천5백 년의 역사를 지닌 가톨릭교회가 유럽에서 종교적 권위의 독점권을 잃을 수도 있다는 것을 그는 상상도 하지 않았다. 마틴 루터가 1517년 가톨릭교회에 도전하기 시작했을 때, 그 결과 야기되는 여러 논쟁에 대해 카를은 '수사들 간의 논쟁'에 지나지 않는 것으로 무시했다. 그는 독일에서 교회에 통일성을 회복시키기 위해 루터와 다른 프로테스탄트교도들을 평의회로 초빙함으로써 공통점을 찾으려 했다. 그는 루터에게 과거 유럽 역사에서 이단자들에게 행한 것처럼 화형을 시키는 대신 평의회에서 자유로이 이야기할 수 있게 해 준다는 약속을 지키는 위대한 고결함을 보였다. 그러나 일부 비평가들 중에는 그의 제국에 대한 프로테스탄트의 위협이 아직 시작에 불과하고 약할 때 그가 더욱 단호하게 행동하여 그것을 궤멸시켰어야 했다고 말하는 이들도 있다.

카를은 또한 독일의 문화와 언어에 거리를 둠으로써 독일에서는 거의 친구를 만들지 않았다. 그는 한때 "나는 신에게는 스페인어로 말하고, 여인들에게는 이탈리아어로 말하며, 남자들에게는 프랑스어로 말한다. 그리고 내 말들에게 말할 때는 독일어로 한다"라고 빈정대기도 했다. 그는 다문화 제국을 이끈 리더였으며, 자신 역시 다문화적인 사람이었다. 그러나 그는 이를 강점으로 보려 하지 않고 오히려 극복해야 할 약점으로 보았다. 그의 귀족적 시민주의는 그로 하여금 제국의 효과적인 통일을 방해한 많은 논쟁의 바탕에 깔려 있는 민족주의에는 아예 귀를 기울이지 않게 만들었다. 그는 심지어 행정관청에 스페인계가 아닌 사람을 등용시킨 것에 대한 질시로 인하여 초래된 스페인 내 반란을 진압해야만 했던 적도 있다. 그러나 그의 열광적 가톨릭교 신봉은 스페인의 십자군 열기를 불러일으켰는데, 이는 재정복 국토회복운동 기간 중 형성된 것이었다. 그의 십자군은 유럽에서 가장 큰 두려움의 대상이었다.

이 위대한 리더가 직면한 두 번째 도전은 이슬람교도의 위협과 관계가 있다. 오스만 투르크족은 1453년 비잔틴제국 정복에 성공한다. 소아시아로 이동하는 도중에, 그들은 이슬람교로 개종했고 스스로를 새로운 신앙의 무장 전위 부대로 여기는 데 이르렀다. 이는 유럽의 심각한 골칫거리가 되었다. 카를의 위대한 권력은 이제 위대한 책임이 된 것이다. 카를은 스스로를 가톨릭 유럽의 지배자로 자처했으며, 이에 충실하기 위해 투르크족의 위협에 맞서는 유럽 수비대를 조직해야만 했다. 그의 노력은 상당한 성공을 거두었다. 그는 투르크족이 비엔나를 점령하지 못하도록 막을 수 있었다. 지중해가 이슬람교도의 호수가 되지 않도록 한 것이다. 그러나 그는 결코 이 외교 정책이 제기한 '무임승차' 문제를 처리하지는 못했다. 투르크족이 접근하지 못하게 함으로써 모든 유럽인들이 도움을 받았지만, 프랑스인들과 같은 프로테스탄트교도들은 이를 당연한 것으로 받아들였다. 오히려 프로테스탄트교도는 카를의 이슬람교 선취를 이용하여 북유럽으로 세력을 키워 나갔다. 프랑스의 가톨릭교도 왕인 프랑수아Francis는 한때 카를에 저항하기 위해 투르크족과 동맹을 맺기도 했다. 분명 국가적 이익이 종교적 통일을 압도하기 시작하고 있었지만, 카를은 이러한 새로운 역사적 사실에는 실제 전혀 대응하지 않고 있었다.

그의 세 번째 도전은 유럽의 여러 문제를 처리하는 것이었다. 그는 헨리 8세가 아라곤의 캐서린 왕비와 이혼하려고 하는 데 적극적으로 반대했다. 이 일로 인해 헨리 8세는 프로테스탄트주의에 합류하게 된다. 프랑스 왕 프랑수아와 이탈리아 통치를 두고 벌인 전쟁은 카를이 파비아 전투에서 승리함으로써 단기간에 끝나 버린다. 카를은 프랑스 왕을 포로로 잡았다가 기사도적으로 풀어 주었으나 프랑스 왕은 카를에게 한 자신의 약속을 파기하고 만다.

그의 잘못은 1차 세계대전 이후의 연합국과 마찬가지로 적을 다루는 데 있어서 충분히 가혹하지 못했고, 회유책으로써의 대응으로도 성공하지 못했다는 사실에 있다. 또한 공동의 적에 맞서 통일된 가톨릭 전선을 발전시키기 위해 교황과 손을 잡으려고 했지만, 프로테스탄트교도들이 요구하는 방식으로 교회를 개혁하도록 교황을 설득하는 데도 성공하지 못했다. 게다가 자신의 군대를 적시에 통제하고 녹봉을 충분히 지급하지 못해 1527년 그들이 로마를 약탈하는 일을 미연에 막지 못하는 해이함을 보였다. 이 사건은 교황과 카를 사이의 관계를 악화시켰고, 프로테스탄트교도들에게는 신이 이제 가톨릭교회의 죄를 직접 벌하고 있다는 선전적 논지를 입증할 수 있는 여지를 주었다.

그럼에도 카를은 초기 근대 유럽의 상황에서 중세 가톨릭 국가의 구시대적 이상을 고결하게 지지해 왔다. 투르크족으로부터 유럽을 보호함으로써, 그는 서구 문명이 소멸하지 않도록 보장했다. 유럽과 신대륙에서 자신의 제국을 향한 모든 도전에 철저하게 대처함으로써, 그는 가톨릭교 교리가 (역사적인 트렌트 공의회에서와 같이) 그 세력을 규합해 자체적인 개혁을 할 수 있도록 여유를 갖고 유럽과 나아가 더 넓은 세계에서 존속할 수 있도록 보장해 준 것이다. 온갖 고난을 무릅쓰고 자신의 아들과 동생에게 재산의 대부분을 물려줌으로써 카를은 나름대로 성공한 리더로 남았다. 그보다 못한 리더였다면 카를처럼 수많은 약탈자와 맞닥뜨린 상황에서 자신의 영토 대부분을 잃었을 것이 분명하기 때문이다.

그의 모토는 '더 높은 곳을 향하여'라고 말해야 적절하지 않을까. 자신의 통치에 대한 그 많은 도전에 대처하려 애쓰면서 그는 지칠 대로 지쳐버렸고, 1555년 결국은 자신의 아들에게 자진해 권력을 이양한다. 그는 3년의 여생을 수도원에서 보냈다. 위대한 리더 중 카를처럼 자발적으로 권력을 포기한 이가 과연 얼마나 될까? 그는 역사상 많은 리더가 그러했듯 권력과 집권이라는 덫의 노예가 되지는 않았다. 그가 유럽 통일을 촉구했던 것조차도 전적으로 돈키호테식의 공상이었던 것은 아니었다. 그가 실현하고자 했던 미래상이 유럽 연합의 형태로 오늘날까지 계속 살아 있는 것이다.

: 유스티니아누스 Justinian(482~565)

유스티니아누스는 쇠퇴의 길로 서서히 들어서던 동로마제국의 황제였다. 그의 리더십은 후에 비잔틴제국으로 알려진 제국의 기반을 이루는 데 매우 중요한 것이었다. 비잔틴제국은 이슬람교도인 투르크족이 정복하게 되는 1453년까지 존속했다. 비잔틴제국이 유스티니아누스의 통치 이후 거의 천년 동안 지속되었다는 것은 제국의 지속적 안정과 성공을 위한 터전을 마련한 리더로서의 그의 능력을 입증하는 것이다.

로마제국을 부활시킨 황제

유스티니아누스의 생애는 제국을 부활시킨 황제로서 리더가 해야 할 역할을 우리에게 강조한다. 그는 로마제국의 명운이 바닥을 치고 있는 시점에 황제 자리에 오르게 되었다. 제국은 이미 너무 비대해져 있었고, 그가 즉위했을 때에는 동로마와 서로마로 나뉘어져 있었다. 게르만족(로마인의 관점에서는 야만족이었다)은 수년에 걸쳐 강제로든 아니면 권유에 의한 것이든 로마로 이주해 오고 있었다. 기독교는 콘스탄틴 시대 이래로 로마제국의 모습을 계속 변형시키고 있었다. 유스티니아누스가 동부에 있던 제국의 잔재를 인도하는 리더십을 떠맡은 것은 역사상 유례가 없는 순간이었다. 제국은 사라져 버릴 수도 있었고, 제국에 가해지는 많은 압박에 직면해 스스로를 일신시킬 수도 있었다. 유스티

니아누스는 제국의 새롭고 일신된 모습을 위해 그 초석을 놓는 능력을 가진 위대한 리더로서 역사의 전면에 등장한다. 그 후 제국은 비잔티움의 이름으로 거의 천년을 더 존속하게 되었던 것이다.

유스티니아누스는 가족의 유대 관계 때문에 통치 기회를 얻게 되었다. 그의 삼촌 유스틴 1세의 재위 기간은 518년에서 527년까지에 불과했다. 그는 자신의 삼촌에게 중요한 조언을 할 수 있는 사람이 되기 위해 자신에게 주어진 교육 기회를 십분 이용했다. 그와 같은 환경에서 태어난 사람이라면 게으름을 피우는 안이한 인생을 선택할 수도 있었을 텐데 말이다. 유스티니아누스는 제위에 오를 만한 자격을 갖추기 위해 자신을 계발했고, 이로써 얻은 것들은 순전히 젊은 유스티니아누스 자신의 공이었다. 그는 또한 파행

적 쿠데타를 통해 인위적으로 그를 왕위에 앉히려는 음모를 모두 물리칠 수 있을 만큼 인내심이 강한 사람이었다. 이렇듯 신중한 성격의 유스티니아누스였지만 아내를 택하는 일에 있어서는 자신의 열정에 온몸을 맡겼다. 그는 당시의 사회적 관습에 단호히 반하는 대단한 근성을 보여 주었다. 유스티니아누스의 높은 신분에 어울리지 않는, 당시의 기준으로는 사회적 신분이 미천한 전직 여배우 시어도라Theodora와 결혼한 것이다(그녀가 매춘부였다고 말하는 이들도 있을 정도다). 유스티니아누스는 인생의 다른 측면에서 자신의 열정을 너무도 많이 통제했기 때문에 결혼에 있어서만큼은 자신의 본능을 따르기 원했고, 그러기 위해 필요한 사회적 힘의 원천을 모두 이용했다.

시어도라와 결혼하기로 한 그의 결정이 어쩌면 그의 인생에서 리더십을 발휘한 최고의 결정이었을지도 모른다. 유스티니아누스와 시어도라는 527년 황제와 황후가 된다. 그녀는 황제 못지않게 강한 의지의 소유자였으며 제국의 일에 원활히 호흡을 맞추었다. 유스티니아누스는 아내의 강점이 자신의 약점을 보완할 수 있게 할 만큼 현명한 사람이었다. 예를 들면, 532년 수도 콘스탄티노플에서의 폭동으로 정권이 무너질 위기에 처하자 유스티니아누스는 이 중차대한 순간에 정권을 포기하고 도망가려는 유혹에 몹시도 흔들렸다. 오직 그의 아내인 시어도라가 곁에 있어 그러한 유혹을 물리칠 수 있었던 것이다. 유스티니아누스는 아내의 본능적 판단에 도움을 받으며 강경하게 역적을 제압했다. 그때 그는 이런 난국을 장기적으로 제국에 도움이 되는 방향으로 바꿀 수 있는 길을 찾았다. 폭동 이후의 재건 사업으로 콘스탄티노플을 세계 최고의 도시로 만들었고, 이는 석조 건축물이 가지는 장엄미의 비잔틴 정통 문명이 새로이 등장함을 의미했다. 엄청난 위용의 성 소피아 성당은 그의 통치에 걸맞는 기념비적 건축물 중 하나다. 1453년 이슬람 투르크족이 마침내 콘스탄티노플을 점령했을 때, 그들은 이 건축물의 장엄미에 감탄한 나머지 그것을 파괴하지 않고 이슬람 사원으로 바꾸길 원했다. 현대와 같이 의사소통이 부재한 시대에 유스티니아누스는 자신의 문명의 웅장함과 염원을 건축물의 형식을 빌려 전달했다는 점에서 충분히 위대한 지배자였다.

유스티니아누스는 또한 다방면에 걸친 목표와 목적을 가진 위대한 리더였다. 그는 단순히 한 분야에서 자신이 마음에 드는 일만 하고 나머지 일은 무시하는 그런 단순한 리더가 아니었다. 유스티니아누스의 치세가 다방면에서 위대했음을 보여주는 한 가지 예는 그가 로마의 법률 제도를 새롭게 하려는 데 기울인 관심에서 잘 드러난다. 그의 치하에 있는 기독교 제국이 그가 확고하게 믿고 있는 진정 보편적인 실재라면, 그에 상응할 만한 포괄적인 법률이 필요했던 것이다. 유스티니아누스는 자신의 종교관에서 통찰력을 가진 리더십을 많이 얻었다. 그는 신이 선택한 리더로서의 권능을 자신이 부여 받은 것이라고 생각했으며, 그에 따라 행동했다. 신의 의지에 따라 살아가려는 그의 의지가 법률로 발현된 것이 바로 『로마법 대전』이다. 이로써 비잔틴제국을 향후 수년간 가장 강력한 국가로 자리매김하게 해 줄 법이 만들어진 것이다.

모든 위대한 리더와 마찬가지로 유스티니아누스가 가진 강점은 때로 그의 가장 큰 약점이 되기도 했다. 교회와 국가의 분리는 감히 상상하지도 못한 신권 정치의 수장으로서 유스티니아누스는 제국을 종교적으로 통일시키기 위해 강력히 노력할 수밖에 없었다. 그리하여 그는 529년 플라톤 아카데미를 폐쇄시켰고 철학의 이교도적 전통에 사실상 문을 닫아 버렸다. 이집트와 시리아에 있는 기독교도들은 (삼위일체설의 본질과 같은) 신학적 물음의 핵심에 있어 차이를 보이는 자신들의 개념에 대한 황제의 부정적 태도에 반감을 갖게 되었다. 그는 또한 정부를 보다 효율적으로 만들려고 하는 과정에서, 그리고 과거 사람들을 부패하게 만들었던 '빵과 서커스bread and circuses'의 문화를 축소함으로써 적을 만들었다.

그는 아첨이나 하는 측근보다는 재능 있는 사람들의 조언을 듣고자 했던 성군이었다. 이는 특히 그의 외교적 행보에서 중요하게 작용했다. 그는 벨리사리우스Belisarius와 같은 재능 있는 장군을 크게 신뢰하여 자신의 포부를 실현하는 데 있어 그의 도움을 받고자 했다. 바로 쇠퇴하고 있는 서로마제국을 자신의 통치하에서 더욱 원기왕성한 동로마제국과 재통합시키려 한 것이다. 역사학자들 중에는 이러한 그의 목표를 두고 희망도 없이 야심만 갖고 있으면서 그 대가는 너무도 파괴적인 것이라 비판해 왔다.

그러나 유스티니아누스는 위대한 리더로서 본능적 직감, 즉 특정 상황에서 올바른 행동 방향을 자각하거나 그것을 자각한 조언자를 신뢰할 수 있는 비상한 능력을 갖고 있었다. 그는 동고트족으로부터 이탈리아를, 그리고 반달족으로부터 북아프리카를 탈환하는 데 성공을 거둔다. 이들 영토는 비잔틴제국이 오래도록 보유하고 있지는 못했지만 그러한 재정복의 행동 자체로도 중요한 의미를 갖는다. 그것은 동로마제국이 여전히 원기왕성한 선견지명을 갖고 위험천만한 주변국들 사이에서 일류 문명이 될 수 있음을 보여 준 노력이었던 것이다. 비잔틴제국 사람들에게 유스티니아누스가 지배한 짧은 몇 년 동안 그들이 할 수 있는 일이 무엇인가를 보여줌으로써, 그는 제국에 대한 확신과 자신감이 필요하다는 의식을 불어넣고 동쪽의 이슬람 국가로부터 계속되는 공격을 물리칠 수 있게 한 것이다.

제국의 초석을 놓은 유스티니아누스는 강력한 힘의 균형자로서 비잔틴제국이 동쪽의 팽창주의 이슬람교도와 유럽의 부서지기 쉬운 서구 문명 사이에 완충 지대로서의 역할을 오래도록 담당할 수 있게 했다. 만일 유스티니아누스와 그가 재건한 비잔틴제국이 존재하지 않은 채 서구 문명이 꺾였다면 어찌되었을지 아무도 모를 일이다.

: 도쿠가와 이에야스 德川家康(1543~1616)

도쿠가와 이에야스는 1603년 일본 막부의 쇼군의 자리에 오르기까지 위대한 독창력과 일사분란함을 보여 주었다. 단지 권력에만 관심을 가진 리더라면 이러한 성취만으로도 만족했을 것이다. 그러나 위대한 리더 이에야스는 자신의 사후에도 '리더십 효과' 가 보다 나은 방향으로 영향력을 발휘할 수 있게 만들었다. 이에야스가 1603년 세습적인 일본의 심각한 정치적 불안을 종식시키는 결단성을 보인 후, 일본은 무려 3세기 동안 평화적 발전을 이룰 수 있었다.

인내의 리더십

이에야스는 16세기 전반에 걸쳐 일본에 만연한 고도의 정치적 음모가 복잡하게 얽혀있는 가운데 태어났다. 그러한 상황에 적응할 줄 아는 사람만이 생존할 수 있는 환경, 그리고 정치에서 발을 떼는 것은 상상할 수 없는 환경에서 이에야스는 그 치열한 정치를 누구보다 월등하게 해 나가기로 결심한다. 이에야스는 권력을 추구함에 있어 매우 가혹한 모습을 보였다. 그러나 그의 가혹함은 자신과 가문을 보호해야 할 필요성에 의한 어쩔 수 없는 것이었다. 당시 그가 속한 계급에서는 그 누구도 정치에서 쉽게 물러날 수 없었다. 통일을 위한 대대적인 전쟁에서 한 사람이 승자로 등장한다면 한 사람은 패자로서 죽임을 당하기 십상이었다. 이에야스가 권좌에 오르기까지 다른 결점을 보완할 만한 그의 장점은, 그가 개인적 승리를 일본인 모두의 집단적 승리로 바꾸었다는 것이다. 그가 위대한 리더가 될 수 있었던 것은 자신의 개인적인 정치적 승리를 일본의 지속적인 안정적 평화로 바꾸는 능력 때문이었다. 일본은 그의 사후 2백년 이상 평화를 지속했다.

그가 겨우 네 살이었을 때, 이에야스는 가문의 명령에 따라 이마가와今川 일문의 볼모가 된다. 이에야스의 가문은 이마가와 일문과의 동맹 관계에 자신들이 진실로 헌신하고 있음을 증명해야 했다. 그래서 선의를 증명하기 위해 아들을 포기한 것이다. 훗날 이에야스는 오다 노부나가織田信長가 이마가와 일문을 무너뜨린 후 결국 자유를 얻고 자신의 일문인 마스다이라를 지배하게 된다. 그는 재빨리 오다 노부나가와 동맹을 맺었다. 이에야스는 자신이 처한 정치 환경에서 실수를 용납하지 않았다. 무엇보다도 이에야스는 자신의 생존이 동맹 관계를 제대로 유지하며, 적과 동지의 구분을 통렬하게 자각하는 능력에 달려있음을 알았다. 그는 설령 자신의 처자식이 문제가 된다고 해도 감정이나 자기 회의를 용납하려 들지 않았고, 그럴 수도 없었다. 그의 처자식이 적과 내통하고 있다는 의심을 받자 이에야스는 그들을 사형시켜 버린다(이에야스의 아들은 할복자살을 했으며 그의 아내는 처형당한다).

　노부나가는 1582년 암살당했고, 이에야스는 오다 노부나가의 총사령관 히데요시豊臣秀吉가 일본 최고의 군벌이 되는 것을 지켜보았다(이 시기 천황은 명목상의 천황이었다). 이에야스는 그의 동맹 중 배신자가 생기자 자신의 파벌에 대한 경계를 늦추지 않았다. 그는 이 배신자로 인해 비밀이 누설되었을 것이라는 가정하에 자신의 군 조직을 재편성할 정도로 조직력을 갖춘 인물이었다. 이에야스는 자신을 지지하는 자들이나 적들에 대해 절대 당연한 것으로 받아들이는 일이 없었다. 그는 항상 그 어느 쪽보다도 한 발 먼저 생각하고 있었고, 그것으로 인해 기습 공격을 예방했으며, 반드시 그에 대한 선제 타격에서 살아남아 보복성 결정타를 날렸다. 그러나 그는 자신의 파벌을 단지 두려움으로만 다스리지는 않았다. 자신에게 충성을 다하는 지지자들에게는 지나칠 정도로 관대하였고, 충성에 대한 대가로 많은 상(특히 당시에는 화폐로 인식되었던 토지를 하사하는 방식으로)을 내리기도 했다.

　이에야스는 히데요시의 군 작전 중 무조건 그를 지지했다. 사실상의 새로운 일본의 리더에게 충성을 증명한 후, 이에야스는 일본 동부의 토지를 하사 받는다. 그는 에도막부가 득세하기 시작하는 데 있어 도구가 되었다. 에도막부는 이후 도쿄라는 이름으로 계속 번창해 나간다. 히데요시가 일본의 국정을 완전히 해결하지도 않고 조선과 명나라를 정벌할 꿈을 꾸고 있는 동안, 이에야스는 주요 동맹과 제휴 관계를 공고히 함으로써 히데요시가 일본의 정치 일선에서 물러날 때를 대비해 자신의 입지를 굳혔다. 이에야스가 인내심을 갖고 준비해 온 외교적 수완은 1598년 히데요시가 사망하자 그 결실을 꽃피운다. 그는 히데요시에게 자신의 충성심을 확실하게 각인시킴으로써, 히데요시 사후 그의 어린 아들의 권력을 지켜줄 섭정 지배자 중 한 사람으로 지목된다. 그러나 이에야스는 목적의식이 강한 현실주의자였다. 그는 자신이 결단력을 갖고 행동하지 않는다면 히데요시 사후 그의 아들을 보호하도록 임명된 다른 네 명의 섭정 지배자 중 한 사람이 최고 권력을 거머쥘지도 모른다는 사실을 알고 있었다. 단지 권력에만 눈이 먼 다른 이들과는 달리 이에야스는 일단 자신이 이 복잡한 정치 게임에서 이길 경우 일본의 정치를 장기적으로 안정적인 진로에 올려놓을 계획을 세우고 있었다.

이에야스는 1600년에 일어난 대규모 세키가하라 전투의 원인이 된 일련의 사건들을 추진했다. 이 전투에서 이에야스는 다시 한 번 히데요시의 다른 예비 후계자들을 누르고 결정적인 승리를 거둠으로써 자신의 군사적 능력을 증명했다. 이 대대적인 일본 내전에서 승리자로 부상함으로써 그는 1603년 쇼군이 되는 영예를 얻는다. 이는 그가 이제 황제의 총사령관으로서 일본 전체를 지배하게 된다는 것을 의미했다. 그는 하나를 선택해야 했다. 이 엄청난 승리로부터 거머쥔 정치적 자산을 단순히 개인적인 경박한 목적에 쓰느냐, 아니면 그 대신 더 원대한 이익을 위해 쓰느냐 하는 문제가 그것이었다. 상상력이라고는 없는 리더십으로 다음번 내전을 준비할 뿐인 과거 일본의 정치 '거물들' 과는 달리, 이에야스는 자신의 승리가 지속적인 것이 되게 하기 위해서 곧바로 일을 시작했다. 그가 일본에 가져다 준 평화가 이에야스 자신의 이익이 아니라 일본 정치의 모든 주요 파벌들에 도움이 된다는 것이 확실하다면, 그 평화는 충분히 지속될 수 있을 것이다.

   그의 첫 명령은 모든 영주들, 즉 다이묘에게 그들의 요새를 파괴하라고 명령한 것이었다. 이는 장차 중앙의 권위에 반기를 드는 것을 막으려는 것이었다. 1605년, 그는 자신의 힘에 자신감을 보여준다. 자신의 직위를 아들에게 자발적으로 넘겨준 것이다. 이는 직무에 따른 공식적인 의전 행사로 제약을 받지 않음으로써 자신을 더욱 자유롭게 하는 동시에 일본 정치의 미래를 창의적으로 정비할 수 있는 현명한 방법이었다. 그것으로 이에야스는 다른 사회 계층(승려와 상인, 식자층, 외국인을 포함한다)과 격의 없이 지낼 수 있게 되었고, 그리하여 어떠한 지속적인 정치적 안정이 일본 땅에서 최선의 효력을 발휘할 것인가를 더 잘 이해할 수 있었다.

   루이 14세가 이러한 절차를 밟기 훨씬 이전에, 이에야스는 사회적으로 인정받기 위해 비정치적인 길을 가도록 일본 귀족 계급에 모든 장려책을 씀으로써 그들을 길들였다. 다이묘 계급은 에도에서 많은 시간과 돈을 들일 수밖에 없었으며, 그곳에서 다이묘를 철저히 감시하는 것이 가능했다. 실로 일본의 문화는 이에야스의 개혁의 결과로 꽃피었다. 일본의 선구적 생각을 가진 이들이 정치적 음모보다는 오히려 문화적인 일에 헌신했기 때문이다.

그러나 이에야스의 승리의 여세가 전적으로 좋기만 한 것은 아니었다. 이에야스는 기독교가 일본의 통일을 훼손하고 정치적 불안을 조성하는 원동력이 될 것이라 믿고 기독교를 짓밟았다. 또한 히데요시의 아들과 손자의 문제도 있었는데, 그들이 살아있는 한 이에야스와 그의 후계자들에 맞서 반기를 드는 세력을 재집결시키는 역할을 할 수도 있기 때문이었다. 1615년이 되자 이에야스는 결국 그들을 살해한다. 끔찍하기는 하지만 일본의 오랜 내전의 이 같은 최종 결단의 논리는 전반적으로 팽배해 있던 지독한 갈등의 본질, 바로 그 안에 내재해 있었다.

: 루이 14세 Louis XIV(1638~1715)

루이 14세는 근대 초기 프랑스의 군주제를 최고 수준으로 발전시켰다. 그는 프랑스의 귀족을 독창적으로 길들였으며, 군주로서의 자신의 권력을 강화시켰고, 프랑스를 유럽의 리더로 만들었다. 평범한 리더라면 단지 군사적인 영광에 대해서만 염려했을 테지만, 루이 14세는 권력이 진실로 지속적이고 유용한 효과를 보기 위해서는 문화적인 업적으로도 구현되어야 함을 깨달았다. 프랑스의 예술과 문화는 루이 14세의 치하에서 하나의 성취 모델이 되었고, 오늘날까지도 세계에 영향을 미치고 있다.

절대 권력가의 절대적 야망

루이 14세는 오늘날의 프랑스를 있게 한 리더다. 프랑스는 국제 정치와 외교 문화에서 기꺼이 주도적인 역할을 맡기 원한다. 루이는 자신의 유산으로 여전히 프랑스의 길잡이가 되고 있는 영광과 문명에 프랑스를 심취하게 만들었다. 루이의 야망은 항상 자신의 수단을 능가했다. 그가 이러한 야망을 모두 다 달성하지도 못하고 있는 동안, 그 야망의 웅대함은 우리가 아직도 루이에 대해 갖고 있는 이미지를 강화시켰다. 그는 군
주의 개념에 기품을 부여한
사람이었다. 그는 다른 유
럽 국가들이 사라질 위기
에 처해 있을 때, 절대 군
주의 개념에 생기를 불어넣
음으로써 군주제가 생명력이
넘치고 원기왕성해지는 데 기
여했다.

　루이 14세는 펠리페 2세Philip II(영국에 대항하여 스페인 무적함대를
진수시킨 스페인의 왕이다)의 중손자이며 존경 받는 프랑스 군주 앙
리 4세Henry IV의 손자다. 그는 또한 자신이 프랑스의 가톨릭 왕으
로서 신의 임명을 받았다고 여겼으며, 그러한 신념에서 나오는 영
감과 권력을 가지고 있었다. 신성한 권리로 국가를 통치한다는 이
러한 자각은 그에게 역사상 대부분의 리더는 생각지도 못할 자신
감을 주었다. 출생 환경을 고려하면 루이가 그토록 당당했던 것도
놀랄 일이 아니다. 그의 출생은 '신의 선물' 이라고 불렸다. 그는
루이 13세와 오스트리아의 앤이 결혼 후 거의 20년 만에 처음 얻은
아들이었던 것이다. 어린 루이는 모자랭Mozarin 추기경과 같은 재
능 있는 조언자에게 둘러싸여 있었고, 그러한 기회를 이용할 줄 아
는 재능이 있었다. 정치와 외교술에 대한 모자랭의 수완은 루이에
게 크게 영향을 주었으며, 위험한 시대에 그가 자신의 국가를 확고

하게 지켜낼 수 있게 했다.

루이는 겨우 네 살 때 군주의 자리에 올랐다. 그렇기에 그는 성장하면서 늘 왕이라는 자의식을 가질 수밖에 없었다. 열 살이 되었을 때, 루이는 다시는 잊지 못할 충격을 받는다. 프롱드의 반란이 1648년 발발한 것이다. 반란은 세제와, 귀족을 희생한 군주제의 권력 강화에 프랑스 귀족이 품고 있던 불만의 표출이었다. 1649년 비슷한 상황에서 단두대의 이슬로 사라진 잉글랜드의 찰스 1세와는 달리 루이와 그의 조언자들은 고관대작들의 반란을 보다 능숙하게 처리했다. 예를 들어 찰스 1세가 타협을 꺼린 반면, 루이와 그의 조언자들은 시간을 벌면서 흥분한 반란 세력이 냉정을 찾을 때까지 조직에 흡수하는 능숙함을 보여 준다. 루이는 기억력이 뛰어났으며 동시에 경험을 통해 배운 부르봉 왕조의 군주였다. 그는 니체의 금언을 실증한 왕이었다. "우리를 죽이지 않는 것이야말로 우리를 더욱 강하게 만드는 것이다."

루이가 자신의 왕권을 관리하기 위해 쓴 원대한 전략은 모두 다시는 반란이 일어나지 않도록 막기 위한 것이었다고 할 수 있다. 이러한 전략으로 루이는 괄목할 만한 성공을 거두었다. 이후 53년간의 치세에 유사한 규모의 반란이 단 한 건도 일어나지 않은 것이다. 1661년 모자랭이 사망할 무렵, 루이는 자주적인 리더가 될 준비가 되어 있었다. 루이는 단 하나의 서류도 그의 감독과 허가 없이는 서명을 받지 못할 것이라 말했다. 최고의 풍요와 사치 속에서 여생을 살아갈 수도 있었을 테지만, 대신 그는 스스로 훌륭한 왕이 되는 길을 선택했다. 다만 한 가지 결점은 지나치게 많은 야망을 갖고 있으면서도 그 야망을 이루기 위한 자원이 너무도 적었다는 것이다.

약 20년 동안 루이는 멈춤 없는 성공을 거두었다. 그는 재능 있고 유능한 재판관이었다. 자신들이 가진 영토에 대해 절대적 권위를 가졌던 다른 왕들과는 달리, 루이는 필요할 때면 '왕에게 진실'을 말할 수 있는 유능한 사람들에게 의지했고, 그러한 부분에 대해 전혀 겁내지 않았다. 미쉘 르 텔리에르Michel Le Tellier는 유럽 최강의 전투력을 가진 군대를 확립하도록 도왔다. 장 콜베르Jean Colbert의 경제 정책은 루이의 원대한 야망의 재정적 지지가 되어 주었다. 콜베르는 자신의 군주가 왕국의 재정적 안정을 위협하는 소비 습관을 보일 때면 그를 꾸짖는 것을 서슴지 않았다. 세제는 더욱 효율적으로 시행되었으며 지방의 최상류층 사람들에게 관직을 제수하고 끊임없이 커지는 절대 군주제에서 책임의식을 갖게 함으로써 그들을 매수했다. 루이는 또한 새로운 지방 장관들을 신뢰하여 그를 대신해 지방을 감독하게 했다.

국내 정치에서 루이의 목적은 궁정이나 의회와 같은 독립적인 권력의 중심부에 있는 장애를 제거하는 것이었다. 가장 가톨릭교다운 군주의 역할을 완수함으로써 루이는 그 사람들을 자기편으로 규합시켰다. 프로테스탄트 위그노교도를 기소했던 것이다. 그리고 귀족들에게는 베르사유 궁에서 그에게 봉사케 함으로써 제도권에 흡수시켰다. 베르사유 궁은 루이가 귀족과 외세 앞에서 왕권을 가장 원활히 행사할 수 있는 교묘한 장치였다. 그는 펜싱과 무도, 승마, 사냥, 미적인 의사 결정 등과 같은 군주다운 기예에 능숙했다. 이 모든 것들이 그의 리더십 기운을 증가시켰으며 그의 권력을 강화시켰다. 외교 문제에서 루이는 프랑스의 '타고난' 영토 야욕을 증대시킬 꿈에 고무되어 있었다. 이는 특히 프랑스의 서쪽 국경을 라인 강까지 이동하려는 시도에서 가장 두드러지게 나타났다. 1665년을 기점으로 스페인령 네덜란드에 영토 상속권을 주장함으로써 그는 동쪽으로 영토를 확장하기 위한 전쟁을 시작했다.

1680년대 중반 무렵, 그는 치세 초기의 승리를 이루었다. 역설적으로 태양왕이 성공하면 할수록 외국 궁정의 질시와 의심은 그만큼 커졌다. 이들 외국 궁정들은 그의 스타일을 모방(프랑스의 문화적 패권에 경의를 표하며 베르사유를 자기들 식으로 건설했다)하는 한편, 그의 방법(절대 권력을 통한 통치 방식)도 모방했다. 유럽에서 가장 근대적이고 중앙 집권화된 국가 건설에 그렇듯 성공을 거두면서도 루이에게는 불행하게도 힘의 균형이라는 논리가 적용되지 않았다. 너무도 빠른 속도로 과도한 성공을 이룸으로써 젊은 날 프랑스를 통치하며 성취한 업적을 수호하는 데 여생을 보내야만 했다. 마치 이것만으로는 충분치 않은 것처럼 말이다.

1700년 스페인 왕이 사망하면서 스페인과 스페인 속령이 루이의 손자에게 유산으로 남겨진다. 자존심과 완강함, 위풍당당한 의식 때문에 루이는 다른 유럽 국가에 스페인과 프랑스를 하나의 왕국으로 통합시키는 일은 결코 없을 것이라는 약속을 하지 못했다.

이것 때문에 사실상의 세계 전쟁(스페인 왕위계승 전쟁)이 일어났으며 이는 1714년까지 계속된다. 그로부터 1년 후, 기진맥진해진 루이는 세상을 떠났다. 결국 루이는 이 전쟁에서 아무 것도 이룬 것이 없었다. 다만 자신의 왕국에 실추된 명예만을 안겨 주었을 뿐이다. 그는 스페인과 프랑스의 왕권은 결코 통합되지 못한다는 피할 수 없는 사실을 인정할 수밖에 없게 되었다. 루이를 전후한 많은 위대한 리더와 마찬가지로, 그는 자신이 성공시킨 많은 업적이 영원히 계속되리라 생각한 것이다.

그의 욕심은 갈수록 더 커져만 갔다. 그는 임종할 때 자신의 손자에게 전쟁과 방종을 멀리하라는 경고를 할 정도로 자신에 대해 비판적인 사람이었다. 루이의 리더십은 이후 역사에 오래도록 그 흔적을 남겼다. 그의 과도한 야망과 그에 따른 희생은 프랑스 대혁명의 산파가 되었다. 프랑스의 영광을 추구한 그의 노력의 결과, 후일 프랑스는 나폴레옹과 다른 권력자들의 치하에서 정치·문화적으로 세계적인 리더십의 실현을 시도한다. 프랑스는 루이 14세가 프랑스에 대해 품은 포부에 부응하려는 숱한 역사를 이어갔다.

: 페리클레스 Pericles(BC 495~BC 429)

현대 세계에서 민주주의란 과연 무엇이며 또한 무엇이어야 하는가를 생각할 때, 우리는 민주주의의 가장 위대한 수호자 중 한 사람인 페리클레스의 생애와 그가 살았던 시대를 반드시 기억해야 한다. 이 아테네의 정치가는 위대한 아테네 도시 국가를 이끌면서 최고의 영광스런 순간을 선사했다. 세계의 많은 사람들이 전제군주적인 정치하에서 살아가고 있던 반면에, 아테네 시민들은 페리클레스의 리더십으로 순수한 형태의 민주주의를 경험한다. 아테네 시민들은 투표를 하는 것뿐 아니라 자신들의 도시 국가에 적극적으로 봉사하는 통치자로서 정기적으로 소집되었다. 민주주의가 현대 세계에서 더욱 대중화됨에 따라 우리는 최초의 민주적 정치가 어떻게 존재하게 되었는지, 그리고 오늘날의 민주주의 체제를 계속해서 괴롭히고 있는 것과 그에 따른 많은 문제를 그들이 어떻게 처리했는지를 이해하는 것은 그만큼 중요해진다.

민주적 리더십의 기준을 세우다

리더로서의 페리클레스를 연구하는 것은 매력적인 일이다. 그는 민주주의적 리더십의 최선과 최악을 전형적으로 요약하고 있기 때문이다. 알렉산드로스 대왕이나 나폴레옹, 히틀러와 같은 리더 밑에서 살아가는 것을 상상하기란 어려운 일이지만, 오늘날의 민주주의 사회에서 살아가는 사람들은 페리클레스의 생애에 대한 기본적인 사실을 알고 나면 그의 리더십의 위력이 얼마나 강력했는지를 직관적으로 느낄 수 있다. 그는 고대 아테네에서 태동한 세계 최초의 민주주의를 선도한 리더 중 한 사람이다.

그는 민주주의가 어떻게 위대한 리더십 발현에 피해를 주지 않을 수 있는지를 보여 주었다. 그는 또한 민주주의와 그 리더들이 간혹 다수결의 무도한 전횡을 일삼게 될 때 빠지기 쉬운 오만을 보여 주기도 했다.

페리클레스는 상류층에서 태어났다. 그가 나중에 아테네의 평민 대중을 이끌 수 있었던 것은 출생 배경을 볼 때 그에게 보다 더 탁월한 능력이 있었던 것이라 해야 맞을 것이다. 이는 일면 그가 진지한 자세로 교육을 받은 때문이었다. 그는 아낙사고라스 Anaxagoras와 소피스트 등 유명한 그리스 철학자 집단에게서 최고의 사상을 취할 수 있었다. 그러면서도 그는 아테네에 대한 자부심과 믿음에 주로 초점을 맞춘 자신의 공약과 가치에 집중했다. 고대 그리스 사회에서 시민권은 국가에 대한 군 복무 수행 능력의 대가로 주어지는 특권이었다. 아테네에서 태어난 남성들에게만 군인 자격이 주어졌고, 곧 그들만이 의회에서 투표하고 선거에 의해 관직에 오를 수 있는 자격을 가졌다. 페리클레스는 아테네 군대에서 뛰어난 전적을 세움으로써 명예롭게도 스트라테고스(고대 그리스의 고위 관직—역주)로 선출되어 15년 이상 재직했다(아테네의 민주주의는 장군을 선출할 정도로 대단한 것이었다).

그는 원칙이 몹시 위험한 처지에 처해 있다고 판단할 때도 논쟁을 두려워하지 않았다. 사생활에서도 논쟁을 좋아하고 재기가 뛰어난 아스파시아Aspasia와 함께 살기로 택한다. 그녀는 한때 아테네의 사교계에서 활동했다. 그는 또한 아테네의 귀족 계급을 희생시키면서 민주적 권리를 확대시킴으로써 기꺼이 배신자가 되는 대담함을 보이기도 했다. 많은 정력을 소비하면서 배심원들과 다른 정부 관료들의 임금 지급에 대한 논쟁에서도 성공적으로 그들을 대변한 것이다. 관료들이 임금을 받게 되자, 그들을 자치 정부에 실제로 참여시킴으로써 더 많은 빈민 중간 계층의 시민들에게 정부를 통제할 수 있는 기회를 열어 주었다.

그는 아테네가 부를 현명하게 사용할 것을 주장하는 데 있어 두려움이 없었다. 시민의 일시적인 박수갈채를 얻기 위해 '빵과 서커스'에 소비하는 대신, 자신의 모든 부를 아테네 재건에 투자함으로써 만족감과 희열을 뒤로 미루는 정책을 쓰자고 주장했다. 당시 아테네는 페르시아 전쟁을 치르는 과정에서 부분적으로 황폐화되어 있었다.

모든 위대한 리더는 '유화 정책'의 가치, 즉 개인적으로든 국가적으로든 예술과 과학 분야에서의 업적으로 개인이나 국가에 힘이 생기는 것임을 이해하고 있다. 그러한 리더들은 아무리 심원한 유형의 권력이라도 폭력으로는 좀처럼 자라나지 않음을 알고 있다. 페리클레스는 막후에서 힘겨운 정치적 작업을 했다. 그것은 파르테논 신전과 같은 기념물을 건립하는 데 기금을 조성할 가치가 있음을 확인하려는 것이었다. 아테네를 두고 나중에 '헬라스의 배움의 도장'이라 부른 것도 이상할 것이 없다. 이러한 평판은 아테네의 진정한 강점을 가리키는 것이다. 즉, 적절히 자유분방하고 관용을 보이는 분위기에서 수많은 혁신이 육성되었으며, 바로 그러한 분위기가 서구 문명의 설계를 위한 초석이 된 것이다. 그는 또한 아테네를 어떠한 포위 공격에서도 보호할 수 있도록 도시를 바다까지 연결하는 장벽을 건설하는 데 전폭적인 지원을 아끼지 않는 등 아테네의 보안을 예리하게 관리하였다.

아테네는 페리클레스가 아테네 정치에 개입하고 있는 동안 문화적으로 매우 찬란했으며 경제적으로도 번창하였다. 문명의 최고 절정기가 바로 페리클레스의 시대라고 불리는 데는 이유가 있는 것이다. 그러나 그리스인들이 잘 알고 있는 것처럼, 신은 반드시 제아무리 최고의 자만심을 가진 자라 해도 패배와 슬픔을 나누어 가지도록 했다. 페리클레스의 비극적인 결점은 민주주의가 제국과 쉽게 야합할 수도 있다는 사실을 쉽게 용인했다는 데 있다. 아테네의 민주주의에 대한 페리클레스의 자부심은 지나쳤다. 그를 포함한 다른 아테네인들은 주변 그리스 도시국가들이 민주주의 국가의 아버지라는 명예와 함께 그들에 대한 아테네의 패권을 영원토록 인정해 줄 것이라 생각했던 것이다. 투키디데스는 『펠로폰네소스 전쟁사』에서 그리스 내전은 주로 도발적으로 성장한 아테네의 국력과, 이로 인하여 그리스 도시 국가 중 두 번째 강국이었던 스파르타의 두려움이 불필요하게 커지면서 발생한 것이라고 주장했다. 하나의 병 속에 들어 있는 타란튤라처럼 스파르타와 아테네는 BC 431년부터 404년까지 서로를 파멸시키려 들었다.

스파르타는 군사력과 집단의 권리가 최후의 수단인 개인의 권리까지 이용한다는 생각에 바탕을 둔 이른바 전체주의적 제국이었다. 스파르타의 주요 강점은 불굴의 용맹스런 육군에 있었다. 아테네의 강점은 해군이었다. 페리클레스는 아테네가 스파르타를 제압하지 않고는 대국이 될 수 없다는 판단을 했다. 그래서 필요하다면 아테네의 외교적 방침에 반하는 것이라 해도 사력을 다해 스파르타와 싸우기로 결심한 것이다. 그의 전략은 견실했다. 스파르타와의 육지전은 무슨 일이 있어도 피하면서, 해군을 이용함으로써 궁극적으로 전쟁을 승리로 이끌자는 것이었다.

그러나 페리클레스는 두 가지 실수를 했다. 우선 그가 죽으면 아무리 훌륭한 리더라 해도 그를 대신할 만한 사람이 반드시 있으리라는 보장이 없다는 것을 깨닫지 못했다. 둘째로 민주주의의 강점에 너무 빠진 나머지 그것이 가진 약점을 망각했다. 민주주의 체제를 전쟁에 끌어들이기는 매우 쉽다. 그러나 일단 전쟁이 시작되면 그들의 흥분을 통제하기 힘들어진다. 분명한 것은 페리클레스가 전염병으로 사망했으며, 아테네 시민들을 보호하기 위해 도시 안으로 모두를 몰아넣는 그의 결정으로 그 전염병이 더욱 확대되었다는 것이다. 스파르타의 군대가 아테네의 장벽을 침입할 수는 없었지만, 전염병은 장벽이 문제되지 않았다.

페리클레스가 사망하고 얼마 되지 않아 아테네의 대중은 전쟁에 대해 일시적인 미봉책으로 접근할 것을 요구하기 시작했다. 그때 대중 선동가인 알키비아데스Alcibiades는 아테네 사람들에게 원거리인 시실리에서 승리를 거두기 위해서는 육군에 의존해야 한다는 주장을 펼쳤다. 페리클레스적인 인내심이 알키비아데스의 도박과 같은 태도로 대체된 것이다. 그리고 아테네의 육군은 이 불필요한 원정에서 몰살당하면서 모든 것을 잃게 되었다.

그러나 결국 우리의 결론은 페리클레스의 훌륭한 자질이 리더로서의 그의 약점을 능가했다는 것에 이르게 된다. 우선, 역사상 독재 정치의 상황에서 활동한 위대한 다른 리더와는 달리 그는 실제로 아테네의 직접 민주정치의 경쟁적 상황에서 리더십을 얻었고, 또 그것을 유지하는 데 성과를 중시하는 방식으로 일했다. 둘째로, 그는 진정한 현실주의자는 바로 이상주의의 폭발적 힘의 가치를 알아볼 줄 아는 사람이며, 그것을 생산적인 목적으로 돌릴 수 있는 사람이라는 사실을 깨달았다. 스파르타와의 전쟁 초기에 전사한 아테네인들을 추모하는 의식에서 있었던 페리클레스의 추도사는 역사상 리더십을 가장 잘 설명하는 위대한 연설 중 하나다. 그 추도사에서 그는 아테네인들이 단지 권력을 위해서 싸우고 있는 것이 아님을 설명한다.

아테네는 그리스의 배움의 도장이다. 왜냐하면 아테네는 본보기를 보임으로써 선두에 서고, 권력을 가진 소수가 아닌 다수의 이익을 위해 존재하며, 만인에게 평등한 정의를 추구하면서 변명을 하지 않기 때문이고, 개개인의 우수함이 능력 위주의 문화를 통해 육성되며, 만인이 정치적으로 평등한 권리를 행사할 수 있다는 것이 그 도시 국가의 제1의 목적이기 때문이다. 그리고 아테네는 혁신을 두려워하지 않는 개방된 사회이기 때문이다. 다른 많은 성공적인 민주주의의 리더들과 마찬가지로 그는 한 가지, 민주주의와 제국을 결합하려는 시도에서만 실패했을 뿐이다.

: 이오시프 스탈린 Joseph Stalin(1879~1953)

스탈린은 폭력적인 리더십을 통해 소련을 후진적 농업 국가에서 산업화되고 공산화된 국가로 변모시켰다. 그의 리더십으로 소련은 2차 세계대전과 나치 독일과의 대대적인 충돌 또한 이겨냈다. 역사학자들은 아직도 스탈린의 리더십이 인간과 사회를 희생시킨 것이었다는 논쟁을 벌이고 있다. 그의 가혹한 정책은 1941년 나치 독일과의 전쟁을 대비하기 위한 필요악이었을까? 그의 철저한 강제 징발 산업 정책과 대량 살상이 궁극적으로는 20세기 공산주의가 쇠퇴하게 된 원인으로 작용했을까? 역사학자들은 스탈린과 그 지배의 본질에 대해 논쟁하고 있으면서도, 그 누구도 그의 리더십이 세계 역사에 미친 거대한 영향을 의심하지 않는다.

피해망상형 리더십의 한계

위대한 리더에게 바치는 책에 스탈린을 포함시키는 것은 어쩌면 궁극적으로 모순인지도 모른다. 어떤 의미에서 그는 역사상 최악의 리더였다. 심지어 히틀러보다도 더 많은 사람을 살육했으며, 카를 마르크스의 공산주의 해방 사상을 가증스러운 통치 이념으로 둔갑시켰다. 그는 자신의 외교적 · 군사적 무능으로 2차 세계대전을 패배로 이끌었다. 그러나 러시아를 산업화시키고 자본주의 세계를 공포에 떨게 함으로써 경제 대공황과 전후 몇 년 동안 자체 개혁이 가능하도록 만들었으며, 러시아를 나치 독일에 맞서 승리로 이끈 장본인이라는 공적은 남아 있다. 러시아가 전쟁에서 패했다면 히틀러는 (편집증적인 면이 있기는 하지만) 신중한 스탈린보다 세계에 더 큰 위협을 안겨 주었을 것이다.

스탈린과 히틀러와 같은 '대단한' 리더를 연구하면서, 우리는 단지 두 가지 이유 때문에 그들을 연구하고 있다는 사실을 기억해야 한다. 첫째로 그들의 생애와 행동은 진정 훌륭한 리더라면 무엇을 조심해야 하는지를 잘 보여 준다. 둘째로 히틀러와 스탈린과 같이 지나치게 강한 권력을 가진 사람들은 우리가 그것을 좋아하든 싫어하든, 이루 말할 수 없을 정도의 많은 사람들에게 크나큰 영향을 미칠 수 있다는 사실을 입증해 준다. 어떻게 그들이 권좌에 오르고 권력을 유지했는지, 그 자체로도 리더십에 대한 뜻 깊은 교훈이다.

스탈린이 소련의 리더가 된 것은 그가 가난한 그루지야 출신이라는 점을 고려할 때 더욱 괄목할 만한 것이다. 히틀러처럼 스탈린 역시 어린 시절 아버지의 폭력에 시달렸다. 그렇기에 우리는 결코 그를 용서할 수 없지만 이해는 할 수 있는 것이다. 어떻게 그런 사람들이 그토록 광폭한 사디스트로 자라날 수 있는지를 말이다. 스탈린의 어머니는 그가 사제가 되기를 원했다니 이 또한 아이러니가 아닐 수 없다. 고학년이 되었을 때 스탈린은 필수 과목에는 눈길도 주지 않는 대신 마르크스의 교리를 탐독하고 티플리스(지금의

트빌리시로 그루지야의 수도다)의 건달들과 어울려 다녔다. 스탈린의 성공의 열쇠는 십대 시절 그의 심리 상태에서 이미 분명하게 드러난다. 그루지야의 문화적 배경 속에서, 그는 철천지원 의식에 관한 구시대적 감성에 매우 익숙해져 있었다. 아버지의 잔혹한 폭력은 그에게 자신의 감정을 숨기는 법을 가르쳐 주었고, 그를 가로막는 사람에게 언젠가는 복수하기 위해 지금 참아야 한다는 것을 일깨워 주었다. 그러한 배경은 1917년 소련에서 공산주의가 득세한 이후 미래의 소련 관료에게 매우 유용한 지침이었을 것이다.

1900년대 초, 그는 파업 활동과 노동권 문제에 관여하게 된다. 스탈린은 약삭빠른 말썽꾼이자 거리의 부랑자로 하나의 대의를 갈망하고 있었는데, 그러던 중 볼셰비즘에서 그 대의를 찾았다. 러시아의 공산주의 운동이 온건주의 멘셰비키와 보다 호전적인 볼셰비키의 두 분파로 쪼개어져 있을 때, 그는 물론 후자를 선택했다. 스탈린은 또한 기회주의자의 일면도 가지고 있었는데, 일부 역사학자들 중에는 그가 한동안 러시아 비밀경찰의 앞잡이였을 가능성도 있다고 주장하는 이들도 있다. 그가 지하 조직에서 쌓은 경험은 1907년 볼셰비키당의 자금 조달을 위해 벌인 대담한 강도 사건을 성공적으로 이끌었다. 1912년, 볼셰비키의 지능적이고 조직적인 당의 리더 레닌이 스탈린의 잠재력을 진지하게 눈여겨보기 시작했고, 그에게 중앙위원회에서 일할 것을 권했다. 이 무렵 그는 주가슈빌리Dzhugashvili에서 스탈린(러시아어로 '강철'을 뜻한다)으로 개명했다.

1차 세계대전은 대참사였지만 히틀러나 스탈린과 같이 사회의 그늘에 웅크리고 있던 이들에게는 절호의 기회였다. 그들은 다른 이의 고통스런 처지를 자신의 권력을 향한 목적 추구에 이용했다. 1차 세계대전은 제정 러시아에는 대재앙이었다. 제정 러시아는 전쟁에 의해 명예가 실추되었고, 더 이상은 결의에 찬 볼셰비키당에 맞서 저항해 봐야 아무런 소용도 없었다. 레닌당은 도탄에 빠진 러시아 민중에게 '평화와 토지, 빵'을 약속했다.

1917년 11월, 볼셰비키당은 구 상트페테르부르크에서 쿠데타를 일으켰다. 레닌과 트로츠키가 정권 인수를 성공적으로 이끌었지만 스탈린은 거드름을 피우며 쿠데타에서의 자신의 역할을 실제보다 더 대단한 것으로 장황하게 부풀렸다. 레닌의 건강이 악화되기 시작하자, 스탈린은 트로츠키와 레닌 같은 대 사상가에게는 관심 밖인 세속적인 당정의 문제를 세세한 부분까지 지배하려고 들었다. 공산당 중앙위원회의 서기장으로서, 스탈린은 레닌의 사후에 다가올 절대 권력을 위한 투쟁에서 결국은 그를 지지하게 될 비밀스런 관료주의적 제국을 건설했다.

레닌이 사망한 지 1년 후, 스탈린은 차리친을 자신의 이름을 딴 스탈린그라드로 개칭함으로써 리더로서의 자신의 지위를 강화시켰다. 그는 이반 4세와 같이 권위주의적인 '거물급 인사'를 여전히 존중하고 있는 이 나라에서 자신에 대한 숭배를 조장하고 있던 것이다. 이런 의미에서 스탈린의 리더십 양식은 트로츠키의 세계주의적인 리더십 양식보다도 러시아의 농민 문화와 더 잘 부합했다. 트로츠키는 지적 우월성만으로 추종자를 흡인할 수 있을 것이라 믿은 반면, 스탈린은 인간의 본성을 훨씬 잘 이해하고 있었다. 자신의 판단 방식과 후원 조직망, 관료주의적 제국 건설 등 모든 것이 결국 자신에게 절대적 권력을 가져다 줄 것임을 그는 믿고 있었다. 트로츠키는 멕시코로 추방되었고, 1940년 끝내 스탈린에 의해 암살되었다. 기실 스탈린은 일찍이 1930년대 러시아라고 하는 세계적 강국에 공산주의에 대한 자신의 자의적인 해석을 각인시키고 있었던 것이다.

스탈린은 세계 혁명의 이상을 믿는 사람이 아니었다. 스탈린은 '단지 한 나라에 국한된 사회주의'에 만족하려 했다. 마르크스는 공산주의의 결실이 러시아와 같은 빈곤한 나라에서 향유되기 전에 대부분의 선진 국가에서 공산주의의 성공이 선행되어야 한다고 믿었다. 그러나 스탈린은 자신이 어떤 종류의 이상주의도 믿지 않는 현실주의자임을 자랑으로 여겼다. 이를테면 언젠가는 "교황은 얼마나 여러 부문으로 나뉘어져 있는 것이오?"라고 말하기도 했다. 스탈린의 말대로라면, 이는 교황이 강력한 군대를 갖고 있지 않으면 처음부터 강력하고 효율적인 리더가 될 수 없다는 뜻이기도 했다. 권력에 대한 그러한 분석은 스탈린의 가장 큰 강점이기도 했으며 동시에 가장 큰 약점이기도 했다. 심지어 자신의 가장 절친한 추종자들과 가족을 포함한 모든 사람들에게 늘 최악의 상황을 가정함으로써, 그에 맞선 어떤 음모도 일어나지 못하도록 한 그였던 것이다. 그러나 그의 조악한 현실주의는 자신의 폭력성에 의해서도 완전히 뿌리뽑히지 않는 강한 사상과 이상에서 진정한 리더십이 발전된다는 것을 배제한 것이었다.

스탈린의 러시아 경제에 대한 현실 인식은 개인은 아무 것도 소유할 수 없으며 국가가 모든 것을 통제해야 한다는 것이었다. 그는 많은 희생을 감수하면서 러시아의 농장을 집단화시켰다. 부유한 농장주 중에는 가축이며 재산을 국가에 넘기기보다는 차라리 재산을 탕진해 버리거나 가축을 도살하는 쪽을 택한 이들도 있었다. 스탈린은 그런 농장주들과 전쟁을 벌였고, 심지어 자신의 가혹한 계획을 실현하기 위해 우크라이나에서 발생한 끔찍한 기아를 방치하기도 했다.

자국민의 공포와 애국심, 기회주의를 악용함으로써 스탈린은 큰 희생이 있고 난 뒤인 1930년대 말이 되어서야 러시아를 산업화시킬 수 있었다. 자신의 거칠고 타협할 줄 모르는 통치 양식에 대한 정치적 반대가 일어나지 않도록, 그는 1934년 이후 재판과 당 숙청 작업을 전개하기 시작했다. 단기간에 스탈린은 자신의 목적을 달성했다. 1930년대 말, 정부와 당 내의 독자적 노선을 걷고 있던 모든 리더가 죽거나 그 세력을 잃게 된 것이다. 그러나 장기적으로 그러한 숙청은 러시아에 있어 크나큰 희생이었다. 독창성과 창의성, 혁신적 정신은 스탈린이 만들어 가고 있는 새로운 러시아에서 문화적 가치로서 거의 말살되다시피 한 것이다. 대부분의 사람들은 그런 상황에서 그저 머리가 잘려 나가지 않은 것을 다행으로 여길 뿐이었다.

스탈린의 정책은 2차 세계대전에서의 러시아의 초반 형편없는 작전 수행으로 나타났다. 대부분의 창의적이고 능력 있는 군 지휘자들이 스탈린에 의해 제거된 후의 일이었다. 독일과의 전쟁 초반에 러시아 군의 리더십은 단 한 가지 방면에서만 재능을 보였는데, 어떠한 상황에서도 스탈린을 기분 좋게 하면 그만이었던 것이다. 스탈린은 1941년에 시작된 독일과의 전쟁 초기 단계에서 마치 아마추어처럼 군 정책을 세세한 부분까지 관리하려 함으로써 사태를 더욱 악화시켰다.

　　되풀이되는 참사를 겪고 경험으로 배운 스탈린은 주코프Georgie Zhukov와 같이 재능 있으면서도 충성심이 강한 장성에게 군의 의사결정을 위임하게 된다. 무슨 일이 있어도 권력을 중앙에 집중시키려 했던 스탈린의 결정은 공산당의 막강한 조직력이 전면전에 대비해 러시아를 효과적으로 동원할 수 있게 해 주었다. 이러한 방식은 독일의 히틀러도 결코 할 수 없었던 것이다. 이를테면 스탈린은 전면전에 들어가면 군 장비 면에서 양보다는 질이 보다 중요함을 알고 있었다. 그러나 러시아는 나치를 상대로 한 승리를 위해 크나큰 희생을 치를 수밖에 없었다. 2천만 명이 넘는 사람이 죽거나 다쳤으며 러시아의 비옥한 서부 지역 대부분이 파괴되었다. 1939년 스탈린이 히틀러와 체결한 협정은 우선적으로 전쟁이 발발하게 만들었다. 스탈린은 또한 자신이 1941년 내내 첩보원으로부터 독일의 침략이 임박했다는 정보를 입수하고 있었음에도 이를 무시하는 과오를 범했다.

1953년 스탈린이 사망할 무렵, 그는 새로이 정치적 숙청 운동을 개시하려고 했다. 이 무렵 스탈린은 자신의 가족과 소원해져 있었다. 그의 두 번째 아내는 자살했으며, 아들은 나치에게 넘겨졌고 딸은 영국으로 이민을 갔다. 그는 자신의 측근들을 면밀히 감시하고 있었다. 파티에서조차도 그의 의심과 남보다 한수 앞서가는 방식은 파티의 절차를 좌지우지했다. 손님을 취하게 하여 속이야기를 하게 한 뒤, 나중에 그들에게 죄를 뒤집어씌우는 식이었다.

스탈린이 사망하자 사람들은 마치 자신을 괴롭히던 인질범의 사망 소식을 들은 것과 같은 반응을 보였다. 인질로서 자신을 박해한 자와 스스로를 동일시하고 심지어는 그를 옹호하게 되는, 이른바 '스톡홀름 증후군' 같은 것이었다. 오늘날에도 러시아의 많은 택시 운전기사들은 자신의 차에 스탈린의 초상을 붙이고 다닌다. 가혹한 리더에 대한 숭배는 러시아 외에도 많은 나라에서 여전히 사라지지 않고 있다. 강력한 권위주의적 리더십을 열망하고 심지어 그것을 필요로 하는 나라는 불행하다.

: 무스타파 케말 아타튀르크

Mustafa Kemal Ataturk(1881~1938)

아타튀르크는 다른 어떤 리더도 할 수 없는 일을 해냈다. 과거 이슬람 국가에서 세속적 민족 국가로의 변혁을 이루어 낸 것이다. 아타튀르크 이전의 터키는 중동 지역을 석권한 이슬람 오스만제국의 근거지였다. 1차 세계대전과 아타튀르크의 집권 이후, 터키는 근대적 민족 국가가 되었고 엄격한 정교 분리를 시행했다. 9. 11 테러 이후, 아타튀르크의 리더십은 이슬람이 어떻게 근대 세계의 현실과 화해를 가능케 할 것인가에 대한 리더십의 통찰력을 연구하는 데 중요한 지침을 주고 있다.

이슬람 국가를 부흥시킨 정치가

무스타파 케말 아타튀르크는 자신의 문명의 근원적 기초에 의문을 던지는 것에서 큰 이점을 이끌어 낼 수 있다는 것을 보여준 리더다. 그가 자라난 오스만제국에 아무런 이유도 없이 '유럽의 병자'라는 꼬리표가 붙은 것은 아니다. 그의 아버지는 오스만제국 민병대에서 복무한 충성스런 공무원이었다. 아타튀르크가 겨우 일곱 살이었을 때 아버지를 여의었지만, 그럼에도 불구하고 아버

지를 통해 그가 받은 영향은 지대한 것이었다.

아타튀르크의 아버지는 아들을 비종교적인 학교에 보내야 한다는 바람을 가졌는데, 아들에게 자신의 사회를 객관적으로 바라볼 기회를 주고자 하는 연유에서였다. 이는 당시 상황을 생각해 볼 때 매우 보기 드물고 용기 있는 생각이었는데, 왜냐하면 당시의 터키제국은 뿌리 깊은 이슬람식 교육으로 대개의 교육 기관이 종교적인 성격을 가질 수밖에 없었기 때문이다. 또한 그는 아들에게 어린 나이에도 군인이라는 직업의 가치에 대한 믿음을 주입시켰다. 어린 아타튀르크의 머리맡에는 늘 칼이 놓여 있었고, 그것이 그의 미래에 영향을 미쳤음은 당연하다.

학창시절 아타튀르크는 언제나 완벽한 성적을 받는 우등생이었고, '케말('완벽한 사람'이라는 뜻이다)'이란 별명을 얻었다. 성인이 되자 군사적인 문제에 관한 그의 관심은 더욱 커졌다. 그는 1899년에 오스만제국의 엘리트 전쟁대학에서 공부를 시작한다. 군 지휘관이 되기 위해 준비하는 여느 재능 있는 젊은이와는 달리, 그는 당대의 중대한 문제를 혼자서 고심할 줄 알았다. 수도인 이스탄불에서 거주한 아타튀르크는 국내외적으로 급변하는 제국의 주류 정치사상에 관여하고 있었다. 그와 같은 '개혁자young Turks' 세대는 거의 5백 년 동안이나 오스만제국을 지배해 온 구시대적이고 무능한 황제 칼리프에 의문을 던지고 있었다. 칼리프는 국내에서는 혁신과 변화를 억누르면서, 외세의 침략에 직면했을 때에는 계속 후퇴했던 것이다.

아타튀르크는 자신의 진취적인 정치적 믿음에 충실하기 위해 대단한 용기를 보이며 전도유망한 자신의 군 이력에 명예를 걸었다. 그는 전쟁대학의 4백 명이 넘는 학생 중 상위 열 명의 성적 우수자에 오르면서 우수한 성적으로 졸업했다. 그러나 그는 단순한 개인적 출세가 정치와 사회의 변화에 동참하는 한 차원 높은 애국의 의무보다 우선시되어서는 안 된다고 생각했다. 첩자들은 이미 그가 관여하고 있는 개혁주의 집단에 침투해 있었다. 그렇기에 군인으로서의 그의 첫 번째 과제는 그리 탐탁지 못했다. 그가 정부의 부패를 직접적으로 목격한 다마스쿠스 근처의 제국 극동 유역에 배치된 것이다. 1909년, 칼리프는 마침내 개혁주의적인 반대 세력으로부터 압력을 받고 사퇴한다.

아타튀르크와 그저 그런 관계를 맺고 있던 청년 투르크당은 외교 정책 면에서 안 좋은 상황을 승계 받았다. 칼리프는 그간 외세의 공격에 길을 터주고 있었던 것이다. 1911년 오스만제국에 속해 있던 리비아가 이탈리아의 공격을 받는다. 아타튀르크는 그곳에서 처음으로 전투 경험을 하게 되었지만, 건강상의 문제로 얼마 후 그곳을 떠날 수밖에 없었다.

터키에는 더 많은 재난이 이어졌다. 1 · 2차 발칸 전쟁으로 유럽 동남부 지역에서의 터키의 영향력은 더욱 작아지고 만 것이다. 청년 투르크당원들은 1차 세계대전에서 독일과 운명을 함께했다. 아타튀르크는 처음부터 독일과의 그러한 동맹 관계에 대해 유보적인 태도를 취하고 있었다. 그러나 새로운 체제에 군인으로서 임무를 계속함으로써 충성을 다했다.

1915~1916년, 아타튀르크는 영국군의 결의에 찬 공습에 맞서 전략적 요충지인 갈리폴리를 방어함으로써 명실상부한 케말의 칭호를 얻게 된다. 그는 터키 전역에서 영웅이 되었고 곧 장군으로 진급했다. 전쟁 말기에는 임질과 과음으로 인하여 악화된 건강과 제국의 쇠락해 가는 명운으로 아타튀르크에게 매우 힘겨운 시기였다. 전쟁이 끝나자 정부는 다시 술탄의 손에 들어갔고, 술탄은 영국과 프랑스 등 터키의 과거 적국의 소원을 들어주려고 안달이었다. 아타튀르크에게 있어 최악의 시기는 1919년 적국의 선박과 군대가 수도 이스탄불에 입성하는 것을 목격한 때다.

아타튀르크의 애국심과 의지력, 리더십은 다른 사람 같으면 포기할 일련의 개인적이고 국가적인 위기를 꿰뚫어 보았다. 그는 터키의 국가 정치에 부정적인 영향을 미칠지도 모를 무모한 행동은 최대한 피하려고 신중을 기했다. 그는 술탄과 외국인들이 중앙집권적인 터키의 안정을 필요로 한다는 점을 교묘하게 이용했고, 이 목적을 실현하기 위해 육군력을 이용하는 데 동의했다. 그는 자신의 명령을 액면 이상으로 재빨리 숙독했다. 터키 국민에게 직접적으로 호소하기 위해 자신에게 새롭게 주어진 권력을 이용했으며, 민족주의를 격발시킴으로써 자랑스러운 조국의 문제에 외국이 개입하는 데 반대하였다. 그는 현명하게도 술탄이 이미 터키를 제국주의적인 목적을 위해 자기 편의대로 분할하려는 외세의 포로가 되었고, 그렇기 때문에 독단으로 행동해야만 한다고 주장했다. 아타튀르크의 카리스마는 술탄에게 그를 체포하라는 명령을 받은 다른 부대가 명령을 거부할 정도로 강한 것이었다. 다른 군 장교들과 병사들은 곧 그의 민족주의 기치를 중심으로 모여들었다.

그는 자신의 정부를 앙카라에 세웠다. 반면 술탄은 그리스와 이탈리아, 프랑스에게 터키의 영토를 계속해서 내주고 있는 형편이었다. 그는 신중하게 동맹국을 찾았고, 북으로는 공산주의 국가인 러시아와도 동맹을 꾀했다. 1922년, 아타튀르크는 모든 외국인을 국경 밖으로 쫓았다. 술탄은 어쩔 수 없이 도피하였고, 이제 터키는 아타튀르크가 바라는 바대로 자유롭게 근대 세계로의 진입을 이룩할 수 있게 되었다.

터키에서의 그의 업적은 군인으로서 세운 업적만큼이나 중요하다. 그는 정교 분리에 대한 자신의 요구에 있어 타협을 용인하지 않았다. 사회 변화를 추동하기 위해서는 터키를 강력하고 존경 받는 나라로 만들 필요가 있다고 그는 생각했다. 그는 심지어 터키의 전통 머리 장식물을 금지시키기도 했다. 그는 비범한 결단으로 후진한 사회를 앞으로 추진시켰고, 그런 그의 모습은 마치 터키에서 부활한 표트르 대제와 같았다. 이슬람의 법은 그의 노력으로 더 이상 국가의 지원을 받지 못하게 되었고, 여성 해방이 시작될 수 있었다. 이 결단성 있는 리더로 인해 괄목할 만한 교육 제도의 개선이 이루어졌으며, 아라비아어를 대신하는 라틴어 필기 문자로 문맹률이 낮아졌다. 그는 모든 터키인들에게 성을 차용하도록 명령을 내린 후 자신의 성도 '터키인의 아버지'를 의미하는 '아타튀르크'로 정했다.

무스타파 케말 아타튀르크는 터키의 여러 문제를 처리하는 데 있어 탁월한 재능을 보인 희대의 리더였다. 그는 종교적 보수주의자들과 자국 내의 전통주의자들과의 투쟁에서 제국주의적 외세와 싸울 때만큼이나 용맹스러웠다. 무엇보다도 그는 유구한 역사의 시험대에서도 굳세게 견뎌 온 근대 민족 국가로서의 터키에 대한 미래상을 가지고 있었다. 그는 다른 이슬람 국가가 그의 선견지명에서 여러 가지를 배운다는 점에서 이 세계에 희망을 주고 있다.

: 프리드리히 대왕

Frederick the Great(1712~1786)

프리드리히 대왕은 자신의 한정된 자산을 최대한 활용한 리더였다. 그는 가난하고 인구도 적으며 천연자원을 빼앗긴 프로이센의 왕이었다. 프리드리히는 18세기 유럽 국가 사이의 경쟁에서 자신의 한정된 자산을 용의주도하게 최대한 이용하였다. 그의 리더십 덕에 프로이센은 유럽에서 군사적으로도 정치적으로도 대국으로 성장할 수 있었다. 그러나 그가 왕위에 오르기 전, 프리드리히는 고생스런 어린 시절과 아버지와의 불편한 관계라는 문제점을 가지고 있었다. 그가 아버지와의 불화를 극복한 사실은 이후 왕으로서 직면한 그 어떤 과제보다도 그에게 더 많은 것을 요구한 것이었고, 이 점에 관해서는 논쟁의 여지가 없다.

자기극복에서 탄생한 리더십

프리드리히가 태어나면서부터 위대한 왕의 운명을 가진 것은 아니다. 그의 젊은 시절은 아버지 프리드리히 빌헬름 1세Friedrich Wilhelm I와의 고통스런 관계로 점철되어 있다. 그의 아버지는 프로이센을 '국가를 부속 부대로 만든 하나의 군대'로 고착시킨 국왕이었다. 프로이센은 작고 가난한데다가 지리적으로도 외세에 노출되어 있는 나라로, 모든 자원을 군대를 키우는 데 쏟아 부었다. 그러나 프리드리히 빌헬름 1세의 아들은 군사 문제보다는 예술 쪽에 더 관심이 있었다. 아버지는 이것을 반역과 유약함의 전조라고 받아 들였다. 젊은 프리드리히는 엄한 아버지의 언어 폭력과 육체적 폭력으로 굴욕을 감내해야만 했다. 왕실은 젊은 프리드리히가 광포한 아버지를 피해 조국을 버리려고 한 1730년, 중대 위기를 겪는다. 그 해 아들의 그러한 행동을 대역죄로 본 아버지에 의해 프리드리히는 투옥되고 만다. 젊은 프리드리히의 친구인 한 소위는 탈출 계획을 도운 죄로 불운한 왕의 후계자 프리드리히가 보는 앞에서 처형되기도 했다.

이 일이 있은 후, 젊은 프리드리히는 군인으로서의 지위와 계급을 박탈당했고, 하급 행정직 업무를 맡게 됨으로써 더욱 비참한 처지가 되었다. 평범한 사람이라면 이러한 상황에서 자살을 기도하거나 은둔하거나, 자신을 박해하는 자에게 완전히 굴복하려 할 것이다. 그러나 프리드리히는 자신이 통치권을 잡을 때를 기다리며 내적 성찰의 시간을 가지기로 마음먹었다. 그는 그 중요한 때를 기다리며 다양한 기회를 이용하여 자신을 계발했다. 그는 1730년대 초반 프랑스와의 전쟁에서 명장 외젠Eugene of Savoy과 함께 복무함으로써 실질적인 군 복무 경험을 쌓을 기회를 얻는다. 그는 폭넓고 깊이 있는 독서를 통해 계몽주의 사상과 문화의 지적 흐름을 접하였다.

1740년 아버지의 죽음으로 프리드리히는 이후 40년 동안 지속될 혁신적 통치를 시작하게 되었다. 그의 통치는 유럽 역사의 큰 지각 변동을 예고했다. 프리드리히의 통치 철학은 계몽적 전제 정치 철학의 본보기가 되었다. 실제로 그는 자신의 저서 『정치적 신앙고백*Political Testament*』에서, 통치자란 무릇 '국가의 제1 관리인일 뿐', 그 이상도 이하도 아니어야 한다고 기술했다. 그는 공무원들에게 자신이 책임감 없이 지배자로서의 권위를 이용해 그저 사치와 향락을 일삼는 전형적인 군주가 아닌, 적극적으로 봉사하는 통치자가 될 것임을 선언했다.

프리드리히의 표현을 빌자면 세상에는 두 종류의 통치자가 있다. 명목상의 통치자와, 책임을 지면서 '국가의 영혼이 되려 하는' 통치자가 그것이다. 후자의 경우, "그들의 정치 체제가 무게를 잡고 있으면 그 무게에 눌릴 뿐이다. 마치 아틀라스가 세상을 등에 짊어지고 있는 것처럼…" 그러나 강력한 권력이 강한 책임을 수반한다는 프리드리히의 인식으로 일인 통치 체제의 원칙은 완화되었다. 그의 계몽주의적 감수성은 다음과 같은 특성에서 잘 나타났다. 결국 실패로 끝나버린 관계이기는 했지만 볼테르Voltaire를 베를린에서 접대한 것이다. 그는 프로이센의 정치 체제를 정직하고 효율적인 것으로 만들려는 시도를 하기도 했다. 또한 행정직을 충원하기 위해 시험제를 도입하는 등 실력 사회를 창출하고자 노력했다. 그는 고문을 폐지하고 종교적 관용을 베풀었으며, 초등 교육 제도를 모든 국민에게 개방하려고 했다. 프리드리히는 프로이센의 한정된 자원을 최대화하기 위해 위대한 군주가 되어야만 했다.

프로이센의 북방은 온통 모래땅으로 농산물이 풍부하지 못했다. 그는 마치 은행가처럼 자신의 금융 자산을 동원했다. 프리드리히의 그러한 통치가 있었기에 치세 막바지쯤에는 프로이센의 군 규모를 약 20만 명까지 늘릴 수 있었던 것이다(그가 왕위에 올라 통치를 시작할 때쯤 프로이센의 군력은 이 수치의 약 절반 수준밖에 되지 않았다). 또한 이렇게 배가된 군에 귀족 계급이 향유하고 있는 특권의 대가로 그들을 장교로 부임시킴으로써 군 복무를 수행하도록 하는 단호함을 보이기도 했다. 그는 심지어 왕국의 부에 기여하는 근면한 이민자들, 특히 다른 나라에서 종교적 차별로 고통 받고 있는 이들에게 프로이센으로의 이주를 권장하기도 했다.

그러나 외교적인 문제야말로 프리드리히 대왕이 가장 신경 쓰는 일이었다. 치세 초기, 그는 국제 정치에서 어떻게 종교적 열광보다는 국가적인 이유를 그 길잡이로 삼을 수 있는지를 유럽에 보여 주었다. 30년전쟁이 끝난 지 겨우 1세기밖에 지나지 않은 때였다. 프리드리히는 두 나라 간에 갈등은 늘 존재할 것이라 생각했다. 그러나 그에게는 선견지명을 가진 왕들이 그러하듯이 목표를 제한하고, 그럼으로써 정치 현실을 반영해 힘의 균형을 조절한다면 그러한 갈등은 통제 가능하며 다루기도 쉬워질 것이라는 생각이 있었다. 1740년 치세 원년, 당시 오스트리아의 젊은 여왕 마리아 테레사가 왕위에 올랐을 때, 프리드리히는 이미 자신의 왕권을 이용해 실레지아의 오스트리아령을 점령하려는 공격적인 이동을 합법화시키고자 했다. 프리드리히는 교묘한 외교술과 군사적 혜안을 이용하여 1745년 자신이 원하는 바를 성사시키며 전쟁을 끝낼 수 있었다.

물론 오스트리아는 프리드리히에게 보복하고자 했다. 그러나 프리드리히는 한발 앞서 합스부르크 왕조의 오스트리아에 선제공격을 개시함으로써 점차 윤곽이 드러나고 있는 프랑스와 오스트리아, 러시아의 연합을 미리 막기로 결심했다. 이들 사이의 갈등은 곧 프로이센의 존립 자체를 위협하는 세계 전쟁으로 전개되었다. 프리드리히는 국내의 리더로서도, 적극적으로 전쟁을 이끌어가는 리더로서도 자신의 기개를 보여 주어야 한다는 압박을 심하게 받았다. 그는 자신의 작은 왕국보다 더 풍요로울지는 모르나 능률면에서는 떨어지는 적국에 맞서 가능한 모든 자원을 뽑아내는 데 성공하였다.

그는 직접 전선에 나서서 지휘를 하는 등 전장에서도 비범한 리더십을 보여 준다. 프로이센이 전쟁의 여러 위기에서 함락되지 않을 수 있었던 것은 순전히 그의 개인적인 리더십 때문이었다. 공무원들은 그에 대한 충성심에서 긴 전쟁 기간 동안 임금을 포기했다. 그러나 궁극적으로 프리드리히를 구한 것은 다음의 세 가지였는데, 그것은 대영제국과의 성공적인 동맹 관계 결성, 뛰어난 용병술, 그리고 러시아의 철수였다.

프리드리히가 국제 문제에 대해 실리 정책으로 접근한 것에는 나름대로의 단점 역시 있었다. 프로이센과 오스트리아, 러시아의 폴란드 분할 점령에 앞장섬으로써 국제 문제에서 사상과 이상의 힘을 기꺼이 제외하기로 했다. 이는 장차 프랑스 대혁명에 의해 그 속박이 풀린 민주적 이상주의와 고투를 벌일 때 수세에 몰리는 결과를 초래함으로써 결국 독일에게는 해가 된 셈이었다. 그럼에도 불구하고 좋은 쪽으로든 나쁜 쪽으로든 프리드리히 대왕의 리더십은 사후에도 오래도록 그 정통성을 유지하며 근대 역사의 윤곽을 형성하는 데 결정적 역할을 한다. 그의 실수는 올바른 결정을 내리기 위해 국왕 한 사람에게만 의지하는 절대 권력 체제로 인해 증폭되었다. 그러나 비스마르크와 히틀러는 프리드리히의 정통성의 단면만을 보았고, 문제를 해결하기 위해 군사력에 의존했다는 점에 고취되었을 것이다. 그들은 프리드리히의 계몽적 통치 철학은 간과했다. 그것은 훗날 독일 국민의 삶 속에서 발달한 군사력에 대한 숭배를 완화시켰을지도 모를 일이다.

서구 문명에서 스파르타와 아테네의 강점은 오랫동안 논쟁거리가 되어 왔다. 고대 스파르타인들이 구현한 자기희생과 용기, 간소한 생활의 기질에 특전을 주어야 할까? 아니면 고대 아테네인들이 구현한 개인주의와 세계주의, 민주주의의 기질에 특전을 주어야 할까? 프리드리히의 통치 철학이 모든 사회가 직면하고 있는 기본적인 정치 현안에 대한 스파르타식 모범적 해법을 새롭게 구현한 것은 분명한 사실이다. 과연 어느 누가 이 해묵은 논쟁이 진정 끝이 난 것이라 말할 것인가?

150

: 샤카 Shaka

샤카는 1818년부터 1828년까지 아프리카 줄루족의 추장이었다. 그의 지배하에서 군 혁신이 이루어졌고, 줄루족은 그 세력을 키워 오늘날의 남아프리카에 해당하는 전 지역으로 세력을 넓혔다. 그의 성공에 고무된 아프리카인들이 훗날 아프리카 영토와 자원에 대한 유럽 열강의 침탈에 저항하게 된 것이다.

다문화 통합의 리더십

샤카는 줄루족에게 하나의 독립 국가라는 의식을 심어주고, 그의 치세 이전에는 없었던 세력을 갖게 한 리더로 잘 알려져 있다. 그는 리더십의 다문화적인 면을 예증해 준다. 즉, 리더십이란 반드시 문화마다 다른 양식으로 규정되어야 한다는 것이다. 권력을 획득하고 유지하는 그의 능력 또한 보편적인 교훈을 준다. 그는 초반부터 성공을 거두었으며, 그 성공을 이후 더 큰 승리로 전환하는 능력이 있었다. 줄루족은 하나의 국가로서 그 세력을 넓혀 인구가 몇천 명에 불과한 작은 부족에서 그가 사망할 무렵에는 거의 25만 명의 인구를 가진 강국이 된다. 샤카는 또한 당시 가장 앞선 제국이었던 대영제국을 이산르와나 전투에서 패퇴시킬 정도로 강력한 국가의 기틀을 놓았다.

샤카에 대해 전해지는 전설에 따르면 그는 줄루족 추장과 신분이 천한 여인 사이에서 태어나 천대를 받은 끝에 부족 밖으로 추방당할 신세가 되었다고 한다. 그의 부모가 실질적으로 결혼을 하게 되자 그는 추방에서 벗어나게 되었다. 어린 시절 그의 이름은 샤카가 아니었다(샤카는 실제로 사생아, 혹은 기생충을 뜻한다). 누가 추장의 자리를 이어받을 것인가에 대한 아버지와의 논쟁은 샤카가 므테투와족의 딩기스와요Dingiswayo 왕에게로 망명하게 만드는 계기가 된다. 그 즈음 딩기스와요 왕이 그에게 샤카라는 이름을 지어 주었을 가능성이 크다. 그는 군에서 자신의 새로운 주군에게 헌신했다. 므테투와족은 샤카의 아버지가 사망한 후 1816년경 샤카가 줄루족의 리더가 되도록 기꺼이 도와주었다. 줄루족 사람들은 맞수였던 은드완드웨족에게서 압박을 받고 있었다. 샤카는 다른 부족과 연합하여 이 강력한 부족을 저지함으로써 현명한 대응을 했다.

새로운 문헌에서 밝혀진 바로는 샤카는 기존과 달리 그에게로 귀착되는 군 혁신 전체에 대해 단독으로 책임지지 않았다고 한다. 지금까지는 샤카가 가벼운 창을 더 무거운 투창으로 대체할 것을 친히 명령했다고 전해졌으나 실은 그렇지 않다는 것이다. 적의 방패를 낚아채는 데 사용 가능한 보다 큰 소가죽 방패를 도입해 적의 공격을 쉽게 포착할 수 있게 한 것 또한 그의 공으로 돌아갔다. 또한 추측하건대, 샤카는 자신의 군대를 강제로, 한 번에 80km나 맨발로 걸어가게 함으로써 병사들을 단련시키고 또한 적에게 겁을 주었을 것이다. 샤카가 일렬횡대로 투창하는 오랜 방식을 버렸다는 말도 있는데, 이는 더 정교한 측면 작전을 위해 필요한 것이었다. 이러한 분분한 여러 주장 중 진실은 있겠지만, 샤카의 리더십이 진정 강하게 드러난 것은 기존의 발명품과 전통을 건국의 대의를 위해 종합할 수 있었던 그의 능력이다.

민간에서 전승되어 온 것과는 달리 샤카는 피에 굶주려 정벌에 몰두한 그런 1차원적 리더가 아니었다. 그의 부대 중 하나가 무차별 살육을 시작했을 때, 샤카는 위대한 도덕적 리더십을 보여 주기도 한 것이다. 그는 그 부대를 해산시키고 지휘관을 사형에 처했다. 결국 샤카는 이 조치에 대한 불만 세력들에게 암살을 당하고 만다. 일생에 걸쳐 샤카는 전통적인 것을 새로운 것과 기꺼이 혼합하려고 노력했다. 그는 가능한 한 통찰력 있는 동맹 관계와 원조, 폭력 없는 조공의 취득 등을 통하여 갈등을 최소화하는 것에 매우 만족스러워했다. 샤카의 줄루 왕국이 세력을 확대하면서, 왕국의 많은 부족들이 자신들의 족장 밑에서 비교적 자치를 누렸다. 그는 정복자라기보다는 오히려 대군주였던 것이다.

샤카는 줄루족의 통치권을 쥐고 난 직후의 전투에서 마침내 자신의 최대 라이벌인 은드완드웨족을 눌렀다. 퇴각을 가장하고 결정적인 순간에 다시 돌아와 은드완드웨 군대를 함정에 빠뜨린 것이다. 집권 절정기에 샤카는 줄루 왕국의 영토를 남아프리카의 케

153

이프 식민지에서부터 오늘날의 탄자니아까지 넓혔다. 샤카의 비교적 온건한 영토 확장 수단은 아프리카를 미래 지향적으로 바꾸어 놓았다.

그의 리더십 논리는 19세기와 20세기에 다가올 제국주의 유럽 열강의 공격을 막을 수 있을 정도의 보다 큰 통일된 아프리카 창건을 지향했다. 영토 확장이 진행 중인 자신의 제국에서, 과거 독립적인 부족에게 일정한 자치권을 허용함으로써 샤카는 오늘날 앙숙 관계에 있는 아프리카의 여러 리더들에게 하나의 교훈을 준다. 부족의 내분은 오늘날까지도 너무 많은 국가를 마비시키고 있으며 이들 사회의 평범한 사람들에게 큰 손해를 끼치고 있다. 아프리카의 리더들이 샤카의 리더십에서 잘못된 교훈을 얻은 것이 있다면, 그것은 그가 자신의 모든 권력을 폭력으로 쟁취했다는 사실일 것이다. 사실 그의 '연합 결성 전략에 의한 영토 확장'은 오늘날의 아프리카가 적극적으로 모방해야 한다. 만일 아프리카연합이 존재한다면, 그것은 샤카의 혁신적 유산의 덕을 크게 입은 때문일 것이다.

: 콘스탄티누스 대제 Constantine(280~337)

콘스탄티누스는 혼란 속에서 하나의 위대한 문명을 발견했으며, 그 문명을 새로운 것으로 재건했다. 로마 황제로서 그의 치세를 경험한 당대의 사람들조차도 자신들이 새로운 시대에 살고 있다는 것을 인식한 것은 콘스탄티누스의 덕이다. 기독교로 개종하고 기독교를 법적으로 인정한 최초의 로마 황제가 됨으로써, 그는 로마에 새로운 생명력을 불어넣었으며 중세 유럽의 토대를 마련하였다. 그는 비잔티움을 콘스탄티노플로 재창건했으며, 그로부터 1453년까지 콘스탄티노플은 비잔틴제국의 수도 역할을 한다. 그가 바꾸어 놓은 로마의 운은 그 후 1세기 반 동안이나 이어져 로마의 고전적 유산이 밀려드는 야만인들에게 온전하게 전해질 수 있었다. 콘스탄티누스의 리더십은 다양성의 부활에 있었으며, 소멸해 가는 낡은 제도에 새로운 생명과 의미를 부여했다. 그는 창의적 리더십이 어떻게 낡은 제도와 새로운 제도의 장점을 살려 그것을 한층 더 높은 통합체로 만들 수 있는지를 보여 주었다.

기독교를 인정한 로마 최초의 황제

콘스탄티누스는 서로마 황제 대리의 아들로 태어났다(당시 로마는 두 명의 황제와 그들의 대리인이 함께 통치하는 형태였다). 그가 디오클레티아누스Diocletian 황제의 반기독교적 궁정에서 성장한 것은 아이러니다. 콘스탄티누스는 아버지를 도와 영국에서 군사 작전을 수행함으로써 서로마 군대의 신망을 얻었다. 306년 그의 아버지가 사망하자 콘스탄티누스는 즉시 아버지의 병사들에 의해 황제로 추앙 받는다. 로마제국 전체를 장악하려는 그의 노력은 로마의 밀비아누스 다리의 전투에서 절정에 달한다. 콘스탄티누스는 그곳에서의 성공을 신성한 것으로 이해했다. 그는 그 전투를 시작하기 전 병사들의 방패에 기독교 상징을 그려 넣었고, "그 상징의 기치 아래 정복하라"는 기독교적 명령에 깊은 통찰력을 가지고 있었다고 전해진다.

훗날 역사학자들 중에는 콘스탄티누스의 개종의 신뢰성에 의문을 제기하는 사람이 있으나, 이러한 냉소적 회의는 실제 콘스탄티누스에 대한 것이라기보다는 오히려 이들 역사학자들에 대한 것이라 할 것이다. 그와 그의 어머니 헬레나Helena는 두 사람이 주고받은 서신과 공예품을 통해 후손에 자신들의 신앙의 진실성을 드러낸다. 콘스탄티누스의 리더십은 그의 새로운 신앙에 대한 헌신에 의지한 것이었다. 자신의 즉위를 정당화시켜 줄 뚜렷한 명분에 대한 절대적인 헌신이 없었다면, 그 시기 위험한 내전에서 자신을 따르던 지지자들에게 그토록 많은 희생을 기대할 수는 없는 일이었다.

그의 밀라노 칙령은 오늘날까지도 이단적 성향이 강한 문화에서 사실상 기독교를 합법화시킨다. 313년, 그는 로마의 주교에게 훗날 교황과 그의 관저가 자리 잡게 될 토지를 하사했다. 그의 리더십은 자신의 새로운 통치 이념을 제도화할 수 있는 그의 능력으로 인해 지금까지도 길이 지속되고 있다. 기독교 교회는 제국과의 대립적 관계에서 상호 지지적인 관계로 이동했다. 그 새로운 관계에서 교회는 콘스탄티누스와 로마제국의 지배를 더욱 총체적으로 지지하는 선봉에 서게 된다.

로마의 최상위 엘리트 계층 지도급 인사들은 재빨리 콘스탄티누스의 기독교 개종을 모방하려 했다. 이로써 제국은 향후 수 년 동안 활기를 되찾게 된다. 콘스탄티누스는 당시 교회 내부의 치열한 논쟁에 대한 타협점을 찾으려 함으로써 빈틈없는 통치 능력을 발휘했다. 도나투스파와 그노시스파, 아리우스파 모두가 기독교에 대한 자신들의 해석을 공식화시키기 위해 교회 내에서 패권과 권리 다툼을 벌이고 있었던 것이다. 콘스탄티누스는 그러한 내부의 신학적 다툼에 대해 간단하지만 깊이 있게 대응했다. 즉, 교회를 나누고 분열함으로써 신을 언짢게 하는 것은 옳지 않다는 주장이었다. 그러한 연유로 그는 325년 기독교 교리를 명확히 하고 그것을 통일시키기 위해 니케아 공의회를 특별히 촉발한다. 콘스탄티누스는 자신의 리더십이 성공하기 위해서는 강력한 황제 한 사람에 대한 믿음이 하나의 통일된 신앙에 대한 믿음으로 보완되어야 한다는 것을 인식하고 있었던 것이다.

콘스탄티누스는 로마제국에 대한 자신의 리더십에서 어려운 선택을 여러 번 해야 했다. 비록 그가 당시 제국에서 여전히 대중화되어 있던 전통적인 이교 숭배와 믿음을 박해하는 데 직접 전력한 것은 아니지만, 콘스탄티누스도 모든 국민을 만족시킬 수는 없었다. 그리하여 그는 당시 로마 시에서 이교적 의식을 가진 사람들의 방식에 참여하기를 꺼림으로써 시민들에게서 멀어졌다. 콘스탄티누스는 그렇기에 자신의 새로운 비전을 반영할 사실상 두 번째의 수도를 세워야만 했다. 그로써 동쪽에 있는 고도 비잔티움이 새로운 제국의 수도 콘스탄티노플로 재창건된다.

콘스탄티노플은 제국의 전략적 무역 요충지로, 그 중요성에 있어서 금세 로마를 능가했다. 콘스탄티누스는 또한 오늘날까지도 여전히 기독교에 명확한 정의를 부여하는 많은 기독교 기념물을 세움으로써 자신의 지배를 공고히하는 데 성공했다. 그는 콘스탄티노플에 성 소피아 성당의 건조를 명했다. 또한 일요일과 다른 기독교 축일의 신성함을 인정하는 법을 통과시켰다. 그는 사형의 방식인 십자가에 매다는 형벌을 법으로 금지시켰다. 콘스탄티노플은 심지어 자신의 실수에서도 편리한 유산을 남겼다. 세금을 올리고 소작인과 같은 일정 집단에 토지를 떠나지 말 것을 명함으로써, 그는 도시가 아닌 농촌에 기반을 둔 새로운 중세 기독교 문명을 탄생시키는 데 일조했다.

콘스탄티누스의 생애와 리더십에 대해 더욱 면밀히 검토한 결과 기독교가 로마제국의 쇠퇴를 초래했다는 에드워드 기번의 말이 틀렸다는 것이 드러났다. 보아 온 것처럼 오히려 상황은 그와 정반대일 가능성이 높다. 로마에 새로운 종교적 토대를 부여함으로써 그는 로마의 유산이 현재까지도 지속될 수 있게 만든 것이다. 교황제와 유럽연합과 같은 현대적 정치 형태, 그리고 점점 더 자신을 일종의 세계 제국으로 보는 미국이라는 나라까지도 모두 그 연속 선상에 있는 것이다. 콘스탄티누스 시대까지의 대부분의 황제들은 로마인들의 전통을 보존하려 했던 것으로 여겨진다. 콘스탄티누스는 종교적 문제에서 급진적인 혁신주의자가 됨으로써, 제국주의적 책무의 개념을 새롭게 썼다. 그는 독창적 통합체를 세웠으며, 그 안에서 위대한 로마제국을 지속되게 하기 위해 교회와 효과적으로 협력했던 것이다.

: 시몬 볼리바르 Simon Bolivar(1783~1830)

시몬 볼리바르는 라틴아메리카를 스페인의 식민 통치에서 해방시키기 위해 헌신했다. 프랑스 대혁명과 계몽주의에서 영감을 얻은 볼리바르는 유능한 정치가이자 군 지휘자였다. 볼리바르의 군대가 스페인 군대를 패퇴시킴으로써, 라틴아메리카는 유럽의 직접적인 통제로부터 벗어나 자유를 얻었다. 불운하게 끝난 그의 원대한 꿈은 콜롬비아와 에콰도르, 파나마, 베네수엘라 등 네 나라의 강력한 연방체를 구성하는 것이었다.

라틴아메리카의 독립과 통합을 이룬 리더

시몬 볼리바르의 생애와 이력은 위대한 리더가 변화를 추동하면서도 생전에 항상 자신들의 미래상이 실현되는 것은 아니라는 명제를 증명한다. 볼리바르는 라틴아메리카에 대한 스페인의 식민 통치를 종식시키는 데 기여한 것으로 알려졌다. 그러나 그는 라틴아메리카의 독립을 이루려는 자신의 보다 원대한 목표가 실현되는 것을 보지는 못했다. 그의 가장 위대한 업적은 라틴아메리카의 각 나라가 자국의 운명을 스스로 결정짓는 새로운 힘의 민

족주의 공화정을 이용한
것이었다. 이런 점에서 그
의 업적은 다른 민족주의
자들과 혁명가들에게 하
나의 본보기가 되고 있다.

그는 스페인 치하의 카
라카스(현재 베네수엘라의 수
도다)의 크리올(라틴아메리카
의 스페인계 자손—역주) 엘
리트 계층에서 성장했다.
비록 아홉 살이 되던 즈음
양친을 모두 여의긴 했지만, 운 좋게도 포용력 있는 삼촌이 후견인
이 되어 주었다. 삼촌은 그에게 유럽 최고의 계몽사상을 접할 수
있는 훌륭한 기회를 제공했다. 1800년의 스페인 여행으로 그는 마
틴 루터가 로마를 방문한 후 가톨릭교회에 대해 그랬던 것만큼이
나 제국주의 스페인에 대해 환멸을 느끼게 된다. 그는 또한 몇 가
지로 구분할 수 있는 나폴레옹식 이력을 가지고 라틴아메리카의
미래를 움켜쥠으로써 잠재해 있던 리더십을 이 시기에 보여 주기
도 했다. 나폴레옹이 혁명적 리더에서 제왕으로 군림하게 된 것에
젊은 볼리바르는 혐오감을 느꼈다. 이 시기의 다양한 경험을 토대
로, 그는 군주제는 자신이 모방하고자 하는 종류의 리더십은 아니
라는 결론에 이르렀다. 볼리바르는 대신 라틴아메리카의 정치를

진보적인 방향으로 바꿀 수 있는 강력한 리더십을 가진 대통령이 필요하다고 믿었다.

볼리바르는 1805년 로마를 여행하던 중 라틴아메리카를 스페인과 그 외 구대륙 제국주의의 폭정에서 해방시키겠다는 맹세를 한다. 볼리바르의 대 전환점은 나폴레옹이 스페인을 침공한 1808년에 도래했다. 스페인 본토는 두 가지 의미에서 불명예를 안게 되었는데, 첫째는 스페인 왕이 프랑스에 스페인을 이양하도록 하면서 나약함을 보인 것이고, 두 번째는 스페인 왕의 군력이 신대륙의 그 많은 스페인령을 지배하기에는 턱없이 부족해졌다는 것이다. 볼리바르는 행운이 오기를 기다리고 있지만은 않았다. 그는 자신의 앞길에 성공을 위한 기회가 올 때마다 적극적으로 붙잡고 이용했다. 그는 재빨리 영국으로 건너가 영국의 정치 제도를 공부했고, 이제 막 움트려 하는 라틴아메리카의 독립운동에 대한 영국의 지원을 모색했다.

볼리바르는 (조지 워싱턴처럼 자신에게 닥친 군사적 좌절 등의) 수많은 역경을 이겨낼 줄 아는 비범한 능력을 가지고 있었다. 우리는 위대한 리더는 자신의 절친한 동료에게조차 영웅으로 존재하며, 싸우는 전투마다 승리하고 성공에 성공을 거듭하는 훌륭한 능력을 발휘한다는 등의 잘못된 가정을 할 때가 종종 있다. 이러한 '슈퍼맨' 리더십 이론은 절대 성립할 수 없는 이론이다. 만일 리더가 신이라면 그들은 항상 이기기만 하고 절대 죽지 않으며, 결코 어떤 위험한 일도 감행하지 않을 것이고, 그렇기에 분명 따분한 인생을 살게 될 것이다. 볼리바르는 바로 이러한 점에서 너무도 인간적이고 비범한 사람이었다. 사실 그의 계획은 대부분 얼마 가지 않아 무용지물이 되었다. 예를 들면 독립운동이 처음 일어난 것은 1811년이었는데, 베네수엘라가 볼리바르의 독립 의식 고취로 스페인의 지배에서 해방을 선포한 바로 그 해다. 그러나 이 공화국이 다시 스페인의 지배하에 들어가는 것은 시간문제였다. 볼리바르는 그러나 이 성급한 독립 투쟁이 실패한 이유에 대해 반성하려고 애썼다는 점에서 현명한 리더였다.

지금의 콜롬비아에서 망명 생활을 하던 중, 그는 장기적으로 인권이 보장될 수 있으려면 단기적으로 권력을 획득하기 위한 더욱 혹독한 조치가 필요할 것이라고 주장한 성명서를 작성했다. 비스마르크와 마찬가지로 볼리바르는 '철혈' 정치와 타협했다. 그럼으로써 라틴아메리카의 독립이라는 더 원대한 꿈을 실현하기 위해서였다. 볼리바르는 계몽된 독재자를 자처하며 "국민이 자유로워지도록 강요했다." 그의 카리스마 넘치는 리더십의 부정적 측면은 바로 그것이 라틴아메리카 정치의 불행한 까우디요(군사 독재자 —역주) 전통을 세우는 데 일조했다는 것이다.

볼리바르는 1813년 베네수엘라로 돌아와 힘겨운 군사 작전을 전개한 뒤 두 번째 공화국을 세운다. 왕정주의자들은 독립운동의 최전선에 있는 크리올 엘리트에 반대하며 계급 정치를 하는 데 성공했다. 볼리바르는 어쩔 수 없이 다시 해외로 나갔고, 독립운동을 연합의 형태로 단결시켜야 한다는 난제에 직면해 자신의 능력을 시험대에 올려야 했다. 또 다시 망명자 신세가 되면서 그는 자신이 그린 미래의 정치 계획에 대해 많은 생각을 한다. 그는 교육 수준이 높은 크리올 엘리트 계층이 독립된 라틴아메리카의 리더가 되는 것은 그들의 부와 권력, 교육이 뒷받침하고 있는 한 피할 수 없는 현실이라 믿었다. 그는 빈곤층과 교육 수준이 낮은 계층을 이들 엘리트층이 이끌어야만 그들이 비로소 독립적인 시민으로 변모하며 완전한 민주주의 또한 가능해질 것이라 믿었다. 볼리바르는 사람들을 책임 있는 시민으로 변모시킬 일을 책임질 새로운 정부 기관의 윤곽을 그리는 독창적인 생각을 했다.

볼리바르는 다시 강적 스페인에 맞서 라틴아메리카 본토에서 반군을 도모해야 했다. 이번에는 안데스 산맥을 관통해 스페인을 기습하는 과감한 작전을 시도했다. 그의 끈질긴 시도와 노력은 1819년 보야카 전투에서 승리로 보상 받는다. 콜롬비아는 이제 라틴아메리카 해방 운동의 새로운 독립적 중심부가 되었다. 잇따라 페루와 볼리비아(물론 볼리바르의 이름을 딴 것이다), 에콰도르, 베네수엘라 등이 볼리바르의 대담한 지원을 받으며 해방을 맞았다. 라틴아메리카의 신생 독립국의 정치 체제에 대한 볼리바르의 성숙한 통찰력은 볼리비아의 헌법에 대한 그의 생각에서 구현되었다. 그는 자신의 후계자를 지명할 수 있는 종신 대통령제를 믿었고, 투표권을 인구의 10퍼센트에 해당하는 유산 계급에게만 부여해야 한다고 믿었다. 또한 국회를 세습 부문과 선출 부문, 도덕성 문제를 감독할 감사 부문으로 구성해야 한다고 생각했다.

라틴아메리카연합을 결성하려는 그의 생각은 실패로 끝났지만, 1828년 무렵 주변국들이 독자적인 행보를 걷기로 결정하자 그는 콜롬비아에서만 집권을 하게 되었다. 심지어 그의 목숨을 노린 암살 기도도 있었다. '해방자'로서의 그의 명성이 위기에 몰렸다는 두려움으로 볼리바르는 1830년 스스로 하야 결정을 내렸다. 그는 심지어 왕이 되어 달라는 제안을 거절하기도 했는데, 이는 자신의 이상에 충실하기 위해서였다. 게다가 그는 자신의 노예 모두를 해방시킴으로써 자신의 가르침을 실천에 옮겼다. 앞선 다른 리더들처럼, 볼리바르는 약속의 땅에 대한 자신의 미래상이 실현되는 것을 보지 못하고 세상을 떠났다. 라틴아메리카의 정치적 통일 가능성을 지키기 위해 권좌에서 내려온 이후, 그는 유럽으로 가서 여생을 보낼 준비를 했다. 그러나 이조차도 '해방자'에게는 여의치 않았다. 1839년 유럽으로 떠나기 전 결핵으로 세상을 떠난 것이다.

02

: *Religious Leadership* :
종교의 리더십

: 하나님God

이 글은 하나님의 존재를 증명하려는 것도, 왜곡하려는 것도 아니다. 여기에는 어떤 논쟁도 의도한 바가 없다. 우리는 여기서 성서와 유일신주의에 대한 손꼽을 만한 다른 경전들이 신의 영도력에 대하여 무엇을 말해야 하는지를 조망하며 신의 의미를 살펴볼 것이다. 필자는 일개 리더로서 하나님을 이야기하는 리더십 역사서를 본 적이 없다. 이것은 놀라운 일이며 또한 힘든 일이기도 하다. 어쩌면 인류 대다수(이 책에서 다루고 있는 많은 위대한 리더를 포함한다)가 자신의 리더십에 대한 모델로서 역사적으로 신(들)을 살펴보았을지도 모른다. 한 민족의 성격은 그 민족이 선택하여 찬미하고 따르는 리더를 보면 알 수 있다고 한다. 자신들이 믿는 신(들)에 대한 이해는 리더십에 대한 그 민족의 관점을 그만큼 더 드러낸다고 볼 수 있다. 대부분의 민족들은 그 사회에서 옳다고 여기는 모든 특성들(이를테면 정의, 선, 힘, 지혜 등)을 자신들의 진정한 유일신에게 적용한다. 신의 개념은 한 문화의 모든 생각과 희망을 담는 '그릇'이다. 서구 전통에서 사탄과 같은 하위 신들은 진정한 리더가 소유해서는 안 되는 기만, 이기심, 잔인함 등의 특성을 과하게 지니는 것으로 묘사된다. 어떻게 유일신주의 전통 속에서 신이 하나의 리더로 등장하게 되었을까? 신은 어떤 리더십 자질을 재현하면서 우리에게 자신을 모방하기를 기대하는 것일까?

전지전능한 리더십과 권력

유일신 전통에서 신에 대해 갖고 있는 전통적이면서도 공식적으로 인정된 관점은 바로 신은 완벽하다는 주장이다. 우리가 신의 기준에 따라 살아가지 못한다면 그것은 우리 탓이다. 우리가 우리에게 주어진 자유 의지를 오용했거나 '원죄'라는 오점을 물려받았다는 것이다. 이러한 분석대로라면 리더는 스스로가 정한 리더십에 도전하는 많은 시련에 직면했을 때 그들 스스로 신처럼 되려고 하는 오만 때문에, 혹은 그들의 고집으로 신이 보여준 진리를 무시하기 때문에(혹은 그 진리를 무능하게 사용하기 때문에) 결국 실패하게 된다. 다윗 왕 시대에서부터 근대 독재자들이 지배하던 시대에 이르기까지, 우리는 신성에 대한 유일신적인 관점이 인간일 수밖에 없는 리더와 그들의 리더십에 대한 우리의 판단에 얼마나 강력하게 작용해 왔는지를 알 수 있다. 한편으로는 신의 완벽한 리더십에 대한 개념을 이용하여 신성을 가진 존재에 훨씬 못 미치는 인간의 리더십을 비난하고 있는 셈이다. 다른 한편으로 '신과 같은 완벽을 추구하는' 완벽주의자이거나, 도덕주의적 견해를 가진 리더를 의심한다(그 예로 미국의 정치사에서 우드로 윌슨이나 지미 카터의 경우를 들 수 있다). 성자를 리더로 갖는 것을 진정 원하는 사회가 있을까? 궁극적인 리더로서 우리가 신을 생각하고 있다면, 우리로 하여금 오랜 기간의 즐거운 희망 끝에 끊임없는 실망을 갖게 한다는 점에서 그 자체로 결함이 있는 것은 아닐까?

잭 마일스Jack Miles의 최신작 『하나님의 전기Biography of God』에서는 그러한 주제에 대해 우리에게 많은 시사점을 보여 준다. 마일스의 견해로는 성서에 나오는 시공을 초월한 하나의 고정된 인격체로서의 하나님의 초상은 없다. 초기 구약성서에서는 하나님이 심지어 직접 접근할 수도 있고 인간과의 대화 속에서 친밀감을 주며,

인간의 마음을 매료시키는 그러한 존재로 그려져 있다. 창세기에서 하나님은 이 세계에 적극적으로 개입하는 실체가 있는 존재다. 하나님은 창조할 뿐 아니라(홍수를 통해) 파괴도 하며 편애한다(특히 아브라함과 그의 가족을). 나중에 하나님은 자신이 사랑하는 백성을 해방시키고(출애굽기), 그들에게 직접 지키며 살아야 할 계율(십계명)을 주고, 인종 대학살과 같은 방식으로 자신의 백성이 다른 민족을 정복하도록 돕는다(특히 가나안 사람들). 마침내 하나님은 자신의 백성들이 십계명을 어기는 일이 발생하면 친히 심판할 수 있는 권리를 스스로 빼앗는다. 그리하여 BC 586년, 유태인들이 바빌로니아인들의 포로가 되고 성전이 파괴된 것은 하나님이 자신과의 약속을 따르지 않은 선민에 대해 온당한 천벌을 내린 것으로 여겨졌다.

　유대 국가의 역사에서 이 위기는 하나님이 죄를 벌하여 그들을 저버린 것처럼 여겨지는 시기로서, BC 5세기에 기록되었을 가능성이 높은 욥기에 설명되어 있다. 욥은 하나님을 경배하며 올바르게 살아가는 참으로 선량한 인간이다. 그는 심지어 자기만족의 오만적인 태도를 취하는 것조차 두려워한다. 그러나 하나님은 사탄으로 하여금 욥이 가진 모든 것을 빼앗게 함으로써 그를 잔인하게 시험에 들게 한다. 욥은 하나님과의 대화를 청하여 어찌하여 그리도 냉정하게 선량한 사람들에게 불행한 일이 일어나는 것을 용인하는지 이해할 수 있도록 도와달라고 했다. 그 숙명의 대화에서 하나님은 욥의 질문에 직접 대답하지는 않고 자신의 권능으로 위협하려고 했다. 그래서 욥은 더 이상 말하지 않아야겠다고 결심했다. 이것은 인간이 선과 악을 구별하여 인식하는 것이 편협할 수도 있다는 고민을 계속 안겨주는 하나님을 화나게 하는 것처럼 보인다. 그리고 신의 관점에서 보면, 정의에 대한 인간의 이해는 가엽게도 환상에 불과한 것일 수 있는 것이기에 화가 난 것이리라. 그러나 하나님과 인간 사이에 놓인 심연이 그토록 거대한 것이라면, 어떻게 인간이 불가사의하며 감히 입에 올릴 수도 없는 하나님의 의지를 이해하지 못한다고 해서 벌을 받을 수 있단 말인가?

욥은 푸념 섞인 말로 탄식한다. "당신 손으로 창조하신 것을 천하게 만들고 사탄의 계획을 부추기시면서 저를 위해하심이 옳은 일인가요?(욥기 10:2-7)" 이 말을 들은 하나님은 가책을 느낀 듯하다. 마일스가 지적한 바와 같이 성서에서는 이 순간부터 하나님이 후면 깊숙한 곳으로 물러간다. 이제 하나님은 너무도 요원해져서 자신의 백성을 버린 것처럼 보인다. 그들은 곧이어 바빌로니아의 포로에서 탈출하지만 결국 그리스와 로마, 그리고 다른 수많은 압제자들의 지배하에 들어가고 만다. 이스라엘 전체가 그 죄로 인하여 조심스럽고 정의로운 방식으로 벌을 받을 운명이라는 오래된 가정은 이제 더 이상은 하나님의 선민이나 그 자신에게도 설득력이 없어 보인다. 마일스는 하나님이 자신의 잘못과 지키지 못한 약속을 보상하기 위해 예수의 방식으로 자살했다는 의견을 제시함으로써 이 이야기를 논리적으로 끝맺는다. 그렇게 함으로써 하나님이 인간에게 자신의 창조물인 그들과 고통을 함께한다는 새로운 모델을 제시한다(욥은 일찍이 하나님에게 물었다. "당신은 인간의 눈을 갖고 계십니까? 인간이 바라보는 대로 당신도 보시는 것입니까?"). 하나님은 인간을 창조했지만, 결국 자신을 이해하기 위해서는 자신의 창조물이 절실히 필요하다는 것을 깨닫게 될 뿐이다. 이러한 의미에서 인간은 하나님에게는 하나의 거울이다. 그 거울 속에서 하나님은 자신의 허물과 덕행을 확연하게 볼 수 있다.

　인류가 성장하면서 하나님도 역시 성장해 하나의 리더로서 진화했다. 최초의 하나님은 자기중심적이고 호전적이며 독단적이다. 성서의 말미에 이를 즈음 하나님의 모습은 보편적으로 공평하며 평화적이고, 어느 쪽에도 치우치지 않는 공정한 존재로 그려진다. 선과 악 모두를 행할 수 있는 인간을 창조함으로써 하나님은 다신교의 신들은 결코 지지 않는 책임을 져야 한다는 것을 깨닫게 된 것이다. 세상 어디에서나 동시에 존재하는 선과 악 모두에 대한 책임을 말이다. 유일신인 하나님이 궁극적으로 하나님 자신의 인격체 안에서 생각할 수 있는 모든 이분법적인 것(즉 선과 악, 정의와 불의, 임의적인 것과 항상성을 갖는 것 등을 말한다)을 화해시키면서 리더십에 대해 도전을 받게 되는 것이다. 이러한 부담은 다신교적인 전통 속에 있는 신들은 결코 가지지 않는 것이다. 이러한 의미에서 본다면 하나님과 그의 창조물인 인간이 함께 리더십과 책무의 부담을 분담해야 하는 것이라고 말할 수도 있겠다. 그들은 가능한 한 최선을 다해 악을 덜어주려고 하면서 동시에 선을 고무시켜야만 하는 것이다.

그럼에도 인간이나 하나님이 예견하지 못한 변화무쌍한 환경이 존재하기에, 역사는 과거의 선이 오늘의 악이 될 수도 있는 진화의 과정이라는 것을 깨달아야 한다. 우주는 물질적인 형태로 스스로를 증명해 보이는 하나님의 일부라는 히브리의 신비주의적인 이해가 어쩌면 리더의 본보기로서의 하나님을 고려할 때 가장 유용한 것인지도 모르겠다. 만일 우리 모두가 신성을 가진 존재라고 한다면 우리는 본래 리더가 될 수밖에 없으며, 하나님에게 모든 것을 책임지라고 요구하는 일은 그만두어야 마땅할 것이다. 만일 하나님이 만물의 아버지라면, 모든 훌륭한 아버지와 같이 하나님 역시 자녀가 언젠가는 어른이 되어 어엿한 리더가 되는 것을 원할 것이다.

: 예수 Jesus(BC 6~AD 30)

예수는 그리스도, 즉 기름부음을 받은 자로서 기독교의 중심으로 알려져 있다. 복음서에 따르면 예수는 로마가 예수의 유대 땅(고대 팔레스타인)을 지배할 때 베들레헴에서 동정녀 마리아에게서 태어났다. 전해지는 바로는 그가 대중 목회로 새로운 시대를 열기 전 목수로 일했다고 한다. 설법과 가르침, 치유라는 겸손하고 독창적인 역사로 인해 그를 따르는 이들이 상당수에 이르렀다. 그가 십자가에 못 박혀 죽은 후, 이 무리의 핵심은 그 세력을 이어 기독교 운동의 초석을 놓는다. 그의 제자들은 그가 인류를 구원하기 위해 자신의 목숨을 희생했으며 사후에 부활했다고 믿고 있다.

역사상 가장 영향력 있는 리더

예수는 역사상 가장 영향력 있는 리더이다. 다른 대부분의 위대한 리더와는 달리 그는 군대를 통솔하지도 않았으며, 엄청난 부를 획득하지도 않았고, 무력을 사용하여 자신이 바라는 바를 구하지도 않았다. 실존했던 예수가 그의 이름으로 창시된 종교에서 분리되기는 어렵다. 예수가 하나님의 아들로 여겨지지 않는다고 해도, 비천한 사회적 신분에도 불구하고 지난 2천 년 동안 역사에 지워지

JESUS BEARING HIS CROSS
JESUS CARREGADO DA CRUZ.

지 않는 흔적을 남겼다는 사실은 실로 놀랍다. 기독교는 그의 생애와 가르침을 바탕으로 한 종교로서 오늘날 전 세계적으로 약 20억 명에 이르는 신도가 있는 것으로 추정되고 있다.

예수의 일생에 대해 우리는 얼마만큼 알고 있을까? 신약성서의 4 복음서는 예수 사후에 쓰인 것이다. 가장 초기에 쓰인 마가복음조차도 예수 사후 약 30년이 되어서야 쓰였다. 대부분의 역사학자들은 이들 복음서가 예수의 행적과 일부 일치할 수도, 일치하지 않을 수도 있는 행적을 기록하고 있는 것으로 이해하고 있다. 요한은 예수의 생애에 대한 자신의 권위 있는 복음서에서 "오직 이것을 기록함은 너희로 예수께서 하나님의 아들 그리스도이심을 믿게 하려 함이요 또 너희로 믿고 그 이름을 힘입어 생명을 얻게 하려 함이라(요한복음 20:31)"라고 기술하고 있다. 반면 쉬트라우스David Friederich Strauss와 슈바이처Albert Schweitzer, 존 도미닉 크로산John Dominic Crossan과 그 외 여러 사람들은 예수의 신성을 사실로 추정하기보다는 오히려 역사적인 맥락에서 이해하려고 했다. 예수는 어쩌면 로마제국의 변방에 있는 갈릴리에서 유태인이라는 주변인으로 성장했을지도 모른다. 우리가 예수의 행적에 대해 확실히 알고 있는 것은, 그가 로마인과 유태인 엘리트 계층의 분노를 일으키기 시작한 그의 생애 마지막 1~2년 정도다.

예수는 어째서 자신이 살다 간 시대에 그토록 논쟁의 대상이 되었을까? 신성한 탄생 설화가 예수가 살던 시대에 매우 흔한 것이었음은 분명하다. 로마 황제들은 신격화되는 것이 일상적인 관례였다. 치유력을 가진 사람들과 마술사, 초자연적 능력을 보유한 사람들은 당시의 문화적 환경에서는 쉽게 볼 수 있는 광경이었다. 예수가 새로운 것은 바로 그가 엄격한 사회 계급 제도로 규정된 시대에 전통적 계급 구조를 뒤집으려 한 하층 계급 출신이었다는 것이다. 누가복음에 따르면 예수가 "주의 성령이 내게 임하셨으니 이는 가난한 자에게 복을 전하게 하시려고 내게 기름을 부으시고 나를 보내사 포로 된 자에게 자유를, 눈 먼 자에게 다시 보게 함을 전파하며 눌린 자를 자유롭게 하고 주의 은혜의 해를 전파하게 하려 하심이라(누가복음 4:18-19)"라고 한다.

예수가 살던 당시 지중해 지역의 리더들은 전통적으로 총독과 가신, 부호들이었다. 대개 이러한 반 능력주의 사회에서는 리더십의 지위가 세습되었다. 당시 사회 대부분을 구성하고 있던 계층은 아마도 농민과 장인, 토지를 소유하지 않은 빈곤층이었을 것이다. 그러나 그들은 리더십 역할에서 규정상 제외되어 있었다. 이들 계층의 사람들이 실제로 어떤 식으로든 사회적으로 신분이 높고 권

력이 막강한 이들과 경쟁한다는 것은 예수 이전에는 상상도 할 수
없는 일이었다.

　예수의 생애에 대한 가장 간과하기 쉬운 사실은 그가 유태인이
며 어쩌면 죽는 날까지도 자신을 그렇게 생각했을지도 모른다는
것이다. 이 시기 많은 유대 급진주의자들은 로마제국의 권력에 반
대하는 쪽으로 기울어져 있었다. 로마인들에 대한 평과 같이, "그
들은 사막을 만들어 놓고도 그것을 평화라 부른다." 다른 유태인
들은 유태인과 유대 땅에 대한 로마의 지배권을 어떻게 다뤄야 할
지에 대해 독특한 이론을 갖고 있었다. 바리새인들은 유대법의 위
력에 초점을 맞추었고, 사두개인들은 유대교 사원에 초점을 맞추
었으며, 에세네파 사람들은 자신들의 존재를 순수성에 걸었다. 그
리고 다른 유태인들 중에는 그들을 로마의 지배에서 해방시켜 줄
메시아에게 자신들의 온 희망을 집중시켰다.

　예수의 리더십은 하나님의 왕국이 도래하기 전 신성에 의해 새
롭고 정의로운 세상이 세워지는 것을 보여줄 것이라는 묵시 사상
의 영향을 받았다. 예수의 말처럼, "진정 내가 너희에게 이르노니
이 세대가 죽기 전에 이 모든 일이 일어날 것이다." 언젠가 하늘에
서 '인간의 아들'이 재림하여 곧 하나님의 적을 멸할 것이다. 존
도미닉 크로산은 예수의 천재성은 자신의 추종자들에게 대참사의
계시가 일어나면 어떻게 하나님의 왕국으로 들어갈 준비를 해야
하는지를 가르치면서 스스로를 안내자로 간주했다는 것이라는 흥
미로운 명제를 제공한다. 이러한 해석에서 예수의 목회와 리더십

은 대개 현세에 도래할 하나님 왕국의 이상을 실행하는 데 봉헌되었다. 예수는 어떤 의미에서는 타락한 세상에서 앞으로 도래할 더 나은 시대를 표방하는 생활양식을 기꺼이 실천하려는 사람들의 리더였다. 미래에는 전쟁도 없을 것이었으므로, 예수의 말은 곧 당시에 근본적 평화이자 동포애의 실천이었다. 미래에는 정의롭지 못한 사회 계급 제도도 없어질 것이었으므로, 예수의 말은 당시 근본적 평등주의를 실천하는 것이었다.

다른 사람들과는 다른, 동시대인들이 신성을 가진 존재라고 주장하는 가운데 예수는 너무도 기꺼이 가난한 자들과 병든 자들, 그리고 당시 사회적으로 버림받은 이들과 함께하려 했다. 그는 진정으로 한 리더로서 지금 여기 하나님의 왕국을 이룩하는 데 헌신한 것이다. 그는 많은 리더가 그래왔듯 단지 낙원이 도래할 것이라 예언만 할 뿐, '죽고 나면 그림의 떡에 지나지 않을 것'에만 국한하고 마는 그런 사람은 아니었다. 그는 실제로 지금 여기 자신의 낙원을 구현하고 이룩하고자 노력한 사람이었다. 예수야말로 자신의 명분을 위해 기꺼이 위험을 무릅쓰고 순교자로서의 죽음을 각오한 종교적 리더였던 것이다.

예수는 죽음의 순간에도 우리에게 리더십을 보여 주었다. 십자가에 못 박혀 초라하게 죽어감으로써 예수의 겸손함은 니체가 후일 모든 가치의 가치전환이라 부르게 될 그것을 의미하게 되었다. 왜 하나님의 아들은 대부분의 유태인들이 짐작해 온 대로 높은 사회적 지위의 강력한 전사의 모습을 하고 있어야만 하는가? 예수의 생애와 가르침은 누가 진정한 지배자 혹은 리더인가라는 의문을 구체화시켰다. 채찍을 쥐고 있는 사람일까, 아니면 상대방에게 다른 뺨조차 내주는 사람일까?

여기에서 기술된 예수의 목적과 생애가 오늘날 우리들에게 충격과 도전을 줄 수 있다는 것은 그의 리더십의 근본적 본성을 입증한다. 어느 누가 기꺼이 자신의 부와 물질적 안위를 포기하고 예수의 삶을 좇으려 할 것인가? 어느 누가 기꺼이 사회에서 버림받은 자들에게 스스로를 온전히 다 내주려고 할 것인가? 어느 누가 기꺼이 기득 계급 제도의 자존심을 버리고 심지어 그에 도전하려 할 것인가? 진정 어느 누가 기꺼이 예수가 그랬듯이 자신의 다른 뺨마저 내줄 것인가? 실로 예수는 자신의 리더십 메시지가 너무도 강렬한 나머지 오늘날까지 자신을 열렬하게 추종하는 이들조차도 완전히 이해하기가 어려울 것이라고 생각했을 것이다. 『예수의 인간경영과 마케팅 전략』을 쓴 브루스 바튼Bruce Barton은 리더로서의 예수를 희석시킴으로써, 예수를 광고주가 경쟁적 시장에서 성공하도록 돕는 단순한 기업가의 표본으로 만들어 버린다.

최근 이러한 식의 사고는 계속 이어져 『최고경영자 예수』와 같은 책에서는 예수를 성공에 열을 올리는 현대인의 모습으로 격하시키고 있다. 세상에 부정이 횡행하고 있는 한, 예수의 리더십 모델은 계속해서 강자에게 도전할 것이며 약자를 고무시킬 것이다. 궁극적으로 전통에 얽매이지 않는 리더가 됨으로써 예수는 어떤 의미에서는 궁극적인 리더십의 전형이었다. 다른 '슈퍼 보스' 처

럼 그저 리더에 대한 구태의연한 생각을 재연하는 대신, 그는 오늘
날까지도 우리를 계속 환기시키는 겸손한 리더십의 모델을 제공
해 주었다.

: 마호메트 Muhammad(570~632)

마호메트는 추종자들에게 유일신적 전통에서 최후의, 그리고 최종적인 예언자로 추앙 받는다. 그는 메카의 무역상 집안에서 태어났다. 그는 이슬람으로 널리 알려진, 신의 뜻에 복종한다는 뜻을 가진 엄격한 형태의 유일신교를 믿게 되었다. 후일 다신교 문화에 대한 마호메트의 비판은 그를 메카에서 멀어지게 한다. 그는 메디나에서 피난처를 찾았고, 그 곳에서 핵심적 종교 이론을 아우르는 자신의 흐름을 굳건히 하였다. 후에 그 흐름의 경전인 코란이 기록으로 남게 되었다.

이슬람교의 창시자

마호메트는 우리에게 카리스마가 넘치고 세속적이며 동시에 종교적인 권위가 한 개인 안에 결합되어 있는, 위대한 리더에 대한 매혹적인 사례를 제공한다. 그는 또한 분열되어 있는 아랍인들에게 하나의 새로운 문명 공동체인 이슬람(알라신에 대한 복종을 뜻한다)을 세우도록 격려하였다. 우리는 마호메트의 생애와 신의 최종적 예언자로서 그의 존재를 믿는 사람들에 대해 존중해야 한다. 그러나 동시에 계몽운동의 가치에 영향을 받은 사람들은 마호메트와 코란에 대한 평가에서 예수와 성서에 대한 평가와 마찬가지로 객관성을 유지해야 할 의무가 있다. 이븐 워라크Ibn Warraq, 패트리시아 크로네Patricia Crone, 마이클 쿡Michael Cook, 존 웨인스브로우John Wainsbrough 등은 이슬람의 역사적 기원에 관한 몇 가지 흥미로운 성찰을 밝힌 바 있다.

주지할 만한 가장 흥미로운 사실은 기독교와 유대교가 초기 이슬람에 미친 영향이다. 마호메트는 7세기에 오늘날의 사우디아라비아에 해당하는 지역에서 무역상으로 활동했다고 전해진다. 따라서 그를 포함한 동료 무역상들은 유태인이며, 기독교인들뿐 아니라 이교도들과도 무역 경로를 따라 접촉할 수 있는 기회가 많았을 것이다. 그들의 무역 경로는 당시 중동 지역의 다양하고 수준 높은 문화를 연결시켜 주는 역할을 한 것이다. 군터 룰링Gunter Luling은 심지어 코란의 3분의 1이 코란보다 앞서 있었던 기독교 문학으로 이루어져 있다고 주장하고 있다. 그러나 역사학자들은 사실 마호메트에 대해 아는 바가 그리 많지 않다고 하는 것이 맞는 말일 것이다. 왜냐하면 마호메트의 생이 하디스(마호메트의 행적에 대한 서적이다)를 통해 많은 부분 걸러졌기 때문이고, 학자들 중에는 그 하디스가 마호메트가 죽고 한참 후에 조작된 것이라 믿는 이도 있기 때문이다.

구전에 의하면 610년경, 마호메트는 히라 산에서 천사 가브리엘이 그에게 전한 신의 계시를 듣기 시작했다고 한다. 유대 전통에서는 모세와 유사한 점이 두드러지게 나타난다. 모세처럼 마호메트도 백성의 리더가 되었고 신과 직접적으로 친교를 나누었다. 메카는 주요 무역 도시로서 신의 계시를 전도하는 마호메트의 다음 과제를 위한 분명한 출발점이었다. 마호메트가 나누고자 한 계시에는 유일신을 강조하고(그러므로 예수는 이슬람교도들에게는 신의 아들이 아니다), 자신이 신이 인류에게 보낸 많은 전령들 중 최종적인 예언자라는 생각이 포함되어 있다. 마호메트는 주변에서 자힐리야(무지를 뜻함—역주)의 증거를 발견했다. 이교도적인 관습과 다신교가 메카의 문화와 산업을 지배하고 있었다. 사실 많은 사람들이 메카에서 이교도들과 다신교도들의 종교적·영적 필요에 부역함으로써 부자가 되었던 것이다. 그들 이교도와 다신교도들은 이후 이슬람 숭배에서 매우 중요해진 카바 신전을 포함하여 메카에 지금도 남아있는 많은 성소에서 예배를 하고 있었다.

불행하게도 메카인들 대부분은 마호메트와 그의 메시지를 받아들이지 않았다. 이로 인해 그는 메카 북쪽에 있는 메디나로 도피하게 된 것이다(모세가 이교도국가인 이집트에서 출국한 것과 유사하다). 이것이 마호메트에게는 전화위복의 기회가 되어 메카에서 이루지 못한 자신의 권위를 메디나에서 세우게 된다. 마호메트와 그의 추종자들은 메카의 무역 대상들에 대한 공격을 준비함으로써 메카에 있는 비신도들을 압박할 수 있었다. 마호메트의 군사적 리더십이 코란 곳곳에서 우러나는 시적인 호소력의 지지를 받았다는 것은 의심의 여지가 없는 사실이다. 스스로 천명한 신의 최후의 예언자로서 그가 구현한 카리스마는 그만큼 그의 지지자들에게 활력을 줄 수 있었을 것이다. 메카인들과 전쟁을 한 것 이외에도 마호메트는 메디나 내의 정치적 반대를 처리해야만 했다.

초기 이슬람과 그 도시의 유대 부족인 바누 쿠라이자 사이에는 많은 충돌이 있었다. 어쩌면 모세는 유대계 아랍인들이 그를 오랜 세월 기다려 온 구세주로 받아들여 주기를 기대했는지도 모른다. 초기 유태인들이 이런 이유로 예수를 거부한 것과 마찬가지로 유태인들은 마호메트가 신의 마지막 예언자라는 주장을 거부했다. 초기 이슬람교도가 예루살렘을 향해 기도한 것은 당연한 일이었지만, 그들은 모든 유대교의 영향에서 독립되어 있음을 나타내는 방법으로써 (예루살렘이 점령된 후) 메카를 향해 기도하기 시작했다. 어쩌면 유대교와의 관계를 끊은 것은 시간이 훨씬 지난 후, 이슬람교도가 예루살렘을 점령하는 데 성공한 이후의 일이었을 것이다.

마호메트가 근본적으로 리더십을 발휘한 일은 자신의 아랍인 동포를 돕는 것이었다. 한 비평가는 이를 일러 "마호메트는 다른 이들의 믿음을 채택하면서도 아랍인들 본래의 모습을 그대로 유지하는 문제에 직면했다"라고 했다. 아랍인들에게 엄격한 유일신교를 채택하도록 설득하는 과정에서 그는 아랍인들이 자신들을 하나의 힘으로 여기도록 만들었다. 그때부터 중동 지역과 유럽에서 유일신의 보다 오랜 역사를 가진 주변국들이 더 이상 무지하고 분열되어 있는 이교도 아랍인들을 깔볼 수 없게 된 것이다. 역사상 한 리더의 생전에 한 민족의 운명이 그토록 대 전환기를 맞이한 유레는 지금껏 없었다. 마호메트가 자기 민족의 마음과 정신을 정복한 것과, 이후 계속해서 새로운 활력을 얻은 자기 민족을 위해 위대한 하나의 제국을 세울 수 있도록 해 준 것은 그 공을 인정할 만하다. 게다가 마호메트가 코란에 미친 영향은 그 자체만으로도 탁월한 것이었다. 이슬람교도들이 하나님의 말씀을 기록한 것이라 믿고 있는 코란은, 이슬람의 수준 높은 문화를 표현했으며 또한 마호메트의 사후 오랫동안 그의 추종자들에게 새로운 집결점 역할을 하게 된다. 많은 학자들이 코란을 이제는 다른 경전과 마찬가지로 마호메트의 생전에 최종적인 형태로 출현한 것이 아닌, 여러 세대에 걸쳐 진화해 온 것으로 믿고 있다.

예멘에서 발견된 초기의 코란은 이슬람 초기의 원전에서 많은 변화가 있었음을 보여 준다. 7세기 당시 이슬람교도와 가까웠던 시리아와 아르메니아 기독교인들조차도 이슬람교도가 경전을 갖고 있었다는 사실을 모르고 있었다. 한 가지 가능성은 마호메트의 말이 수 세대에 걸쳐 구전의 형태로 보존되어 오다가, 일찌감치 자리를 잡은 유일신교도들이 제기한 신학적인 도전과 기타 새로운 종교의 정당성에 관한 의심에 대응하여 마침내 경전을 기록했다는 것이다.

마호메트의 삶과 의미의 이슬람식 설명을 믿든지 믿지 않든지, 리더로서의 그에 대한 우리의 객관적 평가는 한 문명을 재건하고 짓밟힌 백성에게 엄청난 자신감을 주었으며, 한 개인에게 종교적·세속적 권위를 결합시켜 하나의 거대한 제국을 위한 군사적 초석을 놓은 놀라운 능력을 인정한다는 것이다. 무엇보다도 그는 제도화된 성공이라는 유산을 남겼다. 그는 추종자들에게 자신의 사후에도 오래도록 스스로를 효과적으로 이끄는 법을 가르쳤다. 마호메트가 사망하고 천 년이 흐르는 동안 이슬람은 계속 세력을 넓혀 라이벌 관계에 있는 유일신교도들에게 사멸의 위협을 가하게 된다.

오늘날에도 이슬람은 세계 최대의 종교로서 기독교와 라이벌 관계에 있다. 마호메트는 자신의 카리스마와 능변을 이용하여 백성들에게 그들이 누구이며 사명이 무엇인지를 설득력 있게 표현하는 화술을 엮어 냈다. 세계 역사상 자신의 놀랄 만큼 야심찬 목표를 실현하는 일에 마호메트를 당해낼 수 있다고 주장할 만한 리더는 아마 아무도 없지 않을까.

: 그레고리 교황 Gregory the Great(540~604)

그레고리는 590년에서 604년까지 교황으로 재직했다. 교황으로서 그의 업적은 엄청난 것이었다. 가톨릭교회가 콘스탄티노플에 기반을 둔 동방 기독교 교회에 종속되는 것을 피했으며, 이탈리아가 야만적인 침략에서 받은 충격에서 회복하도록 도왔다. 그레고리가 태어나기 겨우 1세기 전에 야만인의 침략을 받은 서로마제국이 멸망한 것이었다. 그의 전환기적인 교황 시절, 영국은 국교를 기독교로 개종하였으며 가톨릭교회는 서구 문명 최대의 세력이 되었고, 이단에 대한 논쟁이 한풀 꺾였다.

서구 문명의 창시자

그레고리는 서구 문명 역사에서 중대한 전환점에 가톨릭교회의 리더가 되었다. 다른 리더와는 달리 그레고리는 말기 로마와 초기 중세 문명에 관한 중요한 실존적 의문이 여전히 해결되지 않았다는 사실에 직면해야만 했다(가령 이런 의문이다. 서구 문명이 계속되기는 할 것인가? 기독교 교회의 리더십이 중앙에 집중되어 그대로 통일을 유지할 것인가?). 아무리 위대한 리더라 해도 그레고리가 그랬듯 그러

한 역사적 유동성과 혼란
에 직면해야 하는 경우는
극히 드물다. 그레고리가
난국에 잘 대처하고 후일
중세와 서구 문명이라고
불리는 많은 것에 자신의
흔적을 남긴 것은 그가 효
과적으로 로마 가톨릭교
회에 리더십을 발휘했음
을 입증하는 것이다.

S·GREGORIVS·I·MAGNVS·ROMANVS

그레고리는 두 개의 세
계 사이에서 균형을 잡은
사람이다. 야만인의 침략으로 로마제국이 멸망하고 고전적 요소
와 기독교 및 게르만적인 요소가 혼합된 새로운 문명이 대두되었
던 것이다. 그의 가문은 비록 새로운 기독교 신앙에 매우 충실했지
만 고대 로마제국의 문화에 뿌리를 두고 있었다. 그의 귀족적 배경
은 그에게 훌륭한 교육을 받고, 기독교의 가르침 이외에도 법률을
공부할 수 있도록 해 주었다. 그는 겨우 서른의 나이에 로마 지사
가 된다. 이는 로마와 같은 대단히 복잡하고 중요한 도시의 조직과
운영에 엄청난 집중을 요하는 명예로운 자리였다. 서른다섯 살이
될 무렵, 그레고리는 그의 인생과 경력에서 한층 더 성장할 수 있
는 기회를 맞이했다. 베네딕트회의 수사가 되었고 곧 교황의 고문

이자 동방 정교회의 본산지인 콘스탄티노플의 대사가 된 것이다.

그레고리와 같은 자부심 강한 로마인에게는 비잔틴 황제들이 그리스어를 사용하는 궁정에서 로마를 지배하는 것이 감내하기 힘든 일이었다. 로마와 비잔티움은 한때 같은 제국의 일부였지만, 야만적인 게르만족의 서로마제국 침공으로 비잔티움이 로마의 문제에 대해 어느 때보다 더 지배적인 입장이 되었다. 로마의 주교 자리가 공석이 되자 그레고리는 그의 경륜과 성직을 수행함에 있어 보여 준 진지함으로 사회 모든 부문에서 그 자리를 채울 만한 논리적 타당성을 가진 후보자로 지목된다. 그는 겸허한 마음으로 로마를 떠나 주교의 자리를 거절할 생각을 했다. 그러나 여론은 590년 9월 성 베드로 대성당에서 거행되는 의식에서 그가 교황의 자리를 맡아주기를 요구하고 있었다. 그가 공식적인 권력을 휘두르기를 완강히 거부했다는 사실은 속되지 않고 청렴한 리더십을 필요로 했던 추종자들에게 그를 그만큼 더 매력적인 인물로 만들었다.

교황으로 있으면서도 그레고리는 그가 수사 시절 해 온 대로 계속 겸허하고 금욕적인 생활을 한다. 다른 여러 분야에서처럼 이 점에서 그레고리는 차기 교황에 대한 판단 기준을 정한 것이다. 그레고리의 교황 시절, 로마 주교의 권력은 대안적 정치 지도력의 부재가 남긴 정치적 허점을 채울 만큼 확대되었다. 그러는 사이 그레고리는 군사적 문제에서 난민 정책에 이르기까지 광범위한 문제를 친히 처리하고자 했다. 그는 또한 가톨릭교회의 통합을 이루는 일에 있어서도 게을리 하지 않았다. 가톨릭은 보편성의 의미로 정의

되었으므로 그레고리는 (이단과 성직 매매와 같이) 교회를 분열시키는 부패한 관행, 그리고 사제의 성적 부정을 척결코자 결단했다(그는 사제 집단 내에서 금욕을 옹호한 것으로 유명해졌다).

그레고리는 그의 폭넓은 관심과 교회를 모든 측면에서 발전시키려는 의지 때문에 위대한 리더가 되었다. 이를테면, 그의 이름은 훗날 그레고리오성가로 알려진 단선율 성가와 같은 뜻을 가지게 되었다. 그레고리오성가로 교회 의식에는 전에 없던 미적 감각이 생기게 된 것이다. 그는 교회를 안에서부터 끊임없이 일신하는 방법으로 수도원 제도를 더욱 장려하였다. 수도원이야말로 생산적인 양식에서 영적으로 가장 적극적이고 헌신적인 교회 구성원들에게 주도면밀한 방향 설정을 해 주는 제도이기 때문이다. 가톨릭 교리에 대한 그의 믿음이 너무도 굳건한 나머지, 그는 유럽 전역에 선교사를 파견하기에 이른다. 유럽 전역에 퍼져 있던 게르만족을 기독교로 개종시키기 위함이었다. 그가 교황으로 있는 중 영국인의 대부분이 선교사 성 아우구스티누스에 의해 가톨릭으로 개종되었다. 그가 교황의 지위에 있음으로 해서 진정으로 보편적인 가톨릭교회의 초석이 놓여졌고, 그것은 서구 문명에 앞으로의 천년 동안 번창을 가져다 줄 구조를 제공했다.

그레고리는 또한 가톨릭교의 콘스탄티노플을 중심으로 하는 동방 정교회와의 관계에 관하여 기념비적인 결정을 내리기도 했다. 그는 종교적인 문제에서는 비잔틴 황제보다 못한 처우를 받는 것을 거부했다. 그는 로마제국이었던 유럽 서부 지역에서 성장하고 있는 로마-게르만 기독교 문화를 보존하기 위해 새로운 동맹 관계를 돈독히 하려 애쓰는 용의주도함을 보였다. 비잔틴제국이 롬바르드족의 공격에서 로마와 서유럽을 제대로 보호하지 못하고 있을 즈음, 그레고리는 아직은 유년기인 문명의 이익을 보호하기 위해 메로빙거 왕조의 프랑크족과 기민하게 결속을 다졌다.

그레고리가 실패한 리더였다면 서구 문명 자체가 이슬람교도의 손에 파멸되었거나 비잔틴제국의 속국으로 궤멸을 면치 못했을지도 모를 일이다. 그레고리가 성인이 될 만한 위대한 리더임이 사실로 드러났다는 것은, 그가 단지 교회의 리더에 그치지 않았음을 보여 준다. 오히려 그는 완전히 새로운 문명의 리더로 절망과 확신에 찬 성장 사이에서 극적인 변화의 순간에 균형을 유지했던 것이다. 그의 리더십은 서구 문명에 확신을 갖고 성장할 수 있는 길을 열어 주었다. 이 얼마나 고마운 일인가.

: 사도 바울 St. Paul(1세기)

사도 바울은 타르수스 출신의 유태인이다. 그는 다마스쿠스로 가는 길에서 예수의 선견지명을 경험한 후, 기독교도의 박해자에서 독실한 기독교도로 변모한다. 그는 새로운 종교로 개종하려는 이방인들을 찾아냄으로써 초기 기독교 운동에 이바지했다. 그의 개종노력은 전통적인 유대 법을 고수하기보다는 새로운 신앙에 충실할 것을 강조하는 데 관심을 기울인 것이 특징이다. 서기 64년 로마에서 순교했다고 전해진다.

초기 기독교 운동의 리더

사도 바울의 생애를 보면 훌륭한 리더 중에는 자신보다 훨씬 더 훌륭한 사상이나 사람에게 스스로를 겸허히 할 줄 아는 사람도 있다는 것을 알 수 있다. 자신을 예수에게로 인도하는 도구로 볼 줄 알았던 그의 능력은 그를 위험을 무릅쓰는 가장 뛰어난 리더가 될 수 있게 해 주었다. 이론의 여지는 있지만 그가 아니었으면 성공하지 못했을지도 모르는 새로운 종교의 창시 또한 바로 사도 바울의 능력에서 비롯되었다.

물론 바울이 고대 시칠리아의 타르수스에서 태어났다는 추론이 가장 권위 있는 정설이다. 그가 성장한 곳은 로마제국 내에서도 상당히 세계적인 무역의 중심지였던 곳으로, 그의 인생에서 지리적으로 매우 중요한 의미를 지닌다. 그는 꽤 어린 나이에서부터 그리스어에 친숙했던 것이 분명하다. 이러한 배경에서 그는 자신을 둘러싸고 있는 더 커다란 문화가 이제 막 형성되려 한다는 것을 통찰할 수 있었다. 바리새인인 바울은 모세의 법을 엄격히 지키며 살아가야 했다. 구전에 따르면 그는 성인이 되면서 랍비로, 또 천막 제작자로 일했다고 한다. 그가 예수를 직접 만난 적은 없었을지라도 그와 유대 집단은 예수에 대해 충분히 우려하고 있었고, 그 중 많은 이들이 초기 예수를 따르던 유태인들을 적극적으로 박해하고 나서기에 이르렀다. 물론 바울이 알고 있는 많은 주류 유태인들은 약속된 메시아가 십자가에 못 박혀 죽을 것이라는 사실을 받아들일 수가 없었다. 어쨌든 유대 사원은 목숨을 바쳐 사명을 다한 예수에게 그 자리를 내주게 되었던 것이다.

전하는 바에 따르면 바울은 분명 그가 예수의 추종자들을 찾아 박해하러 가던 곳인 다마스쿠스로 가는 길에서 개종을 경험했다고 한다. 그는 이를 경험함으로써 예수야말로 죽은 자들로부터 살아 나온 진정한 메시아라고 확신했다. 바울은 하나님의 최후의 심판(유태인들 중에는 심판의 날이 임박했다고 생각하는 이들이 많았다)을 위해 이승에 있는 백성을 준비시키는 일을 스스로 떠맡았다. 바울은 예수가 모든 인류의 죄를 대신해 자신을 희생했으며, 구원과 영생을 위한 매개자라고 믿었다. 예수의 메시지에 대한 바울의 믿음은 너무도 확고하여 그는 곧 예수의 삶과 메시지의 복음을 전파한 것으로 비난 받는 사도 집단의 리더가 되었다. 자세히 살펴보면 어떻게 바울이 기독교 전통에서, 그리고 실로 총체적으로 세계 역사에서 그토록 획기적인 리더가 되었는지에 대한 단서를 찾을 수 있다.

우선 그는 새로운 실존적 증거에 직면하여 자신의 핵심적 신앙을 바꾸는 데 주저함이 없었다. 다마스쿠스로 가는 노상에서 개종을 한 바울이라면, 자신의 초년의 삶과 신앙이 완전히 잘못되어 있고 아무런 근거가 없는 것이었다는 결론에 이르지 않고서는 그런 행동을 했을 리 없기 때문이다. 둘째로 그는 자신의 신념에 대한 용기를 가지고 얼마 전까지만 해도 자신이 기를 쓰고 박해했던 바로 그 운동의 리더가 됨으로써 사회적으로 더욱 의미 있는 개종을 몸소 실현했다. 그가 사도 베드로Apostle Peter와 예수의 친형제 야고보James와 긴밀하게 협력하여 복음 전파를 도울 수 있었다는 것은 그의 리더십 능력과 추진력에 대한 증거다.

바울이 궁극적으로 리더십에 도전을 받은 것은 초기 기독교 운동이 어떻게 이제 막 발생 단계에 있었던 비유대 집단과 관계를 맺어야 했는지에 대한 중대한 문제가 포함되어 있었다. 많은 추종자들과 그 운동을 박해했던 자들이 예수와 그의 가르침이 유태인들에게 중요한 결과를 가져다 줄 수 있을 것이라는 억측에 사로잡혀 있었다. 리더로서의 바울의 천재성은 예수를 보편적인 상황 속에 자리 잡게 함으로써 초기 논쟁의 한계를 초월한 그의 능력에 있다. 바울에게 있어서 예수는 인성과 신성의 관계 바로 그 중심에 있는 존재였던 것이다. 바울은 예수가 인간과 하나님 사이의 중심에 있느냐 그렇지 않느냐라는 논쟁에서도 도박을 서슴지 않았다. 논쟁을 재구성하면서, 바울은 할례와 식사 의식에 관한 유대 규정들이 예수 운동에서 이방인을 배제시키는 데 이용되어서는 안 된다고 주장했다. 바울은 독특한 신학 이론을 전개하면서 그러한 급진적인 개념을 지지했고, 예수의 메시지의 핵심은 무엇보다도 믿음과 사랑의 효과에 관한 것이라고 주장한 것이다. 초기 기독교 교회의 리더로서 바울의 여생은 이렇듯 단순하면서 강력한 기본 원리를 바탕으로 한 것이었다.

바울의 다른 효과적인 리더십 기술은 적의 힘을 자신에게 이롭게 이용하는 것이었다. 바울의 로마 시민권 주장은 광대한 로마제국을 돌아다니며 예수의 메시지를 전파할 수 있는 능력을 그에게 부여했다. 바울은 또한 로마가 피정복 민족에게 통합을 강요한 점을 이용했는데, 로마의 잘 닦인 도로와 법, 심지어 로마의 언어까지도 자신의 예수 운동에 이용한 것이다. 바울의 리더십은 그가 자신의 사명을 위해 기꺼이 감내하고자 한 수많은 고통을 볼 때 비로소 자명해진다. 바울이 마주쳐야만 했던 적의에 찬 군중에서부터 간혹 여행길에서 마주치게 되는 위험한 들짐승에 이르기까지 그 모든 것이 바울에게는 시련이었다. 그는 심지어 새로이 기독교가 확산되는 경우 자신들의 사업이 망하게 될까 두려워하는, 이교도의 상징을 조각하는 이들의 분노까지 샀다. 훗날 그가 로마에서 처형된 것은 자신의 대의를 위해 죽음도 불사했음을 보여 준다. 그리하여 그는 거룩한 순교자로서 후세에 자신의 리더십이 영향력을 유지할 수 있도록 한 것이다.

바울은 급진적인 메시지를 전파하며 고난을 무릅쓴, 그리고 그 급진적 메시지로 권위의 근거지인 계급 질서를 새로이 뒤집는 초석을 놓은 사상 유례를 찾기 힘든 리더였다. 바울 리더십의 근간이 되는 메시지는 "유태인도 없고 그리스인도 없다. 노예도 없고 주인도 없다. 남자도 없고 여자도 없다. 너희는 예수 그리스도 안에서 모두 하나다"라고 한 그의 말에서 알 수 있다. 바울의 꿈같은 믿음과 조직 능력은 변방의 신생 종교를 세계 역사의 중심으로 인도하려는 포부를 품은 리더다운 것이었다.

그의 조직력은 그가 로마제국 전역에 걸쳐 기독교 공동체에 보낸 수많은 서한에서 분명하게 드러난다. 그는 서한을 통해 모든 기독교 공동체에 적절한 성행위에서부터 난해한 신학적 문제에 이르기까지 조언과 지침을 내렸던 것이다. 무엇보다도 계급 질서와 다신교적인 문화가 뿌리 깊었던 로마에서 인간이 그 모든 차이에도 불구하고 함께해야 한다고 강조한 것은 바로 혁명적인 행동, 그것이었다. 그가 혁명성을 친숙함으로 전환시키는 데 궁극적으로 성공한 것은 초기 교회에 대한 사도 바울의 리더십을 여실히 입증해 준다.

: 부처 Buddha(BC 480?~BC 400?)

고타마 싯다르타, 즉 부처(산스크리트어로 '깨달은 자')는 인간이 어떻게 하면 고통과 죽음이라는 영원한 문제를 가장 잘 풀어낼 수 있을지에 대한 지극히 독창적인 통찰로 제자를 이끌었다. 다른 예언자와 영적 운동가가 전통적으로 최후의 '진정한 유일신'에 대한 믿음이나 금욕이라는 불가능에 가까운 고난을 실천해야 할 필요성에 대해 주장해 온 것과 달리, 부처는 깨달음과 실존적 회의를 덜어주기 위해 독창적으로 중도를 옹호했다. 부처의 통찰이 갖는 독창성과 타당성은 자신이 공언한 윤리에 따라 살아간 그의 실천으로 현시대까지도 계속해서 점점 더 많은 제자를 낳고 있다. 부처는 제자들이 자신의 삶을 스스로 결정할 수 있게 하는 도구를 제공함으로써 그들을 이끌었다. 어떤 위대한 리더도 부처보다 더 큰 찬양을 받을 수는 없을 것이다. 불교는 최소 3억 명의 신자를 가진 세계적 종교로 번창하고 있다. 이슬람교와 힌두교가 인도에서 불교를 몰아내기는 했지만, 불교는 오히려 많은 아시아 지역과 최근의 서구 세계까지 그 세를 확장하고 있다.

자아를 평정한 성인

부처가 역사의 무대에 올라오기 전, 인도는 아리안족 침략자들이 인도 대륙에 전파한 힌두교가 지배하고 있었다. 부처는 인도의 북동부 지역(오늘날의 네팔 지역)에서 탄생했다. 이 지역은 서로 전쟁

을 일삼는 소국들로 분열되어 있었다. 인도는 정통 힌두교를 신봉하는 나라였다. 불행히도 우리가 부처의 생에 대해 알고 있는 것은 공자와 더불어 대체적으로 신화사를 통한 것이다. 그의 생을 둘러싼 세부적인 부분들은 분명치 않으며, 출생일과 사망일에 대해서조차 우리는 확실히 알지 못한다. 구전에 의하면 그는 카스트의 무사 계급으로 탄생했다고 한다. 부처의 전기를 이해하기 위해서는 그의 과거 또한 이해해야 한다. 이 점에서 부처는 삶과 죽음의 신비에 대한 궁극적 성찰을 얻고 마침내 열반(끊임없는 윤회와 인간 실존의 고통으로부터의 자유를 뜻한다)에 이른 사람이다.

부처는 왕의 아들이었다. 그는 어려서부터 무척 조숙하여 태어난 직후부터 걸었고 말도 할 수 있었다고 전해진다. 왕자로서 그는 스물아홉이 될 때까지 원하는 모든 것을 충족시키며 살았다. 그의

197

부왕은 죽고 늙어가고 고통스러워하는 그 어떤 광경도 그에게 보여 주지 않았다. 스물아홉이 되자 그는 수도를 유람하겠다는 청을 한다. 그가 유람을 떠나기 직전, 늙거나 고통스러워하는 그 어떤 사람이라도 거리를 떠나야 했다. 그러나 인생을 통달한 한 남자가 어쩌다 도시에 남아 있게 되었고, 부처는 그 남자를 본 뒤 자신이 살고 있는 실제 현실에 의문을 던지게 된다. 그의 호기심은 점점 커졌고 계속해서 왕국을 둘러보면서 있는 그대로의 다양한 인생, 그를 둘러싸고 있는 기쁨과 고통을 탐구하고자 했다.

마침내 부처는 숲에서의 은거에 들어갔고 그곳에서 자신이 최근 발견한 모든 충격적인 사건의 의미에 대해 명상할 수 있었다. 부왕은 부처가 왕궁에 그대로 있으면서 자신의 후계자가 되기를 간절히 원했다. 그는 아들에게 자신의 원을 들어준다면 무엇이든 해주겠다는 약속을 하였다. 부처는 아버지에게 고통이나 불행이 없는 영원한 삶을 약속해 줄 수 있느냐고 물었고, 그의 아버지는 약속하지 못했다. 그는 곧 순례하는 구도자로서 인생의 중대한 다음 단계를 준비했다.

부처는 보잘것없이 고행하는 걸인의 삶을 택한다. 그는 자신이 진정한 깨달음을 이룰 때까지 이 상태를 유지하기로 결심했다. 오랜 세월 혹독하게 고행한 부처는 이제 몰아의 경지에 이르는 것만으로는 충분치 않다는 결론에 이르게 된다. 인생의 이토록 중대한 국면에서 그는 나무 아래에 앉아 깨달음을 얻을 때까지 움직이지 않기로 한다. 구전에 의하면 이 시기 그는 자신을 구도의 길에서 벗어나게 하려는 사악한 힘의 유혹을 받았다고 한다(이것은 영웅과 위인의 이야기에서 흔히 나오는 수사법이기도 하다). 그러나 그는 네 가지의 근원적 진리를 깨달을 때까지 스스로를 지켰다. 인생에 있어 부인할 수도 없고 덜어낼 수도 없는 사실은 생명이 있는 모든 것이 고통이라는 것(고성제), 무지로 인한 고통, 즉 번뇌(집성제), 그러한 고통이 극복될 수 있음을 깨닫는 것, 즉 평화(멸성제), 부처의 8정도가 모든 고통을 끝나게 해줄 수 있음을 깨닫는 것(도성제)이다. 부처는 8정도가 다음 여덟 가지로 구성되어 있어야 한다는 결론에 도달했다.

1. **정견正見** | 일체 존재와 사물에 관해 바르게 관찰하고 바른 견해를 가지는 것이다.
2. **정사正思** | 올바른 생각과 바른 생각을 하는 것, 고민에 얽매임이 없는 것이다.
3. **정어正語** | 항상 바른 언어를 쓰는 것이다. 거짓말, 허망한 말, 악한 말을 하지 않고 의로운 말, 진리를 드러내는 말을 하는 것이다.
4. **정업正業** | 바른 행동을 말한다. 몸과 입과 뜻의 세 가지 업을 늘 정화하여 나쁜 행동을 하지 않는 것이다.
5. **정명正命** | 바른 생활, 즉 생활하는 방법을 말하는 것으로 정당하고 바른 직업으로 생활하라는 것이다. 직업의 귀천의 문제가 아니라 직업의 정당성이 문제가 된다고 보았다. 정당한

방법으로 의식주를 구해야 한다.

6. 정정진正精進 | 부처님의 가르침에 따라 악을 방지하고 선을 실천하는 생활이 되도록 바르게 노력하는 것이다. 바른 생활과 수행을 게을리하지 않고, 항상 용맹스럽게 나아가는 것을 말한다.

7. 정념正念 | 바르게 기억하는 것이다. 부질없는 욕망과 사념을 버리고 항상 바른 마음과 바른 기억으로써 거룩한 법을 실천하고 수행해 나가는 것이다.

8. 정정正定 | 바르게 집중하는 것이다. 몸과 마음의 바른 안정을 말하는 것으로 몸과 마음이 항상 고요한 상태에 있게 하는 것이다.

이러한 강력한 사상으로 부처는 곧 깨달음을 구하는 제자들에 둘러싸이게 된다. 이 승려 집단은 승가라 불리게 되었다. 부처의 새로운 사상은 여인들에게도 마찬가지로 자격을 부여했고, 그들은 비구니가 될 수 있었다. 그러나 초기 불교 공동체가 전적으로 좋기만 한 것은 아니었다. 부처의 리더십은 이때 많은 도전에 직면했는데, 데바닷타Devadatta라는 한 승려는 불교 공동체가 당시 실행하고 있는 것보다 더 엄격한 고행이 필요하다고 힐난했다. 부처가 자신의 '중도'를 옹호하며 이에 반대하고 데바닷타를 자신의 후계자로 임명하기를 거부하자 데바닷타는 부처를 암살하려고 했다. 결국 부처는 숲에 홀로 은거하며 관료주의적 정치판에 빠지는 것을 피함으로써 자신의 독보적인 리더십을 발휘한다.

부처의 삶은 리더십에 있어 귀중한 교훈을 준다. 왕자의 지위를 기꺼이 포기하고 인생의 굳센 비전을 발견하기 위해 고난을 무릅쓴 부처에게서 우리는 여전히 교훈을 얻는다. 평범한 사람도 깨달을 수 있는 인생에 대한 통찰과 조망을 창안함으로써, 부처는 제자들에게 현세에서 견딜 수 없는 것을 견디게 하는 실행 가능하고 만족스러운 방법을 제시해 주었다. 특정 인종이나 계급, 신념에 상관없이 누구나 열반에 이를 수 있다. 그저 부처 자신의 일상적이고 소박한 선행을 모방하면서 조화로운 존재가 되기 위한 열쇠를 찾는다면, 바로 그것이 열반이다.

: 마틴 루터 Martin Luther(1483~1546)

마틴 루터는 16세기 유럽에서 프로테스탄트 개혁 운동을 촉진시킨 리더다. 이 종교 개혁 운동은 루터가 중세 가톨릭교회에 의해 덧붙여진 것으로 본 불필요한 요소로부터 기독교의 교리를 정화시키는 것을 목적으로 한 것이다. 루터는 1507년 가톨릭 전통 속에서 사제 서품을 받았고, 후에 교황에게 파문 당하기 전까지 비텐베르크대학에서 신학을 가르쳤다. 그가 역사에 끼친 영향은 실로 대단한 것이었다. 많은 역사학자들은 그의 종교 개혁이 역사적인 유럽 중세 시대의 종말을 이끌어 냈다고 주장한다.

리더의 운명을 타고난 리더

마틴 루터의 리더십은 리더십 역사에서도 의도하지 않은 결과가 나온다는 법칙을 실증한다. 루터의 목표는 하나님과 인간의 관계에 대한, 모두가 동의할 수 있는 진실을 찾는 것이었다. 그러나 루터 이후 기독교는 결과적으로 많은 교파와 종파로 붕괴되고 말았다. 루터는 당시 가톨릭교회의 타락상에 분노하고 있던 힘없는 다수를 자신의 저항의 목소리를 이용해 대변했다. 그러나 이후 그는 계속해서 평민의 이익을 희생시키면서 왕자들의 기득권을 지지하게 된다. 루터는 신앙과 이성이 서로를 지탱하는 안정적인(비록 개혁된 형태이긴 하지만) 중세의 세계에 마음을 놓았다. 그러나 아이러니컬하게도 그의 이성은 결국 신앙과 분리될 근세를 알리는 도구적 역할을 하게 되었다. 자신의 정체성 위기를 해결하

려는 노력에서, 그는 유럽 전체에 정체성 위기를 주려고 했다. 유럽은 5백 년이 지난 지금도 여전히 그 정체성 위기와 씨름하고 있다. 어쩌다 보니 세계 역사의 흐름을 바꾸게 된 비천한 배경의 이 남자는 어떤 사람이었을까?

마틴 루터는 야심차고 강한 추진력을 가진 아버지 밑에서 자랐다. 그의 아버지는 루터의 생각과는 달리 아들이 법조인이 되기를 바랐다. 1505년 7월 2일, 루터는 폭풍우에 휘말리게 된다. 번개를 동반한 폭풍우 한가운데서 루터는 절규했다. "성 안나 님, 도와주십시오. 수도사가 되겠습니다." 루터는 전지전능의 하나님이라는 관념과 오랫동안 싸워 왔다. 실제로 루터는 인간이 정당하고 전능한 존재로부터 얼마나 겸손하게 구원을 찾기를 소원할 수 있을까에 대한 의문에 불타 있었다. 수도사가 되겠다는 신에게 한 자신의

약속을 지킨 후, 루터는 교회의 대리인이 되는 것이 무가치하다고 느끼는 위기를 경험한다. 그는 기도하고, 단식하고, 또 난방도 하지 않은 자신의 방에서 동상에 걸리기도 하면서 하나님을 기쁘게 하려고 분투했다. 교회에 몸담으면서 자신의 가치에 대해 그가 느낀 공포는 루터의 결정에 대해 그의 아버지가 한 말로 증폭되었다. "이것이 사탄의 말에 현혹된 것은 아니기를 바라마."

루터의 불확실성은 커져만 갔다. 그의 첫 미사가 진행되던 중, 루터는 신경 쇠약 증세를 보였다. 그는 여섯 시간의 고해성사에 들어갔다. 한 동료 수사에 따르면 루터가 사소하기 짝이 없는 실책에 대해 스스로를 극단적으로 몰아세웠고, '나의 방귀가 모두 죄' 라는 생각을 할 정도였다고 한다. 로마를 처음 여행했을 때 그는 새로운 고뇌에 빠지게 된다. 기독교국의 수도가 성소임을 깨닫는 대신 부패와 위선을 발견한 것이다. 바로 이 시점에 그는 자신의 내적인 갈등에 더욱 새롭고 생산적인 출구를 찾음으로써 자신도 모르는 사이에 리더가 되어 있었다. 그가 고뇌하던 대상은 바로 로마 가톨릭교회 전체였다. 독일로 돌아오자마자 요한 테첼Johann Tetzel 과 같은 성직자들이 순박한 독일인들에게 면죄부(가톨릭교회가 죄의 면죄를 약속하며 돈을 받고 판 것이다)를 파는 것을 보자 로마에서 발견한 타락한 교회에 대한 그의 분노는 더욱 강해졌다.

루터는 면죄부와 가톨릭교회 내에 있는 다른 결함에 대해 학자적인 논쟁을 시작해 보려는 시도로 그의 유명한 「95개 조항」을 비텐베르크에 있는 교회 문에 붙였다. 루터의 교회에 대한 공격은 세가지 중요한 이유에서 특히 효과가 있었다. 첫째, 다른 '이단'과는 달리 루터는 독일 왕자들이 로마의 권위와 경쟁함으로써 점점 더 민족주의자가 되면서, 권력과 부의 측면에서 많은 득을 보고 있는 그들의 보호를 받을 수 있었다. 둘째, 루터는 뜻하지 않게 발명된 인쇄술의 덕을 보았다. 루터의 '오직 믿음sola fide'의 메시지는 교회가 단호한 조치를 취하기 전 인쇄술로 널리 보급될 수 있었던 것이다(그의 메시지는 간단명료했기에 그의 추종자들이 폭넓게 형성되는 데 결정적으로 일조했을 것이다). 셋째, 많은 독일인들이 이탈리아인의 지배하에 있는 교회의 제도적 타락에 대적한 그를 기꺼이 지지했다. 그렇다고 해도 루터는 영적이며 지적인 리더로서 자신이 가진 모든 재능을 이용해 이러한 일시적인 이점이 단지 잃어버린 기회가 되지 않고 그에게 유리하게 작용하게 만들어야만 했다.

이 싸움에서 그의 유일한 무기는 언변과 성실함, 그리고 하나님의 말씀을 이해해야 한다는 그의 주장이었다. 독일어를 구사할 줄 아는 능력이 있었기에 그는 기독교적 담론에서 적절한 화법을 구사함으로써 라틴어를 고집한 상대편에 비해 엄청난 우위를 점했다. 루터의 글은 사실 너무도 방대한 것이어서 전집이 백 권에 이를 정도다. 음악을 사랑한 그가 예배에서 음악을 이용한 것은 청중들을 (그들이 신학적인 논쟁의 세세한 요점들을 결코 이해하지 못한다 해도) 능히 감복시킬 수 있었다. 루터의 표현을 빌리자면, 교회는 '입의 집'이 됨으로써 하나님의 진정한 메시지를 전달해야 한다. 그로써 하나님에 대한 새로운 이해가 음악이라는 언어로 효과적으로 전달될 수 있을 것이라는 말이었다.

　루터는 오늘날까지도 (독일어를 영원한 형태로 구체화시킨 하나의 예술작품으로서) 여전히 손색이 없는 성서의 독일어 번역본을 출판한 만만치 않은 지식인이다. 루터는 또한 서민들과 그들의 관심사를 연결시키는 능력을 갖고 있었다. 그의 친구나 동료와 나눈 좌담 기록은 그를 현실적이고 명확하며, 또한 단호한 말투로 말할 수 있는 사람으로 기록하고 있다. 루터는 대단한 용기를 가진 사람으로 그를 본보기로 해서 다른 많은 프로테스탄트교도들이 (그것이 비록 고난을 의미하는 것일지라도) 그를 모방하게 만들었다. 예를 들면 루터는 여러 시기에 반대에 부닥쳤지만, 논쟁 때마다 자신의 입장을 견지하면서 가톨릭 신성 로마제국과 당시의 강력한 교회 권위에 비굴하게 아부하기를 거부했다. 어느 매우 고압적인 담화에서 그가 언명했던 유명한 말처럼 말이다. "저는 여기에 서 있습니다. 그 외에는 할 수 있는 것이 없군요." 루터의 리더십은 놀랄 만큼 빠르게 성장했다. 그는 불과 몇 년 만에 자기 회의에 빠져 있는 젊은 수도사에서 자기 확신에 찬 성공한 신학자로 성숙했다. 그는 거의 단독으로 종교 개혁의 촉매제 역할을 했던 것이다. 루터의 얼굴빛은 이미 자신감을 발하고 있었다. 한 비평가는 그가 깊은 사명감을 소유한 사람의 에너지를 발산하는 치열하고 번득이는 눈을 가지고 있다고 말한다.

　루터를 위대한 사람으로 만든 특징적인 것들은 또한 그를 이따금씩 난처하게 만들 수 있는 성질의 것이기도 했다. 그의 신학적 믿음에 대한 지나친 자기 확신은 세속 정치에 관해서는 고집스러운 것으로 변할 가능성이 있었다. 자신의 명분이 정당하다는 믿음 때문에 그는 반대자들의 배신을 너무도 쉽게 떠맡았다. 「유태인과 그들의 거짓말The Jews and their Lies」이라는 제목의 그의 논문은 이것을 잘 실증해 준다. 만일 유태인들이 기독교에 대한 그의 이해가 정당한 진리임을 이해하지 못한다면, 그들은 여지없이 완전히 틀린 것이 되는 것이다. 만일 독일 농부들이 루터의 메시지를 확대 해석하여 그가 찬성하지 않은 사회적 정의를 요구한다면, 루터의 생각으로는 그들이 권력에 굶주린 독일 왕자들의 손에서 고통 받는 것이 당연한 것이었다. 루터의 표현대로라면 "나는 모든 농부들을 죽였다. 그들의 피가 모두 내 머리 위에 쏟아진다. 그러나 나는 그것을 우리 주님께 넘긴다. 주님께서 내게 그렇게 말하라 명하셨기에…." 그는 심지어 다른 당대 기독교 교회의 개혁적 요소를 멀리 했는데, 이를테면 주의 만찬에서 성례전의 의미를 이해하는 데 있어 공통점에 이르게 되자 마지못해 동료 종교 개혁가 울리히 츠빙글리Ulrich Zwingli와 협력하는 모습을 보인다. 그러나 루터의 리더십은 근대로 가는 길을 열어주었다. 고난을 무릅쓰고라도 양심에 충실하려는 개인적 힘을 보여줌으로써 근대 세계에서 리더십에 대한 전형을 세우는 데 도움을 준 것이다.

: 모세 Moses(BC 13세기)

모세는 독특한 종교적 공동체로서의 이스라엘을 건국한 사람으로 성서에 기술되어 있다. 구전에 의하면 그는 고대 이집트 궁정 왕족에서 양자로 양육되었다고 한다. 성서에서는 그가 오늘날의 아라비아에서 야훼와 조우하게 된다고 기술한다. 그는 이 조우가 자신이 히브리 백성을 이집트에서 약속의 땅 가나안으로 이끌어 갈 책임을 지게 되었음을 의미한다고 해석했다.

백성을 노예의 굴레에서 구하다

모세가 존재하지 않았다면 우리는 스스로 그의 존재를 만들어 냈을 것이다. 왜냐하면 그에게는 리더십에 대한 우리의 보편적인 욕구의 너무도 많은 것이 압축되어 있기 때문이다. 그는 최초로 유일신 사상을 주창하고 가장 효과적으로 그것을 옹호한 사람이었다. 그는 스스로를 하나님의 종으로서 백성들을 인도하는 사람이라 여겼다. 그는 일종의 사제이자 예언자였으며, 자신의 유대 민족의 왕이기도 했다. 그는 교묘한 방법으로 자신의 백성을 이집트 노예의 굴레에서 벗어나게 했다. 그는 이후 유대교의 토대를 구축했다. 간단히 말해 그는 하나님과 친교하면서 신의 의지를 실행하고자 하는 인류의 욕망을 구체화시킨 것이다.

성서와 유대의 전통을 통해 우리가 알고 있는 모세는 이집트에 있는 하비루(이집트인들에게 봉사하는 집단을 뜻한다)라 불리는 부족에서 태어났다. 그의 이야기는 이집트인들이 히브리 부족을 경계하여 이 부족에서 새로 태어나는 모든 아기를 죽이라고 명령했다는 것에서 시작된다. 모세는 부모가 겨우 그를 숨겼다가 바구니에 넣어 나일 강에 띄워 보낸 덕에 죽음을 면했다. 그의 부모는 누군가 그를 발견하여 구해주기만을 바란 것이다. 그는 파라오의 딸에 의해 발견되었고 이집트 왕족에게 양육되었다. 모세라는 이름은 아마도 '태어나다' 라는 의미의 이집트어에서 유래한 것일 것이다. 부처와 매우 흡사한 점은 모세가 외부 세계로부터 보호를 받으면서 비교적 부족한 것 없이 자랐다는 것이다.

부처와 마찬가지로 그는 성년이 되면서 점차 외부 세계에 대해 호기심을 갖게 되었다. 그는 곧 히브리 부족과 자신의 관계에 대해, 그리고 그들이 이집트에서 처한 문제에 대해 알게 되었다. 한 히브리인이 무자비하게 학대 당하고 있는 것을 목격한 이후 화가 난 그는 채찍질로 이집트인 책임자를 죽이고 만다.

그는 당국에서 그의 살인에 대해 알아차리기 전에 도망갈 수밖에 없는 신세가 되었다. 미디안에서 한동안 돌아다니던 그는 처음으로 야훼와의 기적적인 영적 교감을 경험했다. 야훼는 스스로를 소멸시키지 않을 한없는 에너지의 상징인 불타는 덤불의 모습으로 그에게 나타났다. 모세는 창조주 야훼가 그에게 아브라함과 이삭, 야곱의 백성을 이집트에서 이끌고 나와 약속의 땅으로 인도하라는 요구를 하고 있는 것임을 알게 되었다. 과거에도 앞으로도 그토록 어마어마하고 숭고한 소명을 부여받는 리더는 결코 없을 것이다. 모세는 야훼 앞에 겸허하게 자신이 그러한 소명을 받을 만한 가치가 없다는 것을 밝혔다. 그는 야훼의 의지에 대해 확신을 가진 뒤에야 비로소 그 일을 맡기로 한다.

람세스 2세는 그 당시 신을 자처한 이집트의 왕이었다. 국내외의 수많은 반대자와의 거래 끝에 파라오 앞에 나타난 모세는 성가신 존재로 보였을 가능성이 높다. 그러나 모세는 파라오에게 히브리 부족을 이집트에서 떠나게 해 달라고 요구하기로 결심했다. 비록 역병이 창궐하고 있었지만 모세의 백성을 그냥 보내 주지는 않겠다는 파라오의 욕망은 단호했다. 모세는 이제 자신의 백성을 이집트에서 이끌고 나감으로써(홍해라기보다는 갈대가 우거진 호수를 건너는 정도였으리라) 한 사람의 전쟁 리더로서의 면모를 보이게 되었다. 물론 전설에 따르면 파라오의 군사들이 추적하였지만 모세의 노력과 그의 진정한 유일신이 있어 비참한 실패로 끝났다고 한다.

모세는 이제 백성의 엄청난 기대를 받는 리더로서 시험대에 오르게 되었다. 그들은 이집트에서 북동쪽 약속의 땅으로 대탈출을 하는 과정에서 지치고 굶주린 상태였다. 모세가 시나이 산에서 이미 십계명을 준 이후에도 여전히 백성 내에서는 반항적이고 난폭

한 기운이 남아 있었다. 모세가 리더십을 발휘해야 할 일은 백성들에게 새로운 신의 모습을 보여주는 것이었다. 이 신은 다른 이교 신들이 일상적으로 하는 것처럼 대리인을 두지도 않았고, 인간의 조건으로 길들여질 수도 없는 그런 신이었다. 이 새로운 신은 어디에나 존재하면서 동시에 어디에도 존재하지 않았다. 그는 전능하지만 눈에는 보이지 않는다.

그는 전 우주에 관심을 두고 있으나 히브리 민족에 대한 관심은 특별한 것이었다. 야훼의 형상을 조각한 성상을 경배하는 것은 당시 심각한 범죄에 해당했다. 그러나 그의 백성은 계속해서 우상 숭배를 지속했다. 모세는 백성들을 타이르고 야단치면서 그가 진정한 하나의 길이라 생각한 방향으로 이끌었다. 야훼조차 가끔씩 히브리 민족에 대해 포기한 것처럼 보일 때도 있었다. 그러나 모세는 히브리 민족에 대한 자신의 약속과 리더십을 포기하려 하지 않았다.

오늘날 어떤 학자들은 모세가 역사적으로 실존했던 인물인지에 대해 의문을 제기하기도 한다. 어쩌면 이집트의 파라오 아케나톤 Akhenaton이 유일신 사상을 널리 보급한 최초의 존재였을지도 모른다. 그렇다고 해도 우리는 항상 모세와 같은 비범한 리더의 이야기가 필요한 것이다. 그는 우리에게 있어 추종자들을 정당화시키고 또한 그들의 가장 심원한 염원으로 연결해 줌으로써 그들에게 권한을 부여한 예언자적 리더의 원형을 표상한다.

: 성 프란체스코 Francis of Assisi(1182~1226)

성 프란체스코는 프란체스코 수도회를 설립한 것으로 가장 유명하다. 그러한 새로운 수도회는 원래 중세 교황에 의해 승인이 되지 않는 것이었다. 그러나 프란체스코의 겸손과 신앙심은 먼 길을 돌아 프란체스코회 운동을 합법화시키기에 이르렀다. 이 운동은 유럽의 급증하는 많은 도시에서 가톨릭교회의 계급주의에 대해 회의를 품고 있는 사람들의 수가 증가하면서 점차 그들의 마음을 끌기 시작했다. 또한 자연의 신성함에 초점을 맞춤으로써 기독교 사상과 가르침에 큰 충격을 주기도 했다.

도덕적 리더십의 전형

성 프란체스코가 리더가 된 것은 그가 기꺼이 예수를 섬기겠다고 엄숙하게 서약했기 때문이다. 프란체스코는 자신의 성직 수행 과정에서 내내 리더십에 대한 어떠한 권리주장도 강하게 반대함으로써 많은 기독교인들에게 본보기가 되었으며, 그 점에서 리더십의 역설을 실증한다. 그는 인간의 유일무이함에 초점을 맞추기보다는 하나님의 창조의 존엄성에 대해 총체적인 초점을 맞춤으로써 자신의 종교에 새로운 방향을 설정했다. 그는 항상 자신보다는 타인을 먼저 생각했다. 심지어 13세기의 불완전하고 세속적인 가톨릭교회에도 그는 죽는 날까지 충실하게 순종했다. 계급적 사회질서를 무시하고 가난한 이들과 병든 이들을 자신의 관심 한가운데 둠으로써(예수가 그랬듯이), 프란체스코는 도덕적 리더십의 전형을 실증하게 되었다. 그의 리더십은 오늘날에도 계속해서 프란체스코 수도회를 따르는 이들에게 영감을 주고 있다.

젊은 프란체스코가 성자가 될 운명이었다는 것을 믿는 사람은 없었을 것이다. 유복한 의류상 피에트로 디 베르나르도네Pietro di Bernardone의 아들로서, 프란체스코는 아버지의 발자취를 따라 가문의 성공적인 사업을 계속해 나갈 것으로 기대되고 있었다. 그는 젊은 시절 세속적인 세계의 모든 쾌락을 즐기던 기개 넘치는 청년이었다. 그는 친구들에게 매우 인기가 많은 방종한 젊은이였으며, 운동도 잘 하고, 심지어 전사 지망생이기도 했다. 그러나 그의 군 경력은 그 수명이 짧았다. 전선의 임무를 수행하기 전 병이 들고 만 것이다. 이 와중에 그는 꿈속에서 감히 주님이 아닌 다른 이를 섬기려 한다고 그를 꾸짖는 목소리를 들었다. 그때부터 프란체스코는 황폐해진 교회를 바로잡아야 한다는 생각에 고취되어 아버지의 가게에서 귀중품을 갖고 가서는 그것을 팔아 교회를 바로잡는 데 필요한 자금으로 썼다. 그의 아버지는 이미 프란체스코의 종교적 욕구에 화가 나 있었다. 계속 그런 식이라면 그가 가문의 사업을 계속 이어갈 수 없기 때문이었다. 프란체스코의 친구들조차 그를 의심의 눈으로 흘겨보았다. 어떻게 그가 존경 받는 사회의 일원으로서 결혼도 하고 다른 사회적 의무를 다할 것인가? 프란체스코는 '가난'만이 자신의 유일한 신부가 될 것이라 대놓고 맞받아쳤다.

프란체스코는 그의 아버지가 모든 인내심을 잃고 그에게 빚을 청산할 것을 요구했을 때 인생의 일대 전환점을 맞는다. 남들이 보는 자리에서 그는 극적으로 자신의 옷을 벗어 아버지에게 건네며 계산을 청산하고자 했다. 화려한 옷이 인간을 멋있어 보이게 할지는 몰라도, 그러한 옷차림을 벗음으로써 상징되는 가난은 그 인간을 성자이게 할 수 있는 것이다.

프란체스코는 성직 활동을 나병 환자들과 사회적으로 버려진 이들에 대한 봉사로 확대하였다. 마태복음은 프란체스코를 더욱 고무시켜 자기 특유의 방식으로 예수의 복음을 전파하게 했다. 프란체스코가 자신의 목회 활동을 가난한 이들에게 바치면서 급속도로 그를 따르는 이들이 늘어났다. 그가 추종자들을 모으는 데 성공한 비결은 바로 성실성과 이타심, 그리고 무엇보다도 자신의 존재 안에 쾌락과 금욕을 결합시킬 수 있는 그의 능력이었다. 그는 타인의 죄를 보란 듯이 폭로하는 고지식한 사보나롤라Savonarola와 같은 사람이 결코 아니었다.

프란체스코는 이제 그만의 독특한 리더십 문제, 즉 재산이나 다른 세속적 물품의 소유에 대해서 그 가치를 믿지 않는 것으로 정의된 집단을 어떻게 이끌어야 할 것인가의 문제에 직면했다. 프란체스코는 어떻게 예수를 본받고자 하는 사람들이 애초에 그 집단(곧 프란체스코 수도회로 알려지게 된다)에 들어오도록 이끈 순수한 자발성을 잃지 않게 하면서도 그들을 조직할 수 있었을까? 1210년, 프란체스코는 회칙을 만들어 집단의 설립 이념을 표명했다. 이는 지나치게 형식에 구애되는 문서보다 훨씬 더 바람직한 것이었다. 그러한 문서는 애초에 그들을 규합시켰던 바로 그 정신을 사장시킬 위험이 있을지도 모르는 일이었기 때문이다. 프란체스코의 성실성과 가톨릭교회에 대한 충실함은 교황 이노센트 3세Pope Innocent III를 설복시켰고, 새로운 프란체스코 수도회는 이단적인 운동으로 진압되는 것을 면할 수 있었다.

사실 프란체스코가 구현한 이상주의와 리더십이야말로 교회가 타락하여 세속적 문제에 지나치게 관여하고 있다는 비난을 피하기 위해 필요한 것이었다. 유럽 중세의 시대적 상황에서 예수의 삶을 본받아 실천함으로써, 프란체스코와 같은 사람들은 내부로부터 가톨릭교회를 쇄신하는 데 도움이 되었다. 그로써 훗날 종교 개혁을 일으키게 될 논쟁을 미루어 둘 수 있었던 것이다. 프란체스코 수도회의 수사들은 1220년경 5천여 명으로 증가하였다. 프란체스코 수도회가 지켜 온 초기의 규칙을 쇄신할 필요가 생긴 것이다. 프란체스코는 점점 커져 가는 조직 내의 공식적인 경영에서 자발적으로 물러남으로써 위대한 리더로서의 겸양의 미덕을 보여 주었다. 그는 이 점에서 자신의 한계를 명료하게 인식했던 것이다. 그는 그 동안 자신의 행적에 관한 수많은 전설(가령 공포스러운 늑대를 길들일 때처럼 자연을 길들이는 데 자신의 영적 능력을 사용한다는 것)을 바탕으로 쌓은 명예와 신망에 의지할 수도 있었을 것이다.

그러나 프란체스코는 그리스도의 메시지에 대한 자신의 순수하고 기쁨에 찬 비전에 헌신하도록 스스로를 다잡았다. 그는 중세의 기독교인으로서는 가장 힘든 일을 시도하려고 했다. 바로 이슬람 세계에 예수의 메시지를 전하는 것이었다. 비록 성공하지는 못했지만, 프란체스코는 자신과 대화한 이슬람교도들에게서 존경을 받았다.

프란체스코는 그와 그의 메시지를 필요로 하는 이탈리아로 돌아왔다. 이탈리아와 유럽의 다른 나라들은 도시화가 초래하는 많은 유혹과 싸우고 있었다. 중세의 가톨릭교회는 도시보다는 농촌 사회에서 목회 활동하는 것에 더 길들여져 있었다. 프란체스코와 같은 리더가 더 이상 교회의 순수함에 대해 확신이 없는 도시에서 그리스도의 삶을 실제로 실천함으로써, 그리스도의 메시지가 사람들의 마음에 호소력을 가지게 한 것이다. 그렇기에 프란체스코 사후 2년 만에 교회가 기독교 사업에 헌신한 크나큰 공을 인정하여 그를 성자의 반열에 올린 것도 그리 놀랄 일은 아니다.

216

: 마틴 루터 킹 Martin Luther King, Jr. (1929~1968)

마틴 루터 킹은 1950년대와 1960년대 미국에서 있었던 시민권 운동을 이끈 리더다. 미국 남부의 침례교회에서 목회 활동을 하고 나서, 1956년 앨라배마 주 몽고메리의 버스 회사에서 인종 차별 폐지를 끌어낸 저항 운동을 주도한 것으로 그는 전 국민의 주목을 받았다. 그는 흑인의 시민권 운동을 미국 전역으로 확대시켰고, 1964년 그러한 노력의 대가로 노벨 평화상을 받았다. 생을 다할 때까지 그는 베트남 전쟁과 미국 내의 빈곤을 끝내기 위한 운동을 계속했다.

인종의 평등을 위해 투쟁한 리더

마틴 루터 킹은 군대나 돈의 힘으로 전쟁을 이끈 사람이 아니었다. 그의 리더십은 설득력 있는 연설과 종교적 확신, 그리고 정의감에 의지한 것이었다. 그는 과거의 리더에게서 많은 것을 배웠는데, 자신과 동명이인인 마틴 루터의 강력한 개혁 본능을 구체적으로 실현했다. 그는 또한 소로우와 간디에게서 비폭력 저항과 시민 불복종 운동에 관한 많은 것을 배웠다. 킹에게서 우리는 산 자와 죽은

자 사이에 계속 이어지는 그 위대한 대화의 힘을 본다. 모든 리더는 과거의 위대한 리더들의 어깨를 딛고 서 있는 것이다. 킹 자신도 영구불변의 위대함을 이룩했으니 미래 세대의 다른 리더로 하여금 그 위대한 업적을 열망하게 할 것이다.

킹 목사는 당시 미국의 흑인에게 있어 완벽한 리더였다. 미국은 인종 학살의 나치 체제에 저항하여 이제 막 2차 세계대전을 치른 뒤였다. 트루먼Harry Truman 대통령은 2차 세계대전 이후 군대의 인종 차별을 폐지해야만 했다. 이는 부분적으로 전쟁 중 미국이 인종적·민주적으로 높은 도덕적 근거를 주장한 반면, 흑인들은 단지 흑인이라는 이유만으로 미국 내 하류 시민으로 남아 있었다는 사실에 대해 미국이 공식적으로 당혹스러운 입장에 처했기 때문이다. 히틀러가 패한 뒤, 공산주의가 미국의 새로운 적으로 부상했다. 미국과 공산주의 소련은 이제 제3 세계 국민들의 마음과 정신을 위한 이념 전쟁을 시작한 것이다. 러시아는 미국을 인종 차별주의적인 위선자로 그려냈고, 그것으로 인해 이 이념 전쟁에서 장족의 발전을 이루었다. 많은 미국인들은 1950년대를 기점으로 모든 계층에서 흑인 차별 정책을 뒤로 하고 그들을 미국 역사의 주류로 품을 준비가 되어 있었다.

킹 목사는 미국에서 흑인의 평등을 촉진하기 위한 역할을 할 준비를 완료했다. 성직자 집안에서 자라난 킹은 침례교 목사가 되기 위한 수련 과정에서 전통적인 유대-기독교적 담론에 정통해 있었다. 그는 살아생전 미국에서 인종적으로 평등한 '약속의 땅'을 보아야 한다는 인생의 목적에 대한 강한 자의식을 가지게 되었다. 그리고 모세처럼 흑인들을 이끌고 영원한 사회적 약자 신분에서의 대탈출에 성공할 수 있었다.

킹은 유대-기독교 전통을 모든 인종과 민족이 공감대를 찾을 수 있는 수단으로 이용했다. 만일 하나님이 하나라면 그의 자식들도 역시 하나일 것이므로, 서로를 분리된 족속의 일원으로서가 아닌 형제와 자매로 대해야 한다는 것이었다. 기독교 전통의 보편주의적인 요소들은 킹과 이후의 많은 백인, 흑인 추종자들에게 영감을 주었다. 그는 모든 인간이 하나님의 눈에는 평등하다는 성서 전반의 더욱 심원한 진리에 봉사하는 종이 됨으로써 자기 나름의 리더가 되었다. 그의 남부 기독교 지도자회의의 힘은 이러한 기본 전제에서 비롯된 것이었다.

시민권 운동은 1955년 앨라배마 주 몽고메리 시의 흑인 버스 승차거부 운동에 킹이 가담하여 리더십을 발휘함으로써 추진력을 얻게 되었다. 킹은 개인적인 위험(그의 집이 이 기간 중 폭탄 테러를 당하기도 했다)과 체포를 감수하면서도 일선의 지휘봉을 놓지 않았다. 그리고 다윗과 골리앗의 이야기를 비폭력적으로 재현함으로써 미국인의 상상력을 사로잡았다. 말과 행동으로 백인과 흑인 모두의

지고한 도덕적 분별력에 호소함으로써, 그는 미국 전역에서 대법원이 흑인을 차별하는 법을 폐지하는 것을 가능케 했다. 킹은 또한 재기가 뛰어난 리더였다. 텔레비전과 현대적 매체가 미국의 대중에게 미칠 영향력을 이해하는 능력이 있었던 것이다. 그는 텔레비전에 흑인 추종자들이 비폭력적인 순교자로 비치게 하면서, 반면 불 코너Bull Connor와 같은 노골적인 보수주의자들이 흑인들을 잔인하게 공격하는 집단으로 보이게 한 것이다.

킹은 자신이 많은 청중들, 즉 백인 중산층과 엘리트층을 비롯해 세계를 향해 말하고 있음을 깨달았다. 텔레비전에서 자신이 원하는 이미지를 구축함으로써 냉전 시대의 세계 민주주의의 등대임을 자처한 미국의 이미지를 위협한 것이다. 미국의 엘리트층에게는 국내에서의 인종 차별과 싸우는 것이야말로 너무도 중요한 국가 안보 과제가 되었다. 국제 사회에서 믿을 만한 나라로 보이기 위해, 미국은 국내법의 차별 조항을 일소하고 민주주의가 단지 백인만을 위한 것이 아님을 증명해야만 했다. 이 점에서 킹의 노력은 단기간에 1964년 공민권법과 1965년 투표권법 조항을 이끌어 냈다. 킹의 "나에겐 꿈이 있습니다"로 시작하는 연설은 '버밍엄 교도소에서 보낸 편지'와 함께 그가 당대 최고의 연설가이자 수사학자임을 보여 준다.

비교적 젊은 나이에 킹은 1964년 노벨 평화상을 받았다. 분명 그가 결코 완벽한 사람은 아니었다는 증거도 있다. 그는 가끔씩 명백한 표절 시비에 연루되기도 했으며, 스캔들까지 일어났다. 이는

"어떠한 위인도 그의 시종에게는 절대 영웅이 못 된다"라는 헤겔 Hegel의 명언을 실증해 주는 것이다. 면밀하게 검토해 보면 거의 모든 위인들이 방호에서 수많은 약점을 드러낸다. 그렇긴 해도 당대의 다른 시민권 리더들에 비해 킹은 비폭력과 보편적인 그리스도의 메시지, 평등, 모든 인종의 통합의 가치를 지속적으로 믿었다. 이는 한 가지 형태의 인종 차별주의를 백인들을 역차별하기 위한 다른 형태의 인종 차별주의로 대신하는 데 있어 다른 흑인 리더들이 직면했던 유혹을 감안하면 결코 작은 성취가 아니다. 백인을 혐오하는 이슬람 국가가 항상 비판적인 눈으로 킹을 바라봤던 것도 어쩌면 당연한 일이다.

킹은 북부의 인종 차별적 위선을 폭로할 수 있는 그의 능력 때문에 강력한 리더로 평가 받는다. 시카고와 다른 북부 도시에서 그가 펼친 운동은, 북부가 인종 문제에 관한 한 남부보다 더 나을 것이 없음을 보여 준 것이었다. 그는 또한 자신의 메시지를 보편화시키려고 노력하면서 흑인 이외의 다른 민족들에도 관심을 보였다. 그는 베트남 전쟁을 부국의 빈국에 대한 폭력의 상징으로 간주했다. 그는 자본주의와 공산주의 사이에 있는 제3의 길이 있음을 믿게 되었다. 또한 그는 새로운 경험에 비추어 수차례 자신의 견해를 변경하고 수정하는 모습을 보여 주었다. 그의 가장 위대한 업적이 편협하고 왜소한 흑인 민족주의의 덫을 피하고자 한 것이라는 것도 무리는 아닐 것이다. 대신 그는 항상 사회 정의를 위해 자신의 연합을 넓히는 데 관심을 가졌다. 실로 그가 살아있었다면 "인격의 내용으로 사람을 판단해야 한다"는 그의 생각이 긍정적 행동의 개념을 넓혀 가난한 흑인뿐 아니라 가난한 백인까지도 포함시켰을 것이다. 그렇게 발전했다면 긍정적인 행동이 새로운 인종차별적 엽관제와 별반 다를 것 없게 되었다는 근거 있는 비난을 크게 둔화시켰을 것이다.

자신이 모델로 삼았던 예수처럼 킹 또한 제임스 얼 레이James Earl Ray에게 1968년 암살된다. 그의 리더십 영향이 지속되는 것은 분명 그가 살고, 또 죽었던 그 용기 있는 방식 때문일 것이다.

: *Religious Leadership* :

03

: *Military Leadership* :
군사의 리더십

: 알렉산드로스 대왕

Alexander the Great(BC 356~BC 323)

알렉산드로스 대왕은 역사상 가장 위대한 군사적 정복자 중 한 사람으로 유명하다. 그는 부왕이 암살된 후 BC 336년에 그리스 북부에 있는 마케도니아의 왕이 되었다. 그는 페르시아제국에 맞선 자신의 분열된 백성들을 대규모 전쟁에 참전하도록 지휘함으로써 그들을 규합시켰다. 이 전쟁 중 보여 준 그의 군사적 위업은 가히 전설적이다. 자신의 위업을 영원한 것으로 만든 것은 다름 아닌 패전한 페르시아인들과 힘을 합해 아시아를 문화적으로 헬레니즘화시키고, 그의 짧은 일생 동안 그가 이룬 제국의 외형보다 헬레니즘이 훨씬 더 오래 지속되게 하려 한 그의 의지였다.

역사상 가장 위대한 정복자

알렉산드로스 대왕은 태생부터 위대한 인물은 아니었다. 그는 다른 리더들과 다름없이 자신이 동원할 수 있는 모든 내적·외적 자원을 이용함으로써 스스로를 위대한 인물로 만들었다. 알렉산드로스는 세 가지 이유에서 위인으로 여겨진다. 우선 그는 자신에 대해 권위를 부여하는 신화, 즉 그가 신들(특히 아킬레우스Achileus와 제

우스)과 관계가 있다는 것을 믿었다. 둘째로 그는 전쟁 기술에 통달했으며 이는 사상 유례가 없는 것이었다(결국은 죽으면서도 결코 패하지 않았다). 셋째, 그는 문명 세계로 알려진 것을 그리스 문명 하에서 통일시키려는 웅대한 비전을 고수했다. 넷째, 그는 강력한 카리스마 의식을 발휘하여 자신의 군대를 온갖 고난을 무릅쓰고라도 땅끝까지 몰고 갈 수 있었다. 이러한 강점이 성숙한 형태로 결합했을 때, 자신의 부하들을 전쟁 일선에서 지휘하고 역경과 승리를 그들과 함께했던 역사적인 알렉산드로스 대왕이 탄생한 것이다.

마케도니아의 필리포스 2세Philip II와 올림피아스Olympias 사이에서 태어난 알렉산드로스 대왕은 당시 진정한 축복을 받으며 탄생하지는 못했다. 부왕은 위압적인 아버지였고, 사후 알렉산드로스에게 왕국을 물려주어야 하는지에 대해서도 확신하지 못하고 있었다. 알렉산드로스의 어린 시절, 그리스에서는 성마른 도시 국가들이 교양 면에서는 부족하나 군사적으로는 막강한 마케도니아인들의 지배를 받아들일 것인가가 정치적 쟁점이었다. 알렉산드로스가 정치의 본질을 이해하고 자신의 세계관을 체계화하기 위해 노력할 때, 그는 운 좋게도 아리스토텔레스Aristotle(기독교적 중세 시대에는 '철학자'로 알려지게 되었다)를 가정교사로 두고 있었다. 의심할 여지없이 알렉산드로스는 인간의 최고의 업적은 도시 국가의 문제에 직면하여 성공하는 것이며, 그와 수반해 정치가로서 의기양양한 모습을 보이는 것이라고 한 불후의 명저 『정치학』의 저자에게 배운 것이다.

알렉산드로스의 교육은 그가 호머Homer의 『일리아드』를 사랑하는 것으로 마무리된다. 그것은 그에게 있어 명실상부한 성서가 되었다. 『일리아드』에서 영감을 받은 알렉산드로스는 트로이의 전사 헥토르Hector를 살해하고 트로이의 멸망에 박차를 가한 위대한 그리스 전사 아킬레우스의 영웅주의를 모방하였다. 위대한 리더는 모두 인생에서 조언자나 영웅을 찾아 모방할 때가 있다. 알렉산드로스는 자신의 인격에 대한 자각을 잃지 않고 부왕과 아리스토텔레스, 호머에게서 배울 수 있을 정도로 현명했다.

알렉산드로스가 성년이 된 것은 그가 BC 338년 필리포스 왕의 군대의 왼쪽 날개를 이끌고 그리스 군대에 맞서 싸운 카이로네아 전투에서였다. 마케도니아 군대는 군기가 센 그리스 보병대의 장점을 목초지가 풍부한 마케도니아에서 강력한 기병대와 결합한 것이다. 마케도니아의 방진 역시 사리사스라고 하는 4미터에 이르는 강력한 창으로 무장하고 있었다. 카이로네아에서 마케도니아의 기병대를 성공적으로 지휘함으로써 전투에서 자신의 근성을 증명한 알렉산드로스는 그 뒤 국내 문제에 주의를 집중하게 된다.

부왕의 재혼은 왕권의 승계가 부왕의 사후에 어떤 식으로 전개될지에 대한 새로운 의문을 제기했다. 부왕이 BC 336년 암살 당했을 때, 많은 이들이 알렉산드로스의 개입 여부를 의심한 것도 어쩌면 당연한 일이었다. 역사학자들은 아직도 당시 암살에서 그의 정확한 역할에 대해서 분분한 의견을 내고 있다. 알렉산드로스가 개입되었다면, 분명 그는 자신의 신탁을 이루기 위한 필요 절차로 그 살인을 합리화시켰을 것이다. 게다가 왕위를 둘러싼 친부 살해는 그러한 왕조적 군주제에서는 슬픈 일이지만 흔히 있는 일이기도 했다.

왜 페르시아가 필리포스 왕과 그의 사후 알렉산드로스의 표적이 되었을까? 두 사람 모두 BC 15세기에 그리스에 대한 페르시아인들의 수차례에 걸친 공격을 잘 알고 있었다. 페르시아인들은 아테네와 스파르타의 주도하에 일시적으로 통일된 그리스에 의해 격퇴되기 전 아테네에 불을 지르기도 했던 것이다. 필리포스 왕은 어쩌면 페르시아를 공격하기 위한 동기로서 보복과 실리를 생각했을지도 모르지만, 알렉산드로스는 더 웅대한 비전을 가지고 있었다. 바로 나름대로의 문명을 가진 세계를 문명화된 그리스의 지배하에 통합시키자는 것이었다. 부왕과는 달리 알렉산드로스는 모든 전쟁을 종식시키기 위한 전쟁을 일으킴으로써 역사 자체를 정복하고, 제국들의 언제까지나 거듭하는 순환을 멈추려고 한 것이다.

알렉산드로스가 동서를 평등하게 통일시키고자 했다고 믿는 것이 지나치게 감상적이기는 하지만, 그가 당시 알려진 다른 세계에 대해 문명국 그리스의 패권을 일정한 형태로 달성하려고 했던 비전을 완전히 무시한다면 이 또한 지나친 냉소주의다. 이 환상적인 비전이 실현되기도 전에 알렉산드로스는 자국민과 그리스인들 사이에 제기된 그에 대한 의혹을 처리해야만 했다. 알렉산드로스는 그의 왕위 계승에 이은 여러 반란을 무자비하게 진압하면서 그러한 의혹을 뿌리뽑기 위해 무력을 사용했던 것이다. 그렇기에 테베의 이집트 식민지가 마케도니아의 통제를 받고 있던 그리스 연합을 떠났을 때, 6천여 명의 주민을 사형시키는 일에 대해서도 그는 양심의 가책을 느끼지 않았다.

알렉산드로스는 헬레스폰트 해협을 건너 아나톨리아(현재의 터키)로 입성함으로써 동방의 여러 적들과 10년 동안 계속된 교전을 시작했다. 그 유명한 고르디우스의 매듭('당장은 해법이 없는 난제'를 이르는 말. 매듭을 푸는 자는 누구든지 아시아를 얻을 것이라고 전해져 왔다 ─역주)이 제시한 수수께끼에 관한 알렉산드로스식의 해법은 그의 리더십 양상을 상징적으로 보여준다. 알렉산드로스는 물론 '상자 밖에서 생각하고' 자신의 검으로 매듭을 직접 잘라냈다.

알렉산드로스의 아시아(아시아를 야만인들barbarians의 땅이라고 부른 이유는 이들 아시아인들이 마치 '바바'처럼 들리는 뜻 모를 말을 하는 사람들이었기 때문이다) 진출은 매우 순조로웠지만 군사 행동을 하는 내내 승산이 반드시 유리했던 것은 아니다. 만일 신이 더 큰 몫을 가진 쪽의 편을 들어줬다면 어땠을까. 알렉산드로스가 아나톨리아로 갔을 당시, 겨우 4만 명 정도의 보병과 5천 명 정도의 기병만으로 구성된 불리한 상황이었던 것이다. 그러나 빅터 데이비스 핸슨Victor Davis Hanson과 다른 역사학자들에 따르면 페르시아인들에게도 중대한 약점이 있었다. 알렉산드로스의 군대가 자유 의지로 자원한 병사들로 구성된 군대였던 반면, 페르시아 군대는 용병대에 지나치게 의존한 군대였던 것이다. 실제로 그라니코스 강 전투에 돌입할 때, 알렉산드로스가 부닥친 가장 큰 문제는 페르시아제국의 용병에서 중추적 역할을 한 동포 그리스인들을 치는 것이었다.

그럼에도 불구하고 페르시아 군은 퇴각하지 않았다. 그들은 전에도 그리스를 거의 패퇴시킬 뻔했던 군대였던 것이다. 알렉산드로스가 등장할 때까지 페르시아 군이 대거 그리스 영토에서 전쟁을 계속해 온 터였다. 그러나 적의 방위 거점 바로 뒤를 추적하는 알렉산드로스의 대담함으로 그라니코스 강 전투에서 승리를 거두었다. 일단 중심이 적의 손에 떨어지자, 나머지 페르시아 군의 사기도 마찬가지로 땅에 떨어지고 말았다.

전투가 진행되는 과정에서 알렉산드로스가 보여 준 지휘 능력은 주시할 만한 것이었다. 아리안Arrian에서부터 키건에 이르기까지 많은 전기 작가들이 전쟁의 포연 속에서 끊임없이 군을 지휘한 알렉산드로스의 능력을 강조하는 것도 당연하다. 전투 중 수차례에 걸쳐 그의 말이 죽기도 하고 갑옷과 투구가 망가지기 일쑤였지만 알렉산드로스는 계속해서 싸웠던 것이다. 누가 뭐라 해도 그는 타고난 전사로서 자신의 오감을 전장에 몰입시켰으며, 두려움과 회의로 자신의 반응을 지체시키지 않고 본능적으로 전쟁에 반응했다. 오늘날의 중동 지역과 아프가니스탄, 인도까지 진격하면서 알렉산드로스는 자신의 인격의 보다 어두운 일면을 드러냈다. 그가 BC 329년 술판을 한바탕 크게 벌인 끝에 자신의 절친한 벗 클레이투스Cleitus를 죽인 것도 무리는 아니었다. 그는 자주적인 생각을 가지고 있는 자신의 부대(결국은 그들도 그리스인들이었다)와 고향으로 돌아갈 것인가 아니면 계속해서 동방 정벌을 강행할 것인가에 대한 심각한 투지 싸움에 휘말려 있었다.

알렉산드로스의 대담함은 그가 첫 승전고를 울린 후, 정복자는 페르시아 황제와의 절충적 강화 조약을 받아들여야 한다고 한 파르메니오Parmenio의 간언에 관한 일화에서도 나타난다. 파르메니오는 그러한 평화에 대해, "제가 알렉산드로스 대왕이라면 그 제안을 받아들이겠습니다"라고 말했다. 그에 대해 알렉산드로스는 "내가 파르메니오 당신이라면 나 역시 그렇게 하겠다"라고 대답했다. 알렉산드로스의 부정적 성격은 그의 탁월한 성격의 이면에 지나지 않았다. 혹자는 알렉산드로스의 거나한 유흥판과 방자함도 그가 그리스 신들의 예측 불가능한 특성을 모방하려고 오랫동안 연마해 온 바로 그 리더십 양식의 산물이었을지도 모른다고 의문을 던진다.

알렉산드로스는 되풀이되는 위기에도 불구하고 신하들의 충성심을 되찾을 수 있었다. 아리안은 알렉산드로스가 신하들을 설복시키기 위해 무력뿐 아니라 설득의 기술을 사용했다고 짐작하며 그와 관련한 알렉산드로스의 연설을 그대로 인용한다. 10년 동안 계속되는 원정에서 또 다시 부하들에게 박차를 가하기 위해 알렉산드로스는 순간 이렇게 말했다.

> "제군들의 지휘관으로서 내가 이 맥 빠지는 행군과 목숨을 건 원정에 생사고락을 함께하지 않았더라면, 어찌 제군들이 나보다 먼저 전의를 상실했다고 비난할 수 있을 것인가? 제군들이 단지 다른 이들이 보상을 받게 하려고 이 모든 고생을 감수한 것이라면 충분히 당연한 것이라 했을 것이다. 그러나 사실은 그렇지 않다. 제군들과 나는 고생도 함께하고 위험도 함께했으니, 그 보상 또한 우리 모두를 위한 것이다."

바로 여기에 알렉산드로스의 리더십 열쇠가 있는 것이다. 그는 부하들에게 위험을 무릅쓰라고 하면서 자신 역시 그 위험이 무엇이든 기꺼이 감당하고자 한 것이다. BC 323년 사망할 당시 그의 나이 겨우 서른둘이었다.

만일 그가 단지 군사적 정복자에 불과했다면, 그에 대한 우리의 기억은 어쩌면 다소 달라졌을 것이다. 그러나 당시의 어느 지휘관과는 달리 그가 자부심과 전리품, 쾌락을 위해 정복을 추구한 것은 아니었다. 그가 그리스인이 아닌 록산느Roxanne와 결혼한 것이며, 마케도니아인들에게 페르시아 여성과 결혼하라고 명령한 것, 새로이 정복한 영토에 훌륭한 도시를 창건한 것 등이 모두 그의 정복을 영원한 것으로 만들려 했던 한 인간을 증명해 준다. 타 문명권에 대한 그리스의 패권이 알렉산드로스와 그의 전기 작가들이 상상한 만큼 그렇게 문명화되고 좋은 것은 결코 아니었을지 모르지만, 당시에 가능했던 다른 대안들에 비해서는 월등한 것이었다. 알렉산드로스는 단지 과대망상에 사로잡힌 도살자가 아니었던 것이다. 그는 모든 문명권이 각자의 다양성을 보존하면서도 궁극적으로 공통의 세계주의적 문명 아래 통일될 수도 있다는 생각을 심고 추진한 사람이었다. 그것이야말로 오늘날 우리가 노력하고 있는 것 아닌가? 리더로서의 알렉산드로스에 대해 우리가 생각할 수 있는 최악의 단점은, 세계를 정복하기 위해 분투하는 과정에서 그가 자기 자신과 자신의 초인적인 욕망을 함께 정복해야 함을 망각했다는 사실이다.

: 칭기즈 칸 Genghis Khan(1162~1227)

칭기즈 칸('세계의 지배자')은 역사상 최대의 영토를 지배한 제국의 초석을 놓았다. 그는 과거 외진 땅에 산재해 있던 몽골족을 통일시키고, 그들을 유라시아 대부분의 지역을 정복하는 획기적인 원정으로 이끌었다. 그의 정복은 서로는 흑해 지역에서부터 극동으로는 중국까지 확장되었다. 그의 치세하에서 몽골족은 정교한 법전과 몽골어 문자를 만들어 냈다. 그는 또한 자신의 치세 이전보다 더 쉽게 유라시아 횡단 무역을 이루었다. 그러한 실례는 칭기즈 칸을 단지 피에 굶주린 정복자로 치부하는 고정관념이 단단한 오해임을 보여 준다.

최대의 영토를 지배한 정복자

아라비아의 역사학자 이븐 할둔Ibn Khaldun은 근대 이전의 역사는 대체로 유목민과 도시 거주민들의 역사라고 주장했다. 도시는 유목민 전사들이 원하는 사치품과 상품을 보유하고 있었다. 위대한 유목민 리더는 세력을 키워 주변의 풍요로운 문명국가를 표적으로 하여 분열된 부족을 주기적으로 조직화한다. 만일 그러한 유목민들이 큰 성공을 거둔다면, 그들은 심지어 그 문명을 정복할 수도 있다. 할둔은 계속해서 어떻게 그 문명이 결국 그 무모한 유목민들을 흡수하여 온유한 정착민의 생활양식에 적응시키는지를 기술한다. 정복자는 서서히 정복을 당하게 된다. 그러면 또 다시 순환이 되풀이되고 새로운 호전적 유목민이 출현하여 과거의 유목민들이 세워 놓은 바로 그 문명에 도전하는 것이다.

칭기즈 칸은 궁극적으로 유목민의 리더였다. 그는 평생 동안 역사상 최대의 영토를 지배한 제국의 초석을 놓았다. 그 제국은 전성기에 러시아와 중동의 여러 지역, 인도, 아프가니스탄, 중국을 통합했다. 칭기즈 칸의 일생은 유목민의 리더십이 주변의 더욱 문명화된 세계와 접촉하게 될 때의 강점과 약점을 모두 예증해 준다. 칭기즈 칸의 위대한 업적에 비해 그는 (자신의 사후에도 지속될 만한) 자신이 정복한 영토를 지속적인 통일 국가로 묶을 수 있는 새로운 종교나 통일된 이상을 결코 이룩하지 못했다. 칭기즈 칸은 그와 비슷한 유목민적 성격을 지닌 마호메트보다 더 훌륭한 지도자였던 반면, 마호메트는 칭기즈 칸보다 더 장기적인 비전을 갖고 있었다.

칭기즈 칸의 본명은 테무진Temuchin이다. 우리가 그의 일생과 그가 살았던 시대에 대해 그나마 알고 있는 얼마 되지 않는 지식은 그 출처조차 몇 안 된다. 『몽골 비사』는 당시 몽골족의 생활상에 대해 우리가 알고 있는 지식의 몇 안 되는 출처 중 하나다. 테무진은 손에 핏덩어리를 쥔 채 태어났다고 전해진다. 이것은 그의 미래에 대한 길조로 여겨졌다. 우리의 관점에서 보면 그가 손에 쥐고 있던 핏덩어리가 장차 그의 생애에 대해 적절히 묘사해 주고 있는 것이다. 테무진은 왕족으로 태어나는 특권을 누렸다. 그러나 그가 겨우 아홉 살 때 그의 아버지 예수게이Yesugei가 타르타르족(그의 씨족과 서로 반목하고 있던 부족이다)에 의해 독살되었다. 아버지가 죽은 후, 테무진의 씨족은 그와 그의 어머니가 더 이상 씨족의 다른 주요 인사들과 연고도 없는데다 그들의 야심에 위협을 주지도 않는다는 이유로 그들을 저버린다. 테무진은 어머니와 함께 기본적인 생계마저도 여기저기 찾아다니며 유지해야 할 정도로 모진 고생을 해야 했다.

테무진의 운명이 너무도 비천해진 나머지 그는 인근 씨족에게 생포되어 목에 칼을 쓰는 신세가 되고 만다. 그는 노예로 전락할 운명인 것처럼 보였다. 그러나 테무진은 자신의 인생의 최악의 난관에도 불굴의 의지와 용기를 발휘하여 용의주도하게 감시원을 공격할 기회를 노렸다. 도주를 한 후 그는 다시 붙잡힐 뻔했으나 그를 쫓던 사람이 카리스마 넘치는 테무진의 눈빛과 풍채에 감복한 나머지 그를 도와주었다고 전해진다. 테무진은 이어 자신의 아버지가 그를 위해 정해둔 여인과 결혼하였다. 그러나 인근 부족이 테무진의 아버지가 자기네 부족에서 부녀자를 몰래 납치하여 아내로 삼았던 것에 대한 보복으로 테무진의 신부를 데리고 종적을 감춰 버렸다. 이제 테무진은 자신의 왕족 혈통과 연고에 의지하여 강력한 부족장 토그릴Toghril과 동맹을 모색하는 수밖에 달리 방법이 없었다. 테무진은 대규모 군사를 이끌고 첫 원정을 함께함으로써 자신의 아내를 납치해 간 부족과 대적하게 되었다. 그 원정은 성공했고 테무진은 성공한 전사로서 어느 정도 명성을 얻어 자신을 따르는 추종자들을 독자적으로 끌어 모을 수 있었다.

테무진은 몽골 리더십의 전형적 이상을 완수하는 자신의 능력에 힘입어 추종자들을 끌어 모았다. 그의 노련함은 기대에 어긋나지 않았다. 그는 전시에는 용맹스러웠고 사려 또한 깊었다. 그는 추종자들을 위해 많은 전리품을 가져왔지만, 자신의 개인적인 물욕에 관해서는 절제를 했다. 그는 지지자들에게서 조언을 받아들였으나 결코 그들이 그의 최종적 결단을 좌지우지하지는 못하게 했다.

그는 적에 대해서는 무자비했지만 결코 독단적이거나 가학적이지는 않았다. 몽골의 계급 사회에서 권좌에 오르자, 그는 과거 그를 학대했던 라이벌 씨족의 귀족 중 남성들을 이따금씩 몰살시키곤 했다. 그런 다음 그는 남아 있는 남녀와 아이들을 자신의 씨족으로 편입시킴으로써 분열되어 있던 모든 씨족과 부족의 토대 위에 몽골의 민족의식을 확립하고자 했다. 당시 몽골의 문화에서는 남자 전사들이 더 강력한 리더로 보이는 사람에게 복종하는 것이 관례였다. 그러므로 테무진은 군 지휘자로서의 그의 탁월한 능력만으로 많은 추종자들을 끌어 모았던 것이다.

1206년, 마침내 그는 몽골에서 '세계의 지배자'로 인정받게 된다. 새롭게 통합된 몽골족을 등에 업고 영토 확장 쪽으로 관심을 돌릴 여유가 생긴 것이다. 무엇보다도 칭기즈 칸은 천재적인 군 지휘자였다. 그는 군을 조직하는 면에 있어서 예리한 지성을 보여 주었다. 칭기즈 칸에게 있어 주요한 군 조직은 약 1만 명의 병사로 구성된 사단이었는데, 이는 나폴레옹 시대까지는 서방에서 사용된 적이 없는 방식이었다.

그의 군대는 대부분 기마병으로 구성되어 하루에도 약 80km를 행군할 수 있었다(각각의 기마병은 3~6마리의 말을 자기 마음대로 부릴 수 있었다). 몽골의 기마병은 기예가 너무도 뛰어나 (어린 아이들이) 걷기도 전에 말을 탈 수 있다는 말이 있을 정도였다. 그들은 또한 뛰어난 사수이기도 했으며, 그들의 복식 활은 3km 이상까지 화살을 발사할 수 있었다. 칭기즈 칸은 포위와 위장 퇴각의 기술을 완벽하게 쓸 줄 아는 전문가이기도 했다. 적을 겨누어 장전을 하고는 이내 퇴각을 하는 방식으로 그는 적군이 과신을 한 나머지 덫에 빠지게 만들었던 것이다. '도망치던' 몽골 기마병들이 예정된 우회를 하여 취약해진 적군을 포위하는 것이었다.

몽골의 군 작전이 성공을 거둔 최종적인 비결은 세계 어떤 군대도 버텨내지 못할 역경을 견뎌낸 몽골 군대의 능력이었다. 몽골의 기마병들은 생계를 위해서 자신들이 타던 말의 핏줄을 조심스럽게 두드려 그 피를 마시며 연명하기도 했다. 또한 강인한 몽골의 조랑말은 충분히 지급되는 보급품의 풀이 필요 없을 정도로, 척박한 풀만으로도 생명을 유지했다.

영토를 확장하면서 칭기즈 칸은 임기응변의 방법을 터득했다. 벌판에서 그는 적군을 쉽게 이길 수 있었던 반면, 포위 공격하는 교전에서는 난관에 부닥쳤다. 몽골족은 이렇다 할 도시가 없었던 것이다. 그는 재빨리 문명이 더 발달한 적들에게서 포위 공격의 기술을 습득했다.

융통성을 갖고 새로 습득한 지식으로 그는 중요한 목표에 돌입할 준비를 했다. 그것은 중국을 공격하는 것이었다. 칭기즈 칸은 실전 경험을 충분히 쌓은 병법을 이용하여 1215년 베이징을 함락시켰다. 그러나 그는 점령지를 다루는 방법에 대해 무지했다. 애초에 그는 비옥한 중국의 경작지를 몽골의 말을 위한 목초지로 전환할 계획이었다. 그러나 한 중국인이 그에게 중국의 농부들이 계속 농사를 지을 수 있게 허락해 준다면 보다 장기적인 부가 보장될 수 있을 것이라는 제안을 했다.

중국이 굴복한 반면 호라즘Khwarezm 왕(페르시아와 중앙아시아에 근거지를 두고 있던 제국의 왕—역주)은 몽골의 보호하에 있는 백성들을 죽임으로써 칭기즈 칸을 자극하는 과오를 범했다. 칭기즈 칸은 보복을 할 때면 너무도 무자비한 사람이었기에 호라즘 왕의 군대를 거의 전멸시켰다. 죽음이 가까워졌을 무렵, 칭기즈 칸은 중국에서 서부 러시아까지 뻗어 있는 강력한 제국의 주인이 되어 있었다. 영토 확장을 위한 정복에 나서는 동안 내내 그는 자신들보다 문명이 더욱 발달한 민족을 정복했을 뿐 아니라, 그들에게서 배우는 일에 열심이었던 융통성 있는 리더십의 모델이었다. 그는 특히 읽고 쓸 줄 아는 지적 기술과 문화적 변용과 적응, 통치 방식을 배우는 데 열중했다. 그는 또한 권한을 현명하게 위임할 줄 아는 지배자였다. 그는 장자가 아님에도 불구하고 가장 완벽한 아들인 오고다이Ogodai가 왕위를 계승할 수 있도록 왕위 계승 문제를 확실히 해 두었다.

몽골의 정복은 왜 더 오래 지속되지 못했을까? 이 점에서 우리는 몽골의 문화적 상황 안에서 리더십의 한계를 생각해 볼 수 있다. 몽골인들의 인구는 수적인 면에서 매우 불리한 입장이었다(칭기즈 칸 시대에도 그 수가 2~3백만 명에 불과했다). 그들은 또한 문명이 더 발달하고 인구도 많은 나라를 정복한 후 그들을 장악하는 데 어려움을 겪었다. 마지막으로 뛰어난 지략에도 불구하고 군인으로서의 용맹보다 더 오래 지속될 수 있는 일관된 비전이나 이상을 제공함으로써 자신의 군사적 성공을 제도화시킬 줄 몰랐다는 칭기즈 칸의 약점이 몽골의 지속을 가로막는 데 큰 장애물이 되었다.

: 나폴레옹 보나파르트

Napoleon Bonaparte(1769~1821)

나폴레옹 보나파르트는 1804년부터 1814년까지 황제로서 프랑스를 통치했다. 그는 유럽의 거의 모든 나라를 정복했다. 그러나 비참한 결과로 끝나버린 러시아 침략과 영국 해군에 의해 그의 야망은 좌절되고 말았다. 나폴레옹이 개혁한 프랑스의 법과 교육, 종교와 정치의 관계는 오늘날까지도 여전히 이어지고 있다.

불가능을 가능하게 만든 리더십

나폴레옹 보나파르트는 프랑스 대혁명이 낳은 인물이다. 그는 성인이 되면서 자신의 목적을 위해 프랑스 대혁명을 변형시켰다. 그는 근대의 변혁적 리더로서 우뚝 서 있다. 그는 계몽주의와 프랑스 대혁명이 만들어 놓은 평등주의적인 정치 환경에서 실력을 바탕으로 권력의 정점까지 올라간 점에서 최초의 근대적 리더 중 한 사람이다. 그의 생애는 민주주의 시대의 역설을 예증해 준다. 즉, 매우 재능 있고 야심찬 개인이 때로는 '밑'에서 올라와 그 개인을 배

출한 민주주의 체제를 위협하기
도 한다는 것이다. 그러한 상
황에서 부상하는 리더는 그
들이 정확히 자기들 편에 있
다고 믿기에 그런 사람들이
사회에 미치는 영향은 그만
큼 커진다. 그러한 상황에서
는 적과의 타협이 국민의 이상이
나 혁명 자체의 배신으로 인식된다.
이를테면, 1차 세계대전은 국민의 전쟁이 되었기 때문에 전쟁을
시작한 리더가 그것을 끝낼 수 없음을 알게 되었고, 그 사실로 인
해 그 전쟁이 결코 작은 규모가 아니라는 소름끼치는 공포가 되었
다.

　나폴레옹은 프랑스인이라기보다는 오히려 이탈리아인에 가까
웠다. 이탈리아어식으로 어미를 변화시키는 그의 프랑스어는 생
애 마지막까지도 두드러지는 특징이었다. 그는 코르시카에서 태
어났는데, 그곳은 유럽 권력의 중심에서는 거리가 먼 곳이었다. 그
의 아버지는 하급 귀족으로서 변호사로 일했다. 그는 프랑스의 브
리엔 군사학교의 장학생이었다. 노쇠한 구제도는 포병대와 같은
기술적 군사 분야에 관해서 실력 위주 제도를 제한적으로 허용해
야 했다. 결국 포병대를 효과적인 무기로 만들기 위해서는 과학과
수학을 아는 사람이 있어야 했던 것이다. 나폴레옹은 배우는 속도

가 빨랐다. 그는 열여섯의 나이에 공부를 마칠 수 있었고, 프랑스의 많은 젊은이들처럼 프랑스 대혁명을 이상주의를 실행하고 출세할 수 있는 절호의 기회로 보았다.

나폴레옹은 프랑스의 혁명 정부가 점점 구 장교단을 불신하고 그들의 충성심을 의심하고 있다는 사실을 빈틈없이 이용했다. 많은 귀족주의적 장교들이 구 군주제하에서 위임을 받고, 구 체제에서 이해관계를 갖고 있던 이들이었다. 그의 친 혁명적 견해와 그리 대단치 않은 사회적 배경으로 그는 1793년 툴롱 시를 회복할 기회가 주어졌을 때 믿을 만한 대안으로 떠올랐다. 그 도시는 이미 왕정파와 영국군에게 넘어간 상태였다. 그의 포병 기술 덕에 프랑스군은 툴롱 시를 회복할 수 있었고, 그는 스물네 살의 나이에 정식으로 포상 승진하여 준장이 되었다.

이 프랑스 대혁명 시기에 나폴레옹은 자신의 외교적 기술뿐 아니라 중요한 정치적 기술을 개발할 기회를 가졌다. 대혁명이 급진적인 로베스피에르Robespierre에 의한 정권 탈취와 함께 빛이 바래기 시작하면서, 나폴레옹은 정치적으로 신뢰를 잃는 것을 현명하게 피해야 했다. 그는 1795년 온건적 정부가 정권을 잡을 때까지 적당히 때를 기다렸다. 그때 그는 유명한 '대포 강경 진압'으로 새로운 정부에 대한 좌익 공격을 패주시켰고, 그로써 프랑스 대혁명에 대해 더욱 온건한 해결을 확보하는 데 일조했다.

많은 비평가들은 위대한 리더에 대해 언급할 때 배우자를 보고 그의 성격에 대한 많은 것을 알 수 있다고 말한다. 나폴레옹이 지적이고 성숙한 명문가의 딸 조세핀Josephine de Beuharnais과 결혼했다는 사실은 그의 성격을 어느 정도 보여 준다. 그는 분명 변변치 않은 여인을 아내로 맞이할 필요도 없었을 뿐더러 원치도 않았을 것이다(히틀러가 에바 브라운Eva Braun에게서 얻고자 했던 것과 같은 것이었으리라).

이탈리아에서 나폴레옹은 놀라운 성장을 이루었다. 그의 적인 이탈리아와 오스트리아는 나폴레옹의 지략과 전문성, 비약적 성장에 당혹스러워했다. 알렉산드로스처럼 그 역시 개인적인 위험이 컸음에도 불구하고 기꺼이 전쟁의 일선에 임하고자 했고, 그런 점에서 자신의 카리스마 넘치는 자산을 끌어낸 것이다. 그는 리더십의 이러한 요소에 대하여 빈틈이 없었다. 그에게 있어 "체력이 1이면 도덕은 3이다." 더 나아가, "전쟁에서는 4분의 3이 개인적 성격과 인간관계에 의해 좌우된다. 즉 인적자원과 물질적인 것은 나머지 4분의 1만을 차지하는 것이다." 나폴레옹은 이탈리아에서 불평을 늘어놓는 허기진 군대를 마치 기계처럼 군기가 세고 매우 성공적인 군대로 바꿔 놓았다. 그는 심지어 집정부의 허가도 받지 않고 이탈리아 북부 알프스 이남 지역에 시잘파인 공화국을 세우는 정치적 모험을 감행하기도 했다.

1798년, 나폴레옹은 이집트 원정 길에 군사들을 이끌고 감으로써 날로 성장하고 있는 그의 명성을 드높일 기회를 포착했다. 아부키르 만 해전에서 넬슨Nelson 제독이 육지에서의 나폴레옹 군의 승리가 바다에서는 효과를 발휘하지 못할 것이라고 장담했음에도 불구하고, 나폴레옹은 충분한 업적을 세움으로써 귀국하기 전 당당하게 승리를 선언할 수 있었다. 과학자를 동행함으로써 나폴레옹은 스스로 단순한 군사적 모험가를 뛰어넘는 사람임을 보여 주었다. 나폴레옹의 원정은 단순한 군사적 정벌보다도 더 오랜 시간 동안 보상을 받았다. 그가 이집트 연구에 간접적으로 기여한 바는 실로 엄청나다. 그의 원정으로 몇 년 뒤 샹폴리옹Champollion이 로제타석에 새겨져 있는 고대 이집트 성각 상형 문자의 비밀을 밝혀낼 수 있었다.

1799년, 집정부에 대한 불만은 날로 커져만 갔다. 그리하여 다른 두 명의 쿠데타 공모자들이 나폴레옹을 집정부 체제를 종식시키는 도구로 이용하려는 계획을 세웠다. 그러나 그 두 명의 쿠데타 공모자들은 나폴레옹의 도구가 될 운명이었다. 아비 시예Abee Sieyes의 표현을 빌자면, "이 양반아, 당신 임자 만난 줄 알아! 이 사람은 모르는 것이 없고, 전부를 원하고, 또 모든 것을 다 할 수 있으니 말이야." 브뤼메르 쿠데타의 결과로 수석 집정관이 됨으로써 나폴레옹은 그에게 도도한 운명처럼 여겨지던 것들을 완수할 수 있었다. 사실 나폴레옹은 사고의 틀도 크고 장기적인 목표를 세움에 있어서도 동시대 그 누구보다도 월등하게 세부적인 부분까지 계획할 수 있었다. 이런 점에서 당시 대혁명을 이끈 다른 리더들에 비해 그는 군계일학의 존재였다.

이제 나폴레옹에게 남은 위험은 너무 빨랐던 성공뿐이었다. 1802년 종신직으로 집정관이 된 다음 1804년 스스로 황제가 되었다는 사실이 단기적으로 보면 나폴레옹에게 좋은 일이었을지 모른다. 그러나 그것으로 그는 장기적으로는 상처를 입게 되었다. 스스로를 대혁명과 혁명의 민주주의 정신보다도 높은 지위에 올려놓음으로써, 나폴레옹은 지금껏 정치적 1인자의 자리에 오를 수 있게 그를 추동시킨 바로 그 자유의 힘을 억누르는 위험을 무릅쓴 것이다. 베토벤과 같이 나폴레옹을 열정적으로 찬양하던 외국인들도 이제는 그에 대해 다시 한 번 생각하기에 이르렀다. 나폴레옹의 유럽 정복은 외국인들이 그를 반봉건적이고 혁명적인 가치로 보지 않았다면 도저히 참을 수 없는 것이 되었다. 일단 외국인들이 그를 또 다른 프랑스 제국주의자(그의 스페인 모험에서처럼)로 여기도록 놔둔다면, 그에게 압도적으로 불리해지는 절망적인 상황이 되는 것이었다.

그러나 나폴레옹의 말처럼, "리더란 희망을 품고 거래한다." 해외에서의 적국에 대한 군사적 승리와 국내에서의 훌륭한 개혁이 가능한 한 나폴레옹의 1인 독주 체제의 프랑스는 계속될 수 있을 것이다. 그러나 만일 이 독재자가 비틀거리기라도 한다면 달리 누가 그를 계속 움직이게 할 것인가? 나폴레옹은 월권을 일삼았고 그 희생은 너무도 컸다. 공화국은 제국이 되었다. 제국은 그 국민이 애초에 황제의 존재 이유를 의심하지 않는 한, 국민에게 빈번히 지원을 요청해도 상관없었다. 전략적으로 프랑스의 전통적인 최대 경쟁국인 영국이 동의하지 않는다면, 나폴레옹은 결코 자기가 바라는 지속적인 평화를 이룰 수 없었다. 게다가 영국은 유럽 대륙에 대한 프랑스의 패권을 허용하는 어떠한 조건에도 동의하려 하지 않았다. 일찍이 1804년에 벌어진 트라팔가 해전의 참패로, 1815년까지 계속된 나폴레옹의 나머지 유럽 대륙 정벌은 다소 논외의 대상이 되었다. 그는 오스트리아와 프로이센, 스페인과 러시아와의 대대적인 전쟁에서 이기고자 했으나, 실제로는 아무런 소용도 없었다.

전장에서 그는 전술상·작전상 최고의 통찰력을 발휘했다. 웰링턴Wellington 장군조차도 리더로서의 나폴레옹은 전장에서 가히 4만 명의 병사들과 맞먹는다고 인정할 정도였다. 나폴레옹은 구 체제와 프랑스 대혁명으로 일어난 군사 문제에 대한 초기의 혁명을 현명하게 이용했다. 사단과 집결된 포병대 공격, 성과 중심의 승진 제도, 병사들에게 동기를 유발시키기 위해 민족주의를 이용하는 것 등은 모두 과거에도 사용한 방법이었다. 나폴레옹의 군사적 천재성은 최선의 군사적 판단을 종합해 최고의 군대를 만들어 낸 것이었다. 나폴레옹식 전투는 전형적으로 적군을 교란시키는 전초병들에서 시작된다. 그런 뒤 보병의 공격을 적의 약점에 집중시킨다. 마지막으로 기병대가 전장을 휩쓸면서 최후의 일격을 가하고, 패주하는 적군을 뒤쫓는다.

이러한 전술은 그에게 많은 불후의 승리를 안겨 주었다. 아우스터리츠, 예나, 프리들란트, 와그람, 보로디노에서의 전투 등이 이후 여러 군사 학교에서 연구의 대상이 된 것은 어쩌면 당연한 일일 것이다. 나폴레옹으로서는 불행한 일이었지만 전장에서의 성공이 반드시 지속적이고 제도화된 성공으로 이어지는 것은 아니었다. 러시아가 유럽이나 대륙 체제에 대한 나폴레옹의 계획(영국의 대륙과의 통상 관계를 단절시키려는 계획이다)을 따르지 않자, 그는 또 다시 자기 마음대로 잔인한 군사력에 의지함으로써 더욱 교활한 선택을 찾게 된다. 유럽 전역에 걸쳐 자기 가문의 사람을 요직에 앉히는 족벌주의를 따름으로써, 나폴레옹은 점령지에 대한 해방주의자로서의 논리를 잃게 되었다. 그가 1810년 단지 왕위 계승을 목적으로 합스부르크 왕조의 공주와 결혼한 것도 실질적으로 프랑스 대혁명의 반군주제 정신을 구현한다는 주장을 무색하게 만들었다.

1812년 러시아에서 비참하게 후퇴한 것은 나폴레옹의 운명을 결정지었지만, 그의 유산은 다음과 같은 이유로 앞으로도 계속 남을 것이다. 첫째, 나폴레옹은 리더십이 거창한 목적을 위해 근대적 기술로 자유로워진 (혼돈 상태이긴 해도) 강력한 군사력을 얼마나 쉽게 이용할 수 있는지를 보여 주었다. 둘째, 나폴레옹은 어떻게 한 인간이 순전히 재능과 카리스마만을 통해서 불가능을 가능하게 바꿀 수 있는 '강력한 리더'가 될 수 있는지를 보여 주었다. 셋째, 나폴레옹은 프랑스 대혁명의 긍정적인 효과를 프랑스 사회의 구조 속으로 조직화시킬 수 있는 능력을 증명해 보였다. 레지옹 도뇌르 훈장의 창안, 중앙은행, (법 앞에 평등함을 보장하는) 나폴레옹 법전, 프랑스에서의 가톨릭교회와의 정교 협약, 근대적 교육 제도 등은 프랑스에 사회적·법적 기틀을 마련해 주었으며, 프랑스가 오늘날까지도 유지하고 있는 제도들이다.

나폴레옹 이력의 아이러니는 외교 문제에서 위업을 달성하는 꿈을 꾼 그가 남긴 가장 위대한 유산은 바로 프랑스 사회에 미친 뿌리 깊은 영향이라는 것이다. 가장 중요한 것은 그의 리더십이 유럽이 프랑스 대혁명의 효과와 그 유산을 마침내 무시할 수 없게 만들었다는 것이다. 이러한 의미에서 나폴레옹은 유럽과 세계를 우리가 현재 살고 있는 현대로 나아가게 하는 원동력이었다.

04

: *Intellectual Leadership* :

사상의 리더십

: 니콜로 마키아벨리

Niccolo Machiavelli(1469~1527)

니콜로 마키아벨리는 정치적 이론가로서 역사에 큰 궤적을 남겼다. 그의 저서 중 가장 유명한 것으로는 『군주론』을 들 수 있다. 이 역작은 감히 정치를 단호하게 비이상주의적 이고 비기독교적인 관점에서 검토하려 함으로써 유럽을 모욕했다는 평을 받았다. 그는 정치의 생명을 위선적 이상주의가 아닌 현실 그대로 연구하려고 애썼던 것이다. 그러나 그의 평생의 야심은 이탈리아에서 침략주의적 외세를 제거하는 것이었다. 1499년부터 1508년까지 피렌체의 외교관이자 공무원으로 봉직하는 동안, 그는 이 야심을 실현시키 지 못했다.

이상주의적 현실주의자

니콜로 마키아벨리는 자신이 직접 위대한 리더가 된 것이 아닌, 그 논제에 관한 가장 심도 있는 고찰을 저술함으로써 위대한 리더십 의 역사에 영향을 미쳤다. 그러나 그는 공인의 삶에 경험이 전혀 없는 사람이 아니었다. 그는 이탈리아 르네상스의 절정기에 피렌 체의 한 시민으로서 성년을 맞았다. 그는 초년기부터 훌륭한 인문주의 교육을 받았고, 정치에 지대한 관심을 가졌다. 아버지의 법조 경력 또한 마키아벨리에게 공인으로서의 삶에 적극적으로 참여하게 하는 하나의 모델이 되었다. 마키아벨리는 피렌체의 외교관으로서 공무를 수행하는 과정에서 권력을 가진 사람(프랑스 왕에서부터 교황에 이르기까지)을 연구할 수 있었다. 그러면서 자신이 태어난 도시 국가의 이익을 지키기 위해 노력했던 것이다. 그와 피렌체를 대표하는 다른 이들은 15세기 이탈리아의 지정학적인 상황에서 조국을 위한 자신들의 노력이 좌절되는 경험을 했다. 피렌체는 이탈리아의 베네치아, 밀라노, 나폴리에 둘러싸여 스페인과 프랑스의 내정 간섭에 대해 걱정해야만 했다.

마키아벨리가 외교관으로서 대체로 훌륭하게 처신했다는 것이 이제까지의 그에 대한 평가다. 그러나 결국 실패로 끝난 피렌체를 지키기 위한 시민군 소집에서 알 수 있듯이 모두 성공한 것은 아니었다. 1512년 피렌체가 또 다시 메디치Medeci가의 지배하에 들어가면서, 마키아벨리의 정치 이력은 갑자기 끝나 버린다. 메디치가는 마키아벨리가 모반을 획책하고 있다는 의심을 했다. 그는 교황이 개입할 때까지 고문과 투옥을 겪어야만 했다.

석방 후, 마키아벨리는 남은 생을 (피렌체의 외교관으로서의) 자신의 경험을 바탕으로 한 리더십 연구와 로마의 고전 연구에 매진한다. 마키아벨리는 그의 세계관 전반을 이해하기 위해 반드시 탐독해야 할 수많은 역작을 남겼다. 『담론』, 『전쟁의 기술』, 『군주론』 등의 저작 중에서도 가장 유명한 것은 단연 『군주론』이다. 『군주론』에 관해서는 오랜 기간 단 두 가지 견해만이 지배적이었는데, 러셀Bertrand Russell의 말대로 '부랑자들에게나 어울리는 교본' 정도로만 여겨졌거나, 독자에게 힘과 성공을 가져다 주는 간단한 입문서로 여겨진 것이다(나폴레옹은 『군주론』이 '유일하게 읽을 만한 책'이라고 빈정댄 적이 있다). 마키아벨리가 그의 저서에서 추구하려고 애쓴 것은 전통적으로는 서로 분리되어 있는 두 가지 양상의 리더십, 즉 도덕적 이상주의와 현실 정치를 결합시키는 것이었다. 마키아벨리는 위대한 리더가 되기 위해서는 우선 인간의 본성을 예의 주시해야 한다는 의견을 내놓았다. 그는 자칭 군주라는 사람들에게 "우리가 어떻게 사느냐는 우리가 어떻게 살아야 할 것인가와 너무도 다른 것이기에, 현재 무엇을 이루어 놓았느냐보다는 무엇을 해야 할 것인가를 연구하는 사람은 자신을 지키기 위한 길보다는 자신의 몰락에 이르는 길을 알게 될 것이다"라고 경고하고 있다. 정치에서 이상주의는 사리사욕에 대한 본심을 드러내기 전까지만 사람들을 현혹시킨다. 그 결과 군주가 사람들에게 사랑 받으면서 동시에 두려움의 대상이 되는 두 가지를 모두 실현시킬 수 없다면, 사랑 받기보다는 두려움의 대상이 되는 것이 더 낫다는 것이다.

전쟁 억제는 침략국이 전쟁을 도발하지 못하게 하고 또한 국내에서는 리더의 권력에 대한 위협을 저지시킨다는 목적을 갖고 있다. 이것이 거칠어 보이기는 하지만 마키아벨리는 독자에게 그 대안, 즉 단기적으로 무력의 사용을 세심하게 조율하는 것보다는 끝내는 국가에 더 많은 해악을 초래할 내전, 침략, 일반적인 정치적 혼란 등을 고려하게 한다.

위대한 리더는 인간의 본성을 있는 그대로로 보고, 자신의 행동에 책임을 지며, 때로는 더 큰 이익을 달성하기 위해 힘든 결정을 내리는 힘을 갖고 있는 사람이다. 리더는 상황에 따라서 그 앞에 놓인 현실의 '시끄럽고 엄청난 혼란'으로부터 감정적으로 거리를 둘 수 있어야 할 것이다. 또한 국내외의 반대파들이 리더가 혼란스러워하고 성급해하는 것을 이용하지 못하도록 냉정하고 이성적으로, 또 실용적으로 행동할 수 있어야 한다. 마키아벨리는 다른 저서에서 리더의 행동이 단지 자신의 개인적 이익을 추구할 때보다 국가의 보다 큰 이익을 추구할 경우에만 위대하다는 평가를 받게 될 것이라고 기술하고 있다.

마키아벨리는 권력을 휘두르는 하찮은 깡패 집단의 이익을 위해 책을 쓴 것이 아니었다. 그 대신 『군주론』은 이탈리아를 하나의 자주 독립체로 통일시킴으로써, 당시 이탈리아를 지배하고 있던 외국의 야만인들로부터 이탈리아를 해방시킨 위대한 한 개인에게 헌정되었다. 마키아벨리는 아이러니하게도 실제 르네상스 이탈리아의 분열된 국가 형태가 고대 로마제국의 형태로 재건될 수 있을 것이라고 믿는 이상주의자의 면모를 가지고 있었다.

대망을 품고 있는 리더에게 있어 『군주론』이 주는 가장 큰 교훈은 완벽한 사람들이 선한 사람들의 적이 되게 해서는 안 된다는 것이다. 위대한 리더는 비록 살면서 빚어지는 수많은 마찰이 자신의 비전을 성취 불가능한 과제로 만들지라도, 그 비전을 끝까지 관철해야만 하는 것이다. 그렇기에 리더에게 있어 더욱 중요한 것은 끊임없이 변화하는 운명과 싸우기 위해 자신의 가치관을 함양하는 것이다. 마키아벨리의 이 저서에서는 리더에게 금욕적인 이상주의자의 면모를 요구한다. 왜냐하면 리더는 권력을 얻고 또한 유지하는 데 있어 심한 다툼은 필연적이라는 것을 누구보다 잘 알고 있기 때문이며, 또한 그토록 고생해서 획득한 권력으로 다른 더 큰이익을 달성할 수 있다고 믿는 이상주의자이기도 해야 하기 때문이다.

: 카를 마르크스 Karl Marx(1818~1883)

카를 마르크스는 20세기 세계 공산주의 운동을 고무시켰다. 독일에서 태어난 그는 인격 형성기에 철학자 헤겔의 영향을 받았다. 그러나 헤겔과는 달리 마르크스는 역사를 추진 시키는 힘이 정신이나 사상이라기보다는 오히려 경제라고 주장했다. 실로 마르크스에게 있어 역사는 계급 간 투쟁, 그 자체였다. 마르크스는 『공산당 선언』과 그 외 다른 저서에 서 자본주의가 노동 계급에 의해 파멸될 운명이라고 예언했다. 그는 20세기 러시아와 중국의 공산 혁명에 직접적인 영감을 주었다.

변증법적 유물론의 창시자

카를 마르크스는 최초로 역사의 흐름을 바꾸게 될 완전한 일관성 을 가진 유물론적 역사 철학을 전개할 수 있었다는 점에서 리더로 서의 의의를 가진다. 그의 철학은 어떤 이들에게는 너무도 매력적 인 것이어서, 그의 사후 1세기 동안 수백만의 사람들이 그 철학의 이름으로 기꺼이 죽음을 각오하기에 이르렀다. 또한 많은 리더가 그 철학의 이름하에 수백만의 동포를 거리낌 없이 죽이려고도 했다. 오늘날 마르크스주의는 변화된 형태로 계속 남아 있다. 즉, 사회적 분석의 한 형태로서 자본주의에게 스스로를 개혁하라고 끊임없이 경고함으로써, 그리고 인간의 조건을 조명해 주고 변화시켜 줄 수 있는 다른 훌륭한 사회 이론들에 영감을 줌으 로써 마르크스주의는 여전히 건재한 것이다.

마르크스는 독일인 변호사의 아들이었다. 아버지의 수준 높은 지성과 교양, 계몽주의 가치에 대한 찬탄은 아들의 성장에 있어서 그 방향을 결정짓는 중요한 요소가 되었다. 마르크스가 무신론자였던 것을 감안하면 여섯 살 때 세례를 받았다는 것도 하나의 아이러니다. 마르크스는 십대 시절에 트리어 시에 있는 학교에 다니면서 스승들의 자유분방한 사고에서 많은 영향을 받게 된다. 1835년 그는 본대학에서 인문학 공부를 시작했다. 과음을 일삼는 싸움꾼에 여러 난잡한 행동을 보인 당시 그의 생활은 전형적인 대학생의 그것이었다. 1836년, 마르크스는 법률과 철학에 몰두하기로 결심하고 베를린대학에서 수학을 시작했다. 프랑스 대혁명의 영향 속에서 성인이 되었다는 점이 그에게는 큰 행운이었다. 나폴레옹이 유럽 전역을 전쟁의 소용돌이 속으로 몰고 가면서 자유로운 이상을 억압하고 있었음에도 평등, 박애, 자유의 유산은 오랜 세월 동안 완전히 지워질 수 없는 것이었다.

마르크스가 이 시절 사상적으로 영향을 받은 가장 중요한 사람은 바로 헤겔이다. 헤겔은 역사가 끊임없는 변증법적 변화로 이루어진다고 주장했다. 그 변화 속에서 모든 시대의 모순된 양상이 점차 해결될 것이라는 이론이었다. 이 모든 것이 종국에는 인류로 하여금 절대적인 것의 이해, 즉 완전한 영적 · 도덕적 자기실현을 가능하게 해 줄 것이라는 것이다. 헤겔은 유물론자는 결코 아니었지만 철학과 정치학에 있어서는 이상주의자의 면모를 보였다. 베를린에 있는 동안 마르크스는 부르노 바우어Bruno Bauer가 주창한 전통적 기독교에 대한 명쾌한 비판에서도 영향을 받았다. 바우어는 기독교가 인간의 심리학적인 여러 욕구를 바탕으로 한 환상이라고 믿었다.

또 다른 사상적 스승인 포이어바흐Ludwig Feuerbach는 역사의 유물론적 철학을 받아들이는 데 있어 매우 개방적이었다. 그는 신이 인간을 창조한 것이라기보다는 신이야말로 인간의 창조물이라고 믿었다. 마르크스가 함께 활동했던 헤겔리안 모임은 무신론에 더욱 치우쳤고, 점차 헤겔의 변증법적 역사 변화 이론을 이 무신론과 융화시키려고 애썼다. 마침내 마르크스는 예나대학에서 박사 논문을 완성함으로써 사상적으로도 성인이 되었다. 고대 원자론적 철학에 대한 이 논문에서 마르크스는 인류에게 지식의 도구를 주기 위해 신들을 배반한 신화적 프로메테우스Prometheus와 같은 인물들에 공감을 표했다. 사상적으로 매우 큰 포부를 갖고 있었던 리더 마르크스는 스승들에게서 많은 것을 배우고 또 자기 것으로 받아들였다. 그러나 그는 거기서 머무르지 않고 이렇게 얻은 정보를 잘 혼합해 자신의 혁신적 생각을 덧붙여 정리했던 것이다.

마르크스는 당시 프로이센 사회의 자유분방한 집단의 마음을 움직인 신문《라인차이퉁》에 기고하면서 저술 활동을 시작한다. 1843년, 마르크스는 예니 폰 베스트팔렌Jenny von Westphalen과 결혼했다. 그녀는 마르크스가 훗날 겪게 되는 모든 시련 속에서도 그의 든든한 후원자가 되었다. 그들은 곧 파리로 이사했고, 그곳에서 마르크스는 노동자 계급 운동의 혁명적 공산주의 전통에 매료된다.

마르크스 인생의 그 다음 전환점은 프리드리히 엥겔스Friedrich Engels를 만났을 때였다. 엥겔스는 영국 맨체스터에 있는 아버지의 의류 공장에서 고역스러운 노동자 계급의 삶을 직접 목격한 바 있었다. 프랑스의 군주제에 대한 불만은 흉년이 들면서 더욱 증폭되었고 이는 1848년 프랑스에, 곧이어 유럽 전역에 걸친 혁명적 폭동을 야기했다. 폭동이 일어나기 전 해, 마르크스와 엥겔스는 이미 『공산당 선언』에 대한 공동 연구를 시작했다. 『공산당 선언』과 마르크스의 또 다른 걸작 『자본론』은 모두 역사를 계급투쟁의 증거라고 주장했다. 계급투쟁의 역사 속에서 노예 소유주와 봉건 영주, 당시의 중산층 자본가들이 생산 수단을 비민주적으로 통제함으로써 각각 자신들이 속한 사회를 부당하게 지배하고 있다는 것이다.

자본의 시대에 마르크스는 믿고 있었다. "무산 계급은 자신들을 옥죄고 있는 사슬 이외에 더 이상 잃을 것이 없다. 그들은 쟁취해야 할 세계가 하나 있다. 세계의 노동자들이여, 단결하라!"

마르크스는 시장의 힘보다는 노동력이 제품의 가치를 결정한다는 생각에 이르렀다. 자본은 자본가가 그만큼의 이윤을 남기고 파는 '저장된 노동력'에 지나지 않는다. 노동자는 생계를 위한 임금마저 겨우 받고 있는 현실이었다. 자본주의의 결함은 모든 것이 이윤을 위한 것으로 전락해 버리고 만다는 것이다. 곧 과잉 생산과 경쟁으로 극소수의 자본가들만이 시장을 지배하게 된다. 생산의 기계화가 증가함에 따라 많은 실업자가 발생하고, 그렇게 소외된 노동자들은 곧 시장에서 퇴출된 자본가들과 합류하게 될 것이다. 서민 대중을 달래는 데 이용되는 종교와 기타 사상들이 노동자들을 그 자리에 안주시키려는 음모였음이 드러날 것이다. 이제 힘을 잃은 과거의 자본가들은 혁명적 노동 계급에게 리더십을 제공하면서 역사의 궁극적 단계인 진정 계급 없는 사회에 도달하기 위해 애쓸 것이다. 단기적으로는 무산 계급의 독재가 사회를 지배하게 되겠지만, 모든 인간이 '각자 능력에 따라, 각자 필요에 따라'라는 기본 철학을 실천하는 과정에서 국가는 곧 쇠퇴하게 될 것이다.

마르크스는 아이러니하게도 1848년 혁명적 폭동이 일어난 시기에 상당히 신중한 방침을 따랐다. 그는 모든 사회가 우선적으로 자본주의를 경험해야만 공산주의의 낙원에 도달할 수 있을 정도로 성숙해질 것이라 믿었다. 1849년 유럽 전역에 걸쳐 반동적 보수단체들이 득세하게 되자 마르크스는 런던으로 이사해 여생을 보내고자 한다. 마르크스는 죽을 때까지 런던에 있는 급진주의 단체와 정치적 관계를 맺었으나 그다지 큰 활동은 보이지 못했다. 그는 소규모 집단에서 일하는 데는 정통하나 거창한 대중 연설이나 리더십에는 소질이 없었던 것이다. 마르크스는 노동 계급의 정치에 가담하는 것도 좌절된데다, 자본주의에 관한 자신의 대작『자본론』을 완성하고자 하는 근원적 욕구와 1850~1860년대 그의 가족이 겪은 극심한 궁핍과 고통에서 가족을 보호하고자 하는 욕구 사이에서 괴로워했다. 그는 이 시기 가난으로 자식들이 죽어가는 것을 여러 차례 지켜보았다. 남아 있는 자식들은 빚쟁이들을 문앞에서 돌려보내는 법을 훤히 알게 될 정도였다. 1860년대 중반, 엥겔스는 마르크스 가족에게 호의를 베푼다. 그로써 마르크스는 저술에 몰두할 수 있었고, 1864년에 국제 노동자 협회(1869년에 회원이 무려 백만 명까지 증가했다)를 발족시킬 수 있었다.

마르크스가 파리 코뮌을 적극 옹호했다는 것 하나만으로 그는 일약 전 유럽에 걸쳐 공산주의 리더로서 명성을 날리게 되었다. 급진적 평등주의를 표방한 파리 코뮌은 프랑스군이 프로이센군에 패한 후 파리를 점령하고 있었다. 그러나 생애 마지막 몇 년 동안, 마르크스는 공산당 내에서 좌·우익 파벌과 싸워야 했다. 미하일 바쿠닌Mikhail Bakunin처럼 공산주의에 더해 무정부주의식 접근을 시도한 부류가 있었는가 하면, 페르디난드 라살Ferdinand Lasalle과 같이 노동자들에게 점진적인 이익을 가져다주기 위해 자본주의와의 협력을 모색한 부류도 있었다. 이들의 싸움은 20세기에 공산주의가 맞부딪칠 난관을 예언적으로 증명한 것으로 볼 수 있다. 마르크스는 심지어 다윈에게 헌정하고자 한 『자본론』에서 역사 변화의 과학적 이론을 개진하고자 했지만, 성서 원전과 마찬가지로 그 메시지의 통일성은 헌신적인 해석자들의 손에서 산산조각 났다.

마르크스는 새로운 시대에 걸맞는 유물론의 모세였다. 그러나 모세와 마찬가지로 그는 약속의 땅에는 들어갈 수 없는 운명이었다. 역사에 대해 시종일관 강력한 유물론을 전개하는 과정에서, 마르크스는 사회적인(끝내는 생물학적인) 진화를 인류의 손에 쥐어주는 방향으로 인류를 움직였다. 마르크스는 자신의 '과학적 철학'의 이름하에 자행된 많은 전체주의적 공포에 대한 일부의 책임이 있지만, 우리가 만들어 낸 잡다한 '정신적 속박'에서 인류를 해방시키고자 기꺼이 노력한 프로메테우스적 리더로서 우리에게 하나의 모범이 되었다. 그러나 '정신적 속박'은 까다로운 비평가들이 보기에 아직도 우리 모두를 다양한 억압적 신화에 굴종시키고 있다.

: 소크라테스 Socrates(BC 470?~BC 399)

소크라테스는 고대 그리스의 철학자로서 서구의 사상과 문명 형성에 없어서는 안 될 큰 영향을 미쳤다. 그는 민주적 도시 국가 아테네의 세력이 절정에 이르렀을 때 그곳에서 제자를 양성했다. 그의 철학적 과제는 '사람은 인생을 어떻게 살아야 할 것인가?' 라는 질문에 합리적으로 대답하는 것이었다. 일련의 질문과 대답을 통한 소크라테스의 대화식 진리 도출 방법은 전통과 권위를 의심하는 것처럼 보인다는 이유로 그를 박해한 일부 위정자들의 기분을 상하게 만들었다. 그의 자유로운 사유 방식은 불경스러운데다가 아테네 젊은이들을 타락시킨다는 이유로 유죄 선고를 받기에 이른다. 그는 BC 399년 사약을 받으라는 명령을 받은 후 사망하였다.

철학의 시조

러셀은 모든 철학은 플라톤Platon의 업적에 각주를 다는 것에 지나지 않는다고 말한 적이 있다. 그러나 플라톤의 철학 그 자체도 스승인 소크라테스의 삶과 그의 업적에 각주를 단 것이라고 말해야 더 정확할 것이다. 철학자로서 소크라테스의 리더십은 그가 처음으로 제기한 근본적인 의문에 대답하기 위해 여러 세대에 걸쳐 수

많은 사상가들에게 영감을 주었다. 플라톤 이전의 철학은 대체로 다소 추상적이고 인간이 실제로 살고 있는 현실과 유리되어 있는 것이었다. 잘 산다는 것은 무엇이며 우리가 어떻게 그러한 삶을 성취할 수 있는가에 대해 물을 때, 소크라테스는 기꺼이 그의 리더십을 따르고자 한 모든 사람의 세습 재산을 비판적으로 사유했다. 스스로를 그리고 세상을 비판적으로 고찰하라고 한 그의 짧은 선언은 그 시대를 관통하며 추종자들에게 권한을 위임함과 동시에 주의를 환기시키곤 했다. 소크라테스의 삶으로 그 본보기가 세워졌으니, 인간으로서 완전한 사람이 되기 위해서는 아무리 진지한 사람이라도 스스로의 삶을 고찰하는 일을 게을리 해서는 안 될 것이다.

우리는 소크라테스의 개인적 삶에 대해서는 아는 바가 거의 없다. 심지어 저서도 없다. 그는 즉석에서 제자들에게 충격을 주곤 했다. 그는 다른 이들을 무지로부터 해방시키는 일에 헌신하느라 점점 더 가난해졌다고 전해진다. 그는 더욱 고차원적인 것을 위해 정신과 시간을 해방시키려고 물질적 부나 소유물에 노예가 되는 것을 단호히 거부했다. 소크라테스는 자신의 철학을 실천하는 삶을 살았을 뿐 아니라, 그가 평생에 걸쳐 충성한 아테네 사회의 안녕을 위해 한 사람의 시민으로서 개인적인 책임을 다했던 사람이다. 그는 수차례에 걸친 아테네의 전쟁에서 군인으로서의 의무를 수행했다. 다른 사상적 리더와는 달리 소크라테스는 타고난 사교성 덕에 추종자들을 효과적으로 모을 수 있었다. 그는 따르는 이들에게 단순히 스승에 그치지 않고 좋은 친구가 되었다. 소크라테스는 도시 국가 아테네의 공동체 문제에 즐겨 참여했다. 그는 현실의 삶을 현실적인 철학과 연계시킴으로써 대중을 이끌었다. 사실, 사상적 리더로서 그가 가진 특징 중 하나는 정신적 삶과 일상적 삶 사이에 그 어떤 차이도 보려 하지 않았다는 데 있었다.

소크라테스는 아고라(아테네인들의 삶에서 중요한 부분을 차지한 공개 토론을 뜻한다)와 체육관, 그리고 다양한 축제에서 각계각층의 사람들과 섞여 한바탕씩 즐기곤 했다. 아폴로신의 신탁에 의해 가장 지혜로운 자라는 칭호를 받았지만, 소크라테스는 자신의 목표를 자신보다도 더 지혜로운 사람을 찾아다님으로써 그러한 주장을 논박하는 증거로 삼았다. 소크라테스는 이후 자신이 다른 그 누구보다도 더 지혜로운 사람이라면, 그러한 사실은 자신의 무지를 인정할 줄 아는 능력과 관계가 있다는 결론을 내리게 되었다.

지식 습득에서의 소크라테스의 무장 해제 제일 원칙은 더 많은 추종자들이 그의 재기와 날카로움, 그리고 상호 간 자아 발견을 가능하게 하는 대화에 사람들을 참여시키는 그의 능력을 흠모하게 만들었다. 특히 젊은이들은 소크라테스가 당대 진리로 받아들여지던 것에 대해 비판적으로 고찰하는 것을 즐겨 지켜보았다. 일부 기존 세력(또는 지시하는 직업을 가진 사람들) 중에는 그를 눈엣가시 같은 존재로 보는 경향이 있었다. 그들 눈에는 소크라테스가 자기 이익만을 추구하는 자신들의 편협함과 충만한 삶을 살지 않는 데 대한 자기 합리화에 감히 의문을 제기하는 사람으로 보인 것이다.

비록 소크라테스가 불경스럽다는 이유로 비판은 받았을지라도, 그는 그리스 신화의 신들보다 우위에 있는 창조적인 신성한 힘의 존재를 믿었을 가능성이 크다. 그러한 신성한 힘은 모든 인간의 영혼의 일부로 존재하고 있다는 것이다. 그의 공동체적이며 보수적인 경향은 아테네의 궤변가들에 대한 그의 비판과 멸시에서도 엿볼 수 있다. 그들은 단순히 개인적인 이득을 위해 생각의 상대주의와 교묘한 속임수를 믿고 있었다. 그의 이데아론은 우주에 하나의 객관적인 질서가 있다고 확언했다. 이를테면 우리가 이 세계에서 '선'이라고 부르는 것은 최소한 어느 정도까지는 하늘에 있는 신성한 본질과 함께 존재하는 '선'의 영원한 이데아를 담고 있다는 것이다. 또한 영혼의 건강은 영혼이 이 영원한 선의 성질을 얼마만큼 가지고 있느냐에 달려 있다는 것이다. 사람들이 선한 삶을 권력과 물질적인 것, 쾌락의 삶으로 오인하는 한, 소크라테스는 그러한 사람들이 스스로 영원하고 완전한 이데아로 구체화되는 인생의 보다 높은 차원의 선을 인식하지 못한 이유로 실망스러운 삶을 살게 될 것이라고 믿었다.

소크라테스가 혁명적인 리더인 것은 그가 모든 인간이 자신의 삶의 주인이 되고, 그러한 삶을 적절한 교육을 통해 선한 목적으로 향하게 할 수 있다고 가르쳤기 때문이다. 소크라테스 이전의 철학자는 권력과 부를 가진 사람들에게 선한 삶을 보장해 주는 역할을 해왔다. 그러나 소크라테스는 모두가 선함을 알 수 있으며, 선을 앎으로써 의도적으로 잘못을 저지르는 일은 없게 될 것이라고 주장했다. 이러한 믿음으로 소크라테스는 철학을 공동체의 삶으로 끌어낸 것이다. 적절한 교육을 받으면 이상적인 공동체가 건설되어 정의롭고 행복하며 풍족한 삶을 살게 될 것이라는 것이다. 소크라테스 이전에는 전쟁을 일으킬 수 있는 능력과 국내·외에서 경쟁자들을 지배할 수 있는 능력을 근거로 하여 리더의 선악을 판별했다. 소크라테스는 리더를 보다 높은 수준에 맞추어 판별했다. 즉, 리더라는 칭호를 받을 만한 가치가 있으려면 자기 자신과 자신을 따르는 이들을 위해 선을 추구해야만 한다는 것이다. 그의 제자 플라톤은 자신의 저서이기도 한『공화국』이라는 유토피아를 바로 이러한 전제를 바탕으로 해 고안하려 한 것이다.

소크라테스의 리더십의 마지막 시험은 BC 399년 아테네의 젊은 이들을 타락시키며 불경하다는 혐의로 그가 투옥되었을 때였다. 소크라테스가 재판에 회부된 진짜 이유는 당시의 더러운 정치와 관계가 있었다. 민주적인 아테네가 펠로폰네소스 전쟁에서 스파르타에게 패하고 말았던 것이다. 일단 전쟁이 끝나자 과두정치기 이후 아테네에서는 민주주의자들이 다시 권력을 잡았다. 소크라테스는 민주주의에 대해 비판적인 인사로 잘 알려져 있었고 일부 유명한 반민주주의자들의 편에 서 있었기 때문에, 그동안 아테네에서 잘못을 저질러 온 모든 이들에게 하나의 손쉬운 희생양이 된 것이다. 소크라테스는 당시의 민주주의가 보다 고귀한 관심사를 희생하여 국민의 기본적 욕구를 채워주는 데에만 지나치게 초점을 맞추고 있다고 믿었다. 소크라테스는 원한다면 처벌을 피할 수도 있었을 것이다. 그는 아테네에서 완전히 도망칠 수도 있었다. 사형이 아닌 보다 가벼운 처벌을 자신이 직접 제안할 수도 있었다.

그러나 소크라테스는 자신이 아테네에 계속 남아야 할 필요가 있다고 믿었다. 왜냐하면 법정은 자신이 사랑하고 자신의 가르침을 통해 확립하려 한 공동체의 법을 구현하는 통합체였기 때문이다. 그가 평생을 헌신적으로 섬긴 공동체에서 달아난다면, 자신의 철학적 선언 자체에 대한 비난이 되는 것이었다. 비록 그를 가까이 따르던 집단이 아테네에서 탈출하는 것을 찬성했다고 해도, 당장 도망을 치고자 한다면 미래 세대가 그의 삶과 리더십에 의문을 품게 될 것임을 소크라테스는 알고 있었다. 순교는 오히려 이후 수 세대에 걸쳐 그의 삶과 가르침의 '리더십 효과'를 더욱 촉진시킬 것이었다. 이런 연유로 그는 기꺼이 자신의 원칙을 위해 스스로를 희생시키고자 했고, 그 희생은 소크라테스 리더십의 최종 결단이기도 했다.

소크라테스는 법정에서 자신이 국가와 국민에게 봉사한 대가로 공짜로 밥을 얻어먹음으로써 '벌을 받는 것'이 마땅하다고 용기 있는 제안을 했다. 배심원들은 당연히 기분이 상했고 그에게 사형을 선고했다. 그는 사약을 마신 후 죽었다. 사형이 선고되기 전 그가 보여 준 위엄 있는 행동은 플라톤의 『파이돈』으로 후세에 길이 남아 있다. 소크라테스가 우리 모두에게 일깨운 선의 이상을 동경하는 한, 그는 영원히 우리에게 불멸의 스승으로 존재할 것이다.

: 헨리 데이빗 소로우

Henry David Thoreau(1817~1862)

헨리 데이빗 소로우는 19세기의 미국 작가로, 그의 사상은 마틴 루터 킹과 간디 같은 다양한 세계 리더들에게 영향을 미쳤다. 자연을 사랑하고 재산과 물질에 무관심했던 그는 월든 호숫가에 직접 오두막을 짓고 1845년부터 1847년까지 그곳에서 기거했다. 그는 그곳에서 독립독행의 철학을 실천하며 살았던 것이다. 그는 미국이 멕시코와 벌인 전쟁이 부당하다고 생각했으며 그에 대한 분노로 납세를 거부했다. 시민 불복종에 대한 그의 저술은 어떤 역사적 시대에서든 힘없는 이들이 실제로는 그들이 생각하는 것보다 더 많은 힘을 갖고 있음을 보여 준다.

시대를 초월한 위대한 작가

헨리 데이빗 소로우가 이 책의 리더 중 하나로 선택된 것에 의문을 제기하는 독자들이 많이 있을 것이다. 보편적인 시각에서 소로우는 '위대한 리더'가 결코 아니다. 또한 '국민적인 위대한 리더'도 물론 아니었다. 사실 그와는 정반대 인물이라고 해야 맞다. 그가 보편적 리더와는 정반대라는 점(그리고 소로우가 평생에 걸쳐 보여 준

여러 다른 반대되는 점)이 역설적으로 그를 시대를 초월한 가장 위대한 리더로 만들어 주는 것이다. 그는 스스로를 어떠한 선입견적인 틀에도 맞추지 않으려고 끊임없이 분투했으며, 그 때문에 오히려 더욱 리더십의 모범이 되었다.

소로우가 평생 동안 주변 사람들에게 남긴 흔적은 분명 미미한 것이다. 보스턴과 그 주변 지역에서 그는 괴짜로 유명했다. 뉴잉글랜드의 명문가 출신으로 하버드대학을 졸업한 그는, 이러한 엘리트 환경에서 남부럽지 않은 인생을 즐길 수 있는 모든 기회를 멀리했다. 그는 아버지의 연필 제작 사업에 잠시 몸담았으며 한동안 교사로 재직한 적도 있다. 그러나 대개는 여행을 다니면서 시간을 보냈다. 판에 박힌 여행이 아닌 자연의 도움을 받아 인간의 내면 깊숙이 들어가는 여행이었다. 훗날 소로우는 말했다. "전 콩코드를 주로 여행했습니다." 그는 진정한 여행이란 이국적인 나라와 먼 환경에서만 가능한 것이 아니라고 믿었다. 진정한 여행은 자아를 발견할 수 있는 곳이면 어디든 상관없는 것이다. 소로우에게 그러한 자아 발견의 항해는 동시에 자신의 영혼에 대한 리더십을 얼마만큼 최선으로 발휘하느냐에 대한 발견이기도 했다. 그가 1839년 그의 형과 함께 콩코드 강과 메리맥 강을 거슬러 한 여행이야말로 그의 인생의 일대 전환점이 되었다. 다른 곳에서는 찾을 수 없었던 영감의 원천을 자연에서 발견한 것이다.

그의 저서 『콩코드 강과 메리맥 강에서의 1주일*A Week on the Concord and Merrimack Rivers*』에서 소로우는 자기 반추와 인식을 고취 시키기 위한 수단으로 자연을 면밀히 관찰하려고 노력했고, 그럼 으로써 그의 전성기의 초월주의 철학을 시험해 보았다. "대부분의 사람들이 조용한 절망의 삶을 살고 있다"라고 확신한 소로우는 자 연을 탐구하면서 당시의 보수적인 사회 규범을 비판적으로 반추 할 수 있는 가능성을 보았다. 소로우는 대부분의 사람들이 인생을 시답잖은 일에 골몰한 채 보내는 것 같다고 비평했다. 주로 쓸모없 는 물건을 축적하고, 그리 비판적으로 사고하지도 않으며, 케케묵 은 사회 규범을 따르는 일 등에 골몰하고 있다는 것이다. "한 인간 을 부자라고 부르는 것은 그저 내버려 둘 여유가 있는 것들의 수에 비례한다"라는 믿음이 있었기에, 소로우는 콩코드 강과 메리맥 강 을 끼고 다녔던 자신의 여행을 자연 속에서 다시 태어나는 경험을 할 수 있는 기회로 보았다. 그곳에서라면 영혼의 틀에 박힌 문명의 찌꺼기를 깨끗이 씻을 수 있을 것이라고 그는 생각했다.

이 과정에서 가장 뚜렷한 것은 그가 1845년 7월 4일의 의미를 해 석한 방식이다. 대부분의 미국인들에게 있어 그 날은 영국으로부 터의 독립을 기념하는 공휴일이다. 그러나 소로우에게 있어서 그

날은 자신을 둘러싸고 있는 사회의 무의미한 특징에서 개인적으로 독립을 선언할 기회를 상징했다. 그는 월든 호수 근처의 한 초라한 오두막으로 이사했다. 거기서 그는 새로운 삶의 방식과 새로운 존재 방식을 시작하기로 했다. 소로우는 이때의 경험에 대해 다음과 같이 말하곤 했다.

> "나는 유유자적하며 살고 싶어서 숲으로 갔다. 그리고 군더더기를 다 떼어 낸 삶의 정수만을 마주하고, 삶이 가르쳐 주는 바를 배울 수는 없을까 해서, 내가 마침내 죽음을 맞이하게 될 때 헛된 삶을 살았다고 깨닫는 일은 없게 하고 싶어서 숲으로 들어갔다. 나는 삶이 아닌 것은 살고 싶지 않다. 산다는 것은 너무도 소중한 것이니까…. 그리고 아주 불가피한 것이 아니라면 체념의 철학을 실천하며 살기를 원하지도 않는다. 나는 깊이 있는 삶을 살면서 삶의 정수를 전부 다 뽑아내고 싶었다 … 삶을 궁지로 몰아넣고는 그것을 가장 기본적인 요소만으로 압축시키고자 했다."

오랜 칩거 끝에 깨달음을 추구하는 승려처럼 월든 호수의 고적한 자연 속에서 스스로를 마주함으로써, 소로우는 가장 충만하게 한 인간으로서 자각할 수 있었던 것이다. 이 자각의 경험을 한 뒤 소로우는 그가 원했건 원치 않았건 면밀하게 관조하는 내면적인 삶의 가치를 예언했다. 또한 그를 따를 수 있는 용기 있는 사람이라면 누구든 찾을 수 있는 내면적 삶의 예언자가 되었다.

소로우는 삶의 새로운 방식을 발견했지만 1846년 그 발견은 결국 시험대에 오른다. 인두세를 내지 않았다는 이유로 체포된 것이다. 소로우는 (어떤 방식으로든) 그가 생각하기에 정당성이 없는 멕시코와의 전쟁을 벌이고 있는 정권을 지지하는 일에는 연관되고 싶지 않았다. 그는 그러한 감정에 자극을 받아서 1849년 시민 불복종에 관해 평론했고, 그것은 매우 시의적절한 저술이었다. 그는 진정 자주적인 영혼이라면 어떠한 형태로든 정부와 불가피한 갈등을 겪게 될 것이라는 결론에 도달했다. 왜냐하면 정부는 본래가 시민을 한 가지 획일적인 형태 속에 굴종시키려는 경향이 있기 때문이다. 소로우에게 있어서 충분히 인간다운 삶을 산다는 것은 부당한 정권의 강압을 가로막는다는 뜻이 된다.

그의 표현대로 "어떤 바보라도 규칙은 만들 수 있다. 그리고 그것을 꺼리는 바보는 없다." 소로우가 노예제를 지지하는 정부에 반론을 제기하며 전횡을 일삼는 권위에 저항함으로써 그가 우리에게 일깨운 리더십의 모범은 여러 세대를 거치며 높이 울려 퍼질 것이다. 간디는 영국의 제국주의와 투쟁하는 과정에서 소로우의 본보기로 영감을 찾았으며, 마틴 루터 킹은 계속되고 있는 미국의 인종 차별주의에 맞선 투쟁에서 비폭력 시민 불복종에 관한 소로우의 사상을 효과적으로 받아들였다. 소로우의 조용한 리더십은 오늘날 우리 중 '힘없는 자들의 힘' 이라는 역설적 사상을 깊이 믿고 있는 사람들에게 희망을 준다.

완전한 삶에 관한 철학이 있다면 소로우의 여러 유명한 경구에서 비롯된 것일 수도 있다.

"우리는 왜 그렇게 성공을 위해 필사적으로 매달려야만 하고, 왜
그렇게 필사적으로 모험을 해야 할까? 만일 어떤 사람이 그의 동료
와 속도를 맞추지 않는다면, 그것은 아마도 그가 다른 고수의 북소리
를 들어서일 것이다. 그 소리가 아무리 박자가 정확한 것일지라도,
혹은 아무리 먼 곳에서 들려오는 것일지라도, 자신이 듣고 있는 음악
에 맞추어 한걸음 한걸음을 내딛게 하라."

소로우는 역사상 나폴레옹과 알렉산드로스, 카이사르 같은 모
든 정복자보다도 수백만의 생명에 계속해서 더 실질적인 영향을
미칠 것이다. 우리 중 그 누가 잔혹한 위인들의 행동을 본받을 것
이며 또 본받기를 원할까? 새로운 종류의 리더십의 모범으로서 소
로우는 인습과 아무 생각 없이 복종하는 하찮은 욕구에 노예가 되
려는 경향에 끝까지 도전했다. 소박함과 청렴함을 추구하는 일은
소로우가 증명한 것과 마찬가지로 새로운 양상의 리더십을 요구
하는 고도의 복잡한 과제다.

: 프리드리히 니체

Friedrich Nietzsche(1844~1900)

세계 최고의 리더들에 프리드리히 니체를 포함시키는 것은 다소 이상해 보일지도 모르겠다. 니체는 당대의 사회에 직접적인 영향을 끼치지 못한 철학자로 세상에 널리 알려지지 않았었다. 바젤대학에서 언어학 교수로 재직한 그의 경력은 겨우 10년(1869~1879)에 불과했다. 글은 니체가 남긴 전부라고 할 수 있다. 니체는 전통적인 의미에서 보면 결코 후세에 많은 영향을 끼치지 못했지만, 넓은 의미에서는 인류의 발전을 촉진시킨 리더다. 그의 기독교 비판과 기독교를 대신할 새로운 윤리를 제안하려 했던 시도는 자신감 있는 사람이면 누구나 해야 하는 일에 대한 니체 나름의 귀감이 되었다. 남녀 할 것 없이 가치 있는 개인적 기획을 시작하고 그 기획을 하는 개인에게 존재하는 독창적인 열정을 포용함으로써 자신의 인생을 독창적인 예술작품으로 만들어야 한다는 것이다.

리더십과 극복의 기술

프리드리히 니체는 독실한 루터교 가정에서 성장했다. 사제 목사였던 그의 아버지는 그가 겨우 네 살 때 세상을 떠났다. 비록 루터교는 거부했지만 그는 배움과 학문을 강조한 루터교의 수혜자이기도 했다. 스승들은 니체의 지적 능력을 매우 높게 평가했고, 그 결과 그는 젊은 나이에 스위스 바젤대학에서 고전 언어학 교수직에 임용된다. 그는 보불 전쟁에서 프로이센 군의 의료 지원병으로 복무하기 위해 교수직을 휴직했다. 니체는 이때 이질과 디프테리아에 걸렸고, 매독에 대한 감염 가능성도 무시할 수 없었다. 그로 인해 그는 평생 쇠약한 사람으로 지낼 수밖에 없었다고 몇몇 역사학자는 말한다.

이 시기 유명한 음악가인 리하르트 바그너Richard Wagner가 니체의 스승으로서 많은 도움을 주었다. 니체의 처녀작 『비극의 탄생』에서 그는 그리스 비극의 천재성이 아폴로(인생의 합리적 요소)와 디오니소스(인간 본성의 열정적 요소)를 더욱 높은 수준의 예술 형태로 종합해 내는 능력에 있다고 주장했다. 니체는 바그너가 초기 그리스의 비극의 정기를 오페라 작품에서 새롭게 탄생시키기를 바랐다. 니체는 그러나 바그너의 반유대주의와 민족주의, 유물주의 등이 지나치게 속물적이라는 이유로 곧 바그너의 조언을 거부했고, 그것은 그의 인생에 큰 획을 그었다. 젊은 나이에 니체는 (스승과 귀감이 되는 사람들이 비록 중요할지라도) 진정 정신적으로 자주적인 리더라면 자신의 잠재력과 운명을 실현하기 위해 자신이 나아가야 할 길을 만드는 것이 불가피함을 이해하게 되었다.

1879년, 니체는 건강 악화를 이유로 대학 교수직을 사임했다. 1889년 건강이 극도로 쇠약해지면서 제정신을 잃기 전, 니체는 완전히 고립된 상태에서 유럽 전역을 유랑하고 다녔다. 그러나 리더가 된다는 것은 무엇을 의미하는가에 대한 심오한 함의를 갖고 있는 불후의 저작을 남겼다는 점에서 그 시기는 니체가 가장 왕성한 활동을 보인 시기이기도 했다. 리더십에 대한 니체의 생각은 기독교와 도덕성, 진리에 관한 고정관념에 대해 니체 자신이 격렬하게 제기한 의문에 그 바탕을 두고 있다. 니체는 오직 이러한 문제 제기를 통해서만 수많은 장애를 '넘어 온 사람'으로서의 리더에 대한 새로운 비전이 나타날 것이라고 믿었다.

니체의 철학 중 사실 많은 것이 유대-기독교 전통의 유산을 맴돌고 있다. 이 전통이 약자(초기 기독교인들)의 '노예의 도덕'에 강자(고전적 이교도인들)의 '군주의 도덕'보다도 우위에 있는 특권을 줌으로써, 서구 문명의 도덕적 생명 기반을 전반에 걸쳐 교묘하게 재배열해 놓았다는 것이다. 니체에게 있어서 강자가 어떤 새로운 도덕 체계에 의해 약해지는 한, 이것도 궁극적으로는 나쁜 것이다. 새로운 도덕 체계에서는 굴종하는 사람과 가난한 사람, 고행하는 사람이 신이 주는 보상을 받게 되는 반면, 대담한 사람과 힘 있는 사람, 생을 긍정하는 사람은 자만이라는 '죄'를 지었다는 이유로 벌을 받게 될 것이기 때문이다.

19세기 후반, 니체와 다른 섬세한 사상가들에게 분명해진 사실이 있었다. 실용적인 의미에서 서구의 많은 사람들에게 "신은 죽었다"라는 것이었다. 이 시기에는 과학과 유물주의, 민족주의가 모두 전통적인 유대-기독교적 세계관에 도전하고 있었다. 니체는 하나의 신을 죽이고 똑같은 문제를 가진 존재로 그 죽음을 대체하는 것이 문제의 해결책은 아니라는 생각을 했다. 진정한 리더라면

'초인'이 되어 자신의 인생을 책임지고 자기만의 하나의 신성을 가진 존재, 즉 완전한 자아실현을 방해하는 장애를 극복하면서 스스로를 형성해 가는 사람이 되어야 할 것이다. 이 새로운 유형의 초인은 타인을 통제하려 함으로써가 아니라, 인간이 자아와 사회의 정신을 속박하는 것들을 극복한다면 능히 해낼 수 있는 것을 모범으로 보여줌으로써 타인을 고무시킬 것이다.

사실 리더에 대한 니체의 관념은 자신을 위해 권력을 추구하는 전통적인 의미보다는 미적인, 혹은 지적인 성취와 더 많은 관계가 있다. 리더는 자신의 삶을 하나의 예술 작품으로 만들 때에야 비로소 진정으로 추종자들에게 자신을 따르도록 고무시킬 수 있는 것이다. 리더십에 대한 니체의 관념은 그러므로 혁명적이다. 진정한 리더란 추종자들에게 추종자로 남아 있으라고 권하지 않는다고 단정하기 때문이다. 오히려 진정한 리더는 추종자들에게 자기 인생의 리더가 되기를 권한다. 애석하게도 니체는 미래 세대에게 반유대주의자, 허무주의자, 파시스트로 오해를 받게 된다. 그의 저서가 누이와 나치에 의해 잘못된 방식으로 다루어졌기 때문이다. 괴테는 니체에게 있어 리더십의 한 전형이었다. 히틀러 같은 독재자들이 아니라 바로 괴테 말이다.

리더의 진정한 과제는 추종자들에게 본을 보임으로써 지도력을 발휘하고, 완전한 삶은 신앙에 영원히 순종하는 것으로는 구성될 수 없음을 보여주는 것이다. 하지만 니체는 리더 자신이 먼저 그러한 리더십을 가진 지위에 도달하려는 '의지'를 가짐으로써 생명력을 불어넣어야 한다고 설명했다. 자신의 삶을 타인에게 영감을 주는 하나의 예술 작품으로 만들고자 하는 리더는 엄청난 극기를 요하는 행동에 몰입해야 한다. 그러한 행동이야말로 장차 리더가 되려는 사람의 거칠고 불완전한 부분을 자극시킬 것이다. 마치 끊임없는 정련의 과정을 통해 대리석으로 하나의 위대한 예술을 만들어 내는 뛰어난 조각가처럼 말이다.

니체는 리더가 인생을 제대로 살았는지에 대한 진정한 시험은 다음과 같은 사상 실험에 있지는 않을 것이라 믿었다. 가능한 한 자발적으로 자신의 삶의 매 순간을 반복적으로 살려고 하는가? 만일 그렇다면, 이는 그가 자신의 잠재력을 충분히 실현시키기 위해 노력함으로써 인생을 제대로 살았다는 징표가 될 것이다. 만일 그렇지 못하다면, 이는 그 리더가 타인에게 모범이 되는 것은 차치하고 자신의 삶을 제대로 살 수 없었다는 것을 보여 주는 것이다. 자신을 비롯해 다른 리더들을 단순히 모방하려고 하는 모든 리더에 대한 니체의 반응은 사실상 "나를 따르지 말라. 대신 그대 본연의 모습이 되라"라는 것이었다.

니체는 심지어 리더십이 합리적인 과정이라는 것을 의심하게 되었다. 이것이 그가 소크라테스와 플라톤과 같이 지나치게 합리주의적인 철학자들을 경멸하게 된 이유다. 그들은 불모의 합리적 사고 체계에 생명력을 불어넣는 열정을 인위적으로 족쇄 채웠다는 것이다(바로 그것이 그리스 비극을 그토록 공포심을 자극하는 것으로 만들었다). 그 대신 리더와 그를 따르는 이들에게 삶의 의미는 그러한 열정 속에서 발견되어야 하는 것이었다. 사실 니체에게 있어 이성이란 그 열정을 합리화시킨 것에 불과했다. 니체가 생각하는 모범적 리더는 그의 저서 『차라투스트라는 이렇게 말했다』에서 그가 창조해 낸 예언자라고 해도 무방할 것이다. 다음 세상에서의 진정한 삶의 기회를 누리기 위해 이승에서의 고통이 미덕이라고 찬양하는 예언적 리더와는 반대로, 니체의 차라투스트라는 이승에서의 유한한 삶의 미덕과 잠재력을 설법한다. 리더와 추종자들은 연극의 느낌을 갖고 삶에 다가가야만 한다. 그들은 역사와 전통에 위압감을 느껴서는 안 된다. 오히려 훨씬 더 위대한 일을 할 수 있도록 고무되어야 하는 것이다.

무엇보다도 리더는 '최후의 인간'이라고 불리는 니체 같은 인간이 되는 것을 피해야만 한다. 이들 최후의 인간은 니체가 미래에 인류를 지배하게 될 것이라고 생각하기 시작한 인간들이었다. 그들은 우리가 오늘날 수동적 소비자와 의존적 추종자들이라 부르곤 하는 사람들이다. 그들은 구 종교에 대한 진정한 믿음을 상실해 버리고, 그러면서도 책임 있게 자신들의 삶의 의미를 만들어 갈 용기도 없는 사람들이다. 야망이나 모험심도 없이 그들은 현실 세계를 보호할 목적으로 계획된, 육체적 안락을 주는 것에 매료된다. 니체는 마침내 그를 따르는 이가 아무도 없기를 요구한다. 그를 가장 훌륭하게 따르는 자는 자기 나름의 창조자가 되는 사람, 바로 그들일 것이다.

: 공자 公子 (BC 551~BC 479)

공자는 과거에 대한 이상적 통찰을 이용해 자신의 제자들을 더 나은 미래로 이끌고자 했던 리더이자 현자다. 공자는 매우 위험한 시대에 성년을 맞았다. 당시 중국은 춘추전국시대였다. 과거의 중국 왕조들과 연합하여 결성한 구 이상적 통일체는 내전이 중국을 황폐화시키면서 영원히 사라지는 것처럼 보였다. 공자는 스스로에게 중국의 사회와 문화, 정치를 교육과 선행을 바탕으로 재건해야 한다는 과제를 부여했다. 그는 진정한 리더의 무궁한 승리가 무력과 기만보다는 오히려 설득과 모범을 통해 전달된다는 것을 깨달았다. 그는 자신의 리더십을 통해 신적인 존재에 대한 믿음에 의존하지 않는 윤리 체계를 창조해 냈다. 그와 그의 많은 제자들이 그 윤리 체계를 지키며 살았고, 그로써 자신의 윤리 체계가 실현 불가능한 이상향은 아니라는 것을 몸소 보여 주었다. 공자의 가르침은 오늘날까지도 아시아의 사회와 사상을 조직화하고 있다.

현자의 리더십

공자는 스스로를 그저 중국인들이 살고 있는 고난의 시대에 잊혀져 왔던 고색창연한 전통을 수호하는 사람으로 설명한 매우 신중한 사람이었다. 한 사람의 리더로서 그의 뛰어난 천재성은 (사회적 통찰 면에서) 보면 실로 급진주의적인 요소가 다분하면서도 스스로를 겸손하게 보수주의자로 묘사한 그의 능력에 있었다. 리더로서 그의 또 다른 성공은 인간 본성에 대한 깊이 있는 이해에 바탕을 두고 있었다. 그는 연속성과 구조, 전통, 소속감 등에 대한 강한 인간적 욕구를 이해하고 있었다. 그는 중국이 일찍이 거대하고 평화로운 국가를 유지한 이유는 통치자의 대부분이 덕행과 모범으로 나라를 다스렸기 때문이라고 믿었다. 철학자인 손자孫子(이상적인 승리는 누구도 피 흘리지 않고 이룩한 승리라고 주장했다)와 마찬가지로, 공자는 정치를 무력보다는 오히려 도덕적 설득이라고 믿었다.

정치에서 도덕 체계와 이성의 가능성에 대한 이러한 기본적 관점은, 그저 부와 권력의 우연적 작용이 한 사회가 어떻게 통치되어야 할 것인가를 결정할 것이라는 생각에 찬성하려 하지 않았다는 점에서 급진적인 것이었다. 공자는 그의 인생에서 자신의 철학을 어떤 식으로 실행했을까? 공자는 그가 개인적 삶을 완벽하게 살아가고 있다고 믿는 여러 제자들의 존경을 받았다. 그는 앞날이 그리 밝지 않은 상황 속에서 노나라에 태어났다. 그의 아버지는 그가 어렸을 때 세상을 떠났고, 그는 성장하면서 상대적 빈곤을 감내해야만 했다. 그의 초년은 배우기를 즐기는 천성 덕에 그럭저럭 견딜 만했다. 마침내 공자는 관직에 오르게 되었고 그 사회가 직면하고 있는 현실적 문제들을 접할 수 있었다. 공자는 그 무렵 더 큰 일을 성취할 만반의 준비가 되어 있었다. 그는 이미 고대 중국의 전통적인 육예인 활쏘기, 붓글씨, 수학, 말타기, 음악, 예의범절에 뛰어났으며, 시와 역사에도 정통해 있었다.

공자는 30대의 젊은 나이에 역사를 가르치며 유명해졌다고 전해진다. 그는 가르친다는 것이 가장 가치 있는 직업이며, 모든 사람들이 자기 발전의 기회를 가질 자격이 있다는 것을 자기만의 본보기를 통해 보여줌으로써 미래의 교육자를 이끌었다. 그 시대의 현실 상황을 감안할 때 공자는 (고대 그리스에서의 소크라테스와 마찬가지로) 많은 부분을 교육에 투자할 만한 여유가 있는 젊은 귀족 계층을 제자로 두었다. 그는 교육이 단순한 영리함이나 지식의 과시만은 아니라고 믿었다. 그에게 있어서 교육이란 인격 도야를 의미하는 것이었고, 정신과 영혼을 공적인 생활에 참여하도록 준비시키는 것이었다. 공자에게 있어 진정한 의미에서 교육 받은 사람이란 지식을 축적하고 은둔자처럼 사는 사람이 아니라, 오히려 고통스럽게 습득한 지식을 자기가 속한 사회를 더 좋은 사회로 만드는 데 사용하는 사람이었다.

중년의 나이가 된 이후에는 관료로 복귀함으로써 자신의 철학을 실천했다. 노나라 왕은 공자를 자신의 측근으로 둘 만큼 현군이었으나 공자의 가르침을 마음 깊이 새길 줄 아는 경지에는 이르지 못했다. 왕을 둘러싸고 있는 신하들은 공자의 강직함을 시기했으며 또한 왕은 지성이나 리더로서의 덕목에 관한 문제보다는 감각적이고 물질적인 영역에 더 많은 관심을 가졌다.

그리하여 공자는 노나라 왕실에 작별을 고하고 자신의 재능을 더 발휘할 수 있는 다른 왕실에 몸담고자 했다. 그는 그러나 그럴 만한 왕실을 찾지 못했다. 그 대신 날로 증가하는 수많은 열혈 제자들에게 둘러싸이게 되었으며, 다시 한 번 교육자로서의 삶을 살게 되었다. 소크라테스가 플라톤을 통해 알려진 것과 마찬가지로 공자 역시 그의 제자들을 통해 우리에게 알려졌다. 『논어』는 공자의 말을 기록한 것으로 이들 제자들에 의해 수집되어 수 세대에 걸쳐 전해져 내려 온 것이다. 우리는 논리적이고 궁극적으로 자비로운 우주의 질서가, 당시 혼란스런 중국에서 문文(문화)과 인仁(인간애), 예禮(윤리와 예의)를 부활시키려는 공자의 노력을 정당화시킨 깊은 믿음이었음을 논어를 통해 알게 되었다. 배움이나 덕행보다는 무력에 의지하는 그릇된 리더들이 그때까지의 중국을 난국으로 몰아넣었던 것이다. 공자는 자신과 제자들이 함께 중국이 처한 문제의 보다 오래 지속되는 해법을 찾아야만 한다고 믿었다. 공자는 단순히 신을 믿는 것으로는 도덕이나 올바른 삶을 결코 보장하지 못한다는 것을 보여 주었다. 모름지기 구체적인 것에 초점을 맞춤으로써 삶을 시작해야 하는 것이다. 그의 표현을 빌자면, "노인은 편안하게 해 드리고 ⋯ 벗 사이에 신의를 지키며 ⋯ 젊은이를 귀히 쓰라"라는 것이다.

말년에 공자는 보수주의의 옷을 입은 급진적인 결론에 도달했다. 지금까지는 인간 사회가 '하향식' 원칙에 지배 받아 왔었다. 바로 이것이 부패하고 횡포한 리더를 낳은 것이다. 공자는 그 대신 상향식 원칙이 좋은 사회를 건설한다는 결론을 내렸다. 만일 각자가 교육을 받거나 '교정을 받아' 선과 사회성에 대해 알게 된다면, 사회 전반이 번영할 수 있고 또한 폭정을 막을 수 있다는 것이다.

공자는 중국과 다른 문명사회가 향후 오랜 세월 동안 많은 지배자와 군주를 갖게 될 것임을 깨달았던 것이 분명하다. 그러나 그들조차도 '하늘의 명령'을 받을 수밖에 없었다. 폭정은 불가피하게 자연의 질서를 뒤집어 놓을 것이고, 이는 정당하게 극복되어 더욱 새롭고 선정을 펼치는 지배자에게 길을 내주게 될 것이다. 어찌됐든 지배자는 그들 스스로가 덕 있는 삶을 살아가는 '귀감을 보이며 백성을 이끌 때' 가장 강하다고 공자는 판단했다.

공자가 말하는 성공적인 사회로 가는 또 하나의 중요한 열쇠는, 더 큰 문명을 위한 도덕적 기준을 마련하기 위한 '사회 소집단'에 대한 신뢰였다. 그러므로 공자는 사회적 관계에서 다섯 가지 기본인 오륜, 즉 부부유별夫婦有別, 부자유친父子有親, 군신유의君臣有義, 장유유서長幼有序, 붕우유신朋友有信을 엄격하게 지켜야 한다고 주장했다. 그러한 사회적 윤리는 오늘날 지나치게 보수적인 것처럼 보이기는 하지만, 당시의 역사적 상황에서는 이것이 매우 진일보한 것이었다. 결국 공자가 호의적으로 묵인한 계급 제도는 항상 관계에 있어 연장자가 힘을 행사할 시 정당하고 이기심이 없어야 한다는 가정에서 시작해야만 정당화될 수 있다는 믿음에 의해 조화를 유지했다.

공자는 스스로 모범을 보인 리더였다. 그는 자신의 신조를 구체적으로 "남들이 너에게 하지 않기를 바라는 것을 네가 남에게 해서는 아니 된다"라고 표현했다. 만일 언젠가 중국의 공산주의가 확실히 붕괴한다면, 그것은 공자가 남긴 적잖은 유산 때문일 것이다. 공자는 사후 2천 5백 년이 되어서도 중국 인민의 충성에 대한 경쟁자로서 마오쩌둥에 의해 매도되었던 것이다. 비도덕적인 사상에 근거한 리더십은 종국에는 공자에 의해 명료해진 도덕 중심적인 리더십을 상대로 결코 승리할 수 없다.

: *Intellectual Leadership* :

05

: *Scientific Leadership* :

과학의 리더십

: 갈릴레오 갈릴레이

Galileo Galilei(1564~1642)

갈릴레오 갈릴레이는 이탈리아의 천문학자이자 수학자다. 지구가 반드시 우주의 중심은

아니라는 코페르니쿠스 이론에 대한 그의 지지는 가톨릭교회를 분노에 빠뜨렸다. 그는

망원경과 같은 새로운 도구를 이용한 실험적 관찰을 통해 자연이 어떤 원리로 움직이는

지를 찾아내려 했다. 이러한 방식으로 그는 지적인 리더십의 귀감이 되었으며 과학 혁명

의 길을 닦는 데 일조했던 것이다.

진리를 추구한 일생

과학자들은 대중보다는 고도의 전문 분야에 지나치게 관심을 집

중하기 때문에 전통적인 의미에서 리더로 타고난 사람들은 아니

라고 흔히들 말한다. 어떤 리더십 연구는 지능 지수가 지나치게 높

으면 리더십에는 불리하다고 주장하기도 한다. 갈릴레오는 칼보

다는 생각에 의지함으로써 과학자가 어떻게 리더로서 사회 변화

를 추동할 수 있는지를 보여준 리더다. 갈릴레오와 뉴턴Newton과

같은 과학자들이 발견한 자연의 법칙은 스스로의 생명력을 갖고 있어 과학적 지식이 풍부한 오늘날에도 전 세계인들이 그 법칙을 따르고 있다.

과학자들은 기껏해야 자신들의 가설이 사실이라는 이유로 마침내 사회의 모든 의식 있는 구성원들의 충성을 획득하며, 그들 자신이 그 과학적 생각에 지독하리만큼 충성함으로써 리더십을 갖게 된다. 과학적 리더는 특별한 문제의 진실을 알고, 또한 증명하겠다는 고집을 바탕으로 리더십을 발휘할 수 있을 뿐이다. 자연계의 진리를 탐구하는 일에 기여함으로써 과학자들은 신화와 궤변, 몽매주의에 의지하는 그릇된 리더에게서 모든 사람들을 해방시킬 수 있는 생각을 세상에 부여한다. 과학적 리더십은 그러므로 전통적인 정치·군사 리더십과는 다르며, 궁극적으로는 훨씬 더 중요한 것인지도 모른다. 갈릴레오는 새로운 진리를 발견한 그의 능력뿐 아니라, 그를 엄습해 오던 이단 심판의 위협을 받으면서도 그 진리를 추구하고 발표한 용기로 인해 위대한 과학적 리더로서 인정받는 것이다. 그의 일생은 오늘날 당장은 혹평을 받고 있는 사람일지라도 종국에는 자신의 생각이 인류 다수의 '믿음' 을 얻게 될 것이라는 희망으로 진리를 추구하는 리더들에게 하나의 귀감이 된다.

과학 역사학자 토마스 쿤Thomas Kuhn은 과학이 비교적 보기 드문 패러다임 교체를 겪고 있다고 하면서, 그 속에서는 현재 득세하고 있는 과학 이론이 더 이상은 새롭고 자가당착적인 자료를 설명할 수 없다고 주장한다. 그러한 변화의 주된 사례로는 근대 초기의 유럽에서 태양과 지구 중 어떤 것이 은하계의 중심인지에 대한 논쟁을 들 수 있다. 중세 전반에 걸쳐 과학자들은 성서가 과학의 궁극적 인도자라고 믿었다.

프톨레마이오스Claudius Ptolemy와 아리스토텔레스 같은 고전적 저술가의 우주관은 중세에 기독교화되면서 가톨릭교회가 받아들일 수 있는 세계관을 낳았다. 특히 이 세계관은 신이 인간을 둘러싸고 있는 우주의 중심이라고 믿었다(지구가 만물의 중심에 있다는 지구중심적인 세계관, 즉 천동설이다). '떨어진' 수정 구체가 지구 저편으로 넘어가고, 지구에서 멀리 떨어질수록 점점 더 완벽한 형태로 변한다는 것이다. 프톨레마이오스의 자료와 우주관은 이 세계관을 지지하기 위해 사용되었다. 그 체계에 대한 어떠한 예외도 단순히 말소되거나 경원시하는 것이 용인되었다. 중세 학자들에 의해 철학자로 여겨졌던 아리스토텔레스는 이후 어떤 자연 철학자든이 주제에 대하여 취해야 할 무엇보다 중요한 접근법을 제공해 주었다. 아리스토텔레스에 따르면 자연의 모든 것은 반드시 목적을 갖고 있다. 훗날 기독교 사상가들은 자연 현상 이면에 있는 궁극의 목적은 바로 신의 목적이라고 설명하려 했다.

한편에서는 이것이 중세 학자들에게 자연을 연구하게 만든 동기를 마련해 주었다고 본다. 왜냐하면 신의 창조를 이해함으로써 인간은 그 위대한 창조자의 생각을 들여다 볼 수 있기 때문이다. 유대-기독교적 세계관의 또 다른 이익은 자연이 당시 알 수 없는 대상도 아니며, 그렇다고 독단적으로 다룰 수 있는 것도 아니라고 여겨졌다는 것이다. 왜냐하면 불합리성이란 합리적이고 전지전능한 신의 생각에 모순될 것이기 때문이다. 신의 창조는 독단적인 것도, 무질서한 것도, 혼돈스러운 것도 될 수가 없었다. 바로 신 자신이 이러한 특성을 지니고 있지 않기 때문이다.

갈릴레오가 수학을 연구하게 된 것은 어쩌면 음악 이론에 지대한 관심이 있는 음악가인 그의 아버지에게서 비롯된 것일지도 모른다. 갈릴레오는 운 좋게도 역사와 문화, 르네상스 기운이 풍부한 피사에서 태어났다. 그는 의학을 공부하기 위해 피사대학에 진학했으나 진정으로 원했던 수학을 공부해 아버지를 실망시켰다. 갈릴레오는 시에나와 피렌체 같은 도시에서 개인 지도를 하면서 생활비를 벌었다. 천체의 운동에 대한 그의 연구는 그에게 명성을 가져다 주기에 충분한 것이었고, 귀족 후원자들과 친분을 쌓음으로써 대학 교수직을 구할 때 지원을 받을 수 있었다.

1589년, 마침내 그는 피사대학에서 수학을 가르치게 된다. 이 무렵 갈릴레오는 천체 운동의 몇 가지 기본 법칙에 관하여 아리스토텔레스가 틀렸다는 것을 증명하는 실험을 했는데, 그 엉뚱하고도 간단한 실험은 많은 사람들의 상상력을 매료시켰다. 예를 들어 아리스토텔레스는 무거운 물체일수록 가벼운 물체보다 더 빠른 속도로 낙하하기 마련이라고 믿었지만, 갈릴레오는 마찰이 없을 시 모든 물체는 동일한 속도로 낙하한다는 것을 증명해 보였다. 아리스토텔레스에 대한 이러한 반박은 갈릴레오로 하여금 대학 교수직을 잃게 만들었다.

어쩌면 갈릴레오가 결혼을 하지 않았던 것은(비록 베네치아의 한 여성 사이에서 세 자녀를 두긴 했지만), 돈이 없었기 때문이기도 하고 연구에 대한 헌신 때문이기도 했을 것이다. 갈릴레오는 진리를 추구하는 데 있어서 리더십이란 그 진리가 어디로 인도하든 큰 개인적 희생을 강요할 수도 있다는 것을 보여 주었다. 그는 전형적인 가정생활을 영위할 수 없었을 뿐 아니라, 성서에 도전하는 실험을 했다는 이유로 이단 심판에 대한 끊임없는 두려움에 대처해야 했다. 그러나 갈릴레오는 진보한 망원경을 개발함으로써 일대 전환점을 맞게 된다. 네덜란드의 발명가 몇몇이 그러한 장비를 만드는 일을 하고 있다는 소식을 들은 갈릴레오는 그에 영감을 받아 자기가 직접 뛰어난 모형을 만들어 낸 것이다. 실제로 갈릴레오는 당대 최고의 망원경을 만들기 위해 렌즈 연삭이라는 특화된 기술에서 거의 전문가가 되었다. 베네치아 의회는 그의 연구 성과에 상당한 감명을 받았고, 그에게 종신직으로 파도바대학 교수직을 내주었다.

곧 그는 관찰 대상을 원래 크기의 스무 배까지 확대시켜 볼 수 있는 기구를 개발했다. 이제 그는 '죄 많은 지구'만이 형태에 있어

불완전하다는 것을 논박할 수 있었다. 그는 달 표면이 거칠고 고르지 않다는 사실도 쉽게 증명해 보이면서, 우주 전체를 움직이게 하는 불변의 힘이 천체 전반에 평등하게 영향을 미친다는 학설을 내놓았다. 게다가 그는 우주에서 관찰 가능한 대상의 범위를 넓혔다. 갈릴레오는 육안으로는 볼 수 없는 수없이 많은 별과 함께 목성 주위를 돌고 있는 위성을 발견했다. 그는 또한 금성의 여러 상은 그 행성이 태양 주위를 돌고 있음을 보여주는 것이라고 주장했다. 지구도 역시 마찬가지라는 함의였던 것이다. 그의 저서 『시데레우스 눈치우스』는 이러한 일련의 발견을 요약한 것으로 그를 유명하게 만들었다. 이제 그는 메디치의 코시모 2세Cosimo II의 후원을 받으며 고향으로 돌아갈 수 있게 된 것이다.

1613년, 갈릴레오는 코페르니쿠스의 학설을 지지하고 있었다. 갈릴레오를 적대시하던 사람들은 (그 문제에 대해) 교회가 공식적으로 인정하고 있는 천동설에 대한 이러한 위협을 로마에 알렸다. 교회는 코페르니쿠스 이론과 그에 대한 갈릴레오의 지지에 대해 왜 그토록 불안해했을까? 갈릴레오는 불행하게도 반종교 개혁, 다시 말해 '가톨릭 개혁(프로테스탄트 종교 개혁에 대응해 내적 갱신을 목표로 추진한 로마 가톨릭교회의 개혁 운동이다)' 중 세간의 이목을 끌고 있었다. 갈릴레오가 핵심적인 교회의 지위를 잠식하고 있는 것으로 보였다는 사실은, 그와 같은 험난한 시대에 교회가 참고 있기에는 너무도 과한 것이었다. 벨라르미노Bellarmine 추기경은 어떤 공적인 교신에서도 절대 코페르니쿠스의 학설을 고집하지 말라고 갈릴레오에게 직접적으로 경고했다.

정작 갈릴레오 자신은 교회의 심기를 건드리고 싶지 않았다(그는 코페르니쿠스의 이론이 기독교와 화해할 수 있을 것이라 믿었다). 그러나 그는 신이 창조한 우주의 핵심적 진리를 외면하려 한다는 의미에서 나쁜 기독교인이 되기는 원치 않았다("진리가 너희를 자유롭게 하리라"는 기독교의 교리에 나오는 문구가 아니던가?). 그의 저서 『시금자』에서 갈릴레오는 타고난 여느 철학자보다도 더 훌륭한 철학자가 되었다. 그는 조사의 제1 원칙을 제창함으로써 오늘날까지도 모든 현대 과학자들이 따르는 리더가 된 것이다.

갈릴레오에게 있어서 제일의 진리는 우주라는 웅대한 책에 쓰여 있으며, 그것 자체가 언제까지나 우리의 주목을 받고 있는 것이다. 그러나 그 책은 우선 그 책에 쓰인 언어를 터득하고 문자를 읽는 법을 배우지 않는다면 이해할 수 없다. 주 암호는 바로 수학이라는 언어다. 갈릴레오의 후원자 바르베리니Barberini 추기경이 교황 우르바누스 8세Urbanus VIII가 되자 갈릴레오는 자신이 새로이 쓰고 있는 책에 관해 교황과 협의했는데, 코페르니쿠스의 지동설에 대해 더 심도 있게 토론하게 될 책이었다. 교황은 묵인했지만, 단 그 책이 코페르니쿠스의 지동설을 억측인 것으로 취급하겠다는 서약이 담보되어야 한다고 했다. 그 결실로 『2대 세계체계에 관한 대화』라는 제목의 책이 탄생한다. 갈릴레오는 그 책에서 3인의 중심 인물(갈릴레오 자신을 대변하는 살비아티, 새로운 관념에 개방적인 범부 사그레도, 아리스토텔레스의 이론을 옹호하는 심플리치오) 간에 이루어지는 가공의 대화를 구성했다. 대화는 코페르니쿠스적 이론 체계의 장점에 관한 것이었다.

갈릴레오로서는 불행한 일이지만 교황은 어리석은 심플리치오가 대변한 그 문제에 관한 갈릴레오의 시각을 알고 언짢아했다. 바로 이 시점에 갈릴레오는 이단 심문에 들어가게 된 것이다. 이 이단 심문이라는 것이 일반인들이 생각하는 것처럼 그렇게 살벌하고 불합리한 것은 아니어서, 그간의 관례와는 대조되는 모습을 보였다. 또한 갈릴레오 역시 1천 5백 년의 역사를 가진 교회를 혼자 힘으로 뒤엎으려고 하는 무신론자가 아니었기 때문에 사실상 타협을 보기에 이르렀다. 갈릴레오는 그가 『2대 세계체계에 관한 대화』에서 자신의 입장을 과장한 점을 인정하겠다는 데 동의했다. 그 보답으로 종신토록 가택 연금을 당하는 것으로써 순교를 모면했다. 그가 비록 심문관들에게 "그래도 지구는 돈다"라는 그 유명한 한 마디를 중얼거린 일은 결코 없었을지 몰라도, 갈릴레오의 리더로서의 유산은 그의 생각에서 나온 것이기에 아직까지도 계속 살아 있는 것이다.

혹자는 갈릴레오가 불필요하게 교회 권력 집단과 분란을 일으켰고, 전반적인 논쟁 또한 불필요한 것이었다고 주장한다. 그러나 갈릴레오가 교회와 싸운 것은 과학자로서뿐 아니라 리더로서도 필요한 부분이었다. 모름지기 리더가 되기 위해서는 보복을 두려워하지 않고 자신의 가설을 대중 앞에 공식화하는 지식인의 권리를 근간으로 해 리더의 지위를 쟁취해야만 하는 것이다. 그렇기 때문

에 갈릴레오가 과학적 리더로서 그가 구현한 실험적 태도의 귀감
이 되는 것이다.

: 알버트 아인슈타인

Albert Einstein(1879~1955)

알버트 아인슈타인은 우리의 우주관과 그에 대한 우리의 근본적인 가설에 변화를 가져다 준 물리학자다. 과학자 중에서도 그를 리더로 칭한 이유는 바로 그가 자신의 명성을 이용하여 그 시대의 위대한 인도주의적 대의명분을 지지하고자 했기 때문이다. 그는 평생을 자신의 난해한 학문 안에 머무른 채 더 쉬운 길을 선택할 수도 있었을 것이다. 그러나 그는 물리학자로서 인류의 행복을 위해 일하면서 축적해 온 문화적 자산을 이용하는 길을 택했다. 그의 과학적 발견은 우주와 그 안에서의 우리의 위치에 일대 혁명을 일으켰다. 그 과정에서 그는 자신의 지적인 업적과, 폭넓은 청중에게 과학의 흥미진진함과 매력을 전하는 능력을 이용해 과학이라는 논제를 진일보시키는 데 이바지했다.

인간 중심의 리더였던 과학자

알버트 아인슈타인은 보불 전쟁에서의 승리와 급속한 산업 발달 덕에 경제가 느닷없는 활기를 띠고 있던 독일에서 성장했다. 그의 아버지는 당시의 일류 하이테크 산업인 전기 공학에 관여하고 있었다. 도전 정신을 갖게 하는 가정 환경으로 인해 자극을 받으면서도 어린 아인슈타인은 엄격하고 정확성을 요하는 당시의 독일 교육 제도에서 재주를 마음껏 발휘하지 못했다. 아인슈타인은 심지어 취리히에 있는 스위스 연방 공과대학에서 중퇴하는 아픔을 겪었다. 그는 스위스에 계속 남아 베른에 있는 특허 사무실에서 일했다.

아인슈타인은 명목상으로는 그 특허 사무실에서 일하면서도 자신의 시간을 최대한 활용했다. 1905년은 과학자로서의 그의 이력에서 기적의 해였다. 아인슈타인이 발표했던 초기 논문들 중 하나로 그 해 박사 학위를 받은 것이다. 두 번째 논문에서는 물리학자들에게 '브라운 운동'으로 알려진 현상을 설명했다. 세 번째 논문에서는 빛이 파상적 특성과 입자의 특성을 모두 갖고 있는 광자로 구성되어 있다는 가설을 세웠다. 독일의 유명 월간 학술지《물리학 연감Annalen der Physik》에 발표한 네 번째 논문은 그 중에서도 가장 획기적인 것이었다. 여기에서 아인슈타인은 그의 유명한 상대성 이론을 선보였던 것이다. 본질적인 의미에서 그 논문은 시간과 공간, 중력에 대한 우리의 관념을 새롭게 개념화시켰다. 그 과정에서 아인슈타인은 거의 혼자 힘으로 뉴턴 이래로 존재해 온 자연과 우주의 고전적 모델을 바꿔 놓았다. 아인슈타인은 만일 빛의 속도가 변하지 않는 것이라고 가정하면, 시간과 움직임은 관찰자가 처해 있는 기준 틀에 따라 관찰자에게 상대적인 것으로 보일 것이라는 이론을 증명했다. 1905년, 아인슈타인은 'E=mc²' 공식에 따라 에너지와 질량은 궁극적으로 호환성이 있다는 주장과 함께 물리학에 대한 그의 논문을 마무리지었다.

아인슈타인은 1차 세계대전 발발 전 몇 해 동안 대학 교수로 재직했다. 1914년 늦여름, 전쟁이 발발하자 아인슈타인은 스위스에 있는 아내와 자녀들과 떨어져 베를린에서 홀로 생활을 하게 된다. 아인슈타인은 이 시기 군국주의의 수위가 매우 높아지고 있던 유럽에서 평화주의자로 대중에 알려지게 되었고, 상당한 위험에 처하게 되었다. 종전 후, 인간성의 미래에 대한 아인슈타인의 낙관주의는 군국주의가 결국 사람들로부터 불신을 사게 되었다는 믿음과 함께 더욱 강해졌다. 또한 1919년 그의 상대성 이론이 영국 학술원 출신의 과학자들에게서 인증 받으면서 세계적인 명사가 되기에 이르렀다.

아인슈타인은 이제 대중들에게는 천재 과학자와 같은 말로 통한다. 그는 새로 찾은 명성을 경박하고 방종하게 소진시켜 버릴 수도 있었을 것이다. 그 대신 아인슈타인 자신에게 주어진 명성을 한껏 이용해 국제적 분쟁의 평화적 해결을 증진시키고자 했다. 그는 또한 유태인과 기타 소수자들의 공민권을 수호하는 데 있어서도 일익을 담당했다. 또한 2차 세계대전 이후 이어진 시온주의 운동의 주도적 대변인이 되었다. 그는 자신이 누린 폭넓은 대중적 관심을 이용하여 전 세계를 여행하면서 평범한 사람과 전문가 모두에게 자신의 과학적 이론을 설명하려 했다. 1921년 노벨 물리학상을 받으면서 아인슈타인의 생애 후반부가 시작되었다. 비록 전반부만큼 성공적인 결과는 얻지 못했지만. 그는 물리학에 더욱 더 몰입했다. 우주의 근간이 되는 법칙을 모두 통합시킴으로써 우주와 우주의 운동을 일관되게 설명하려 한 것이다. 양자 물리학과 그것의 불확정성 원리(개별적 소립자들의 행위는 예측이 불가능하며 관찰이라는 행위의 영향을 받는다는 이론이다)는 평생 동안 따라다니며 그를 괴롭혔다. 철학적으로 말하면 그는 양자 물리학이 내포하는 그 임의성을 맛볼 수가 없었다. 아인슈타인으로서는 "신이 우주와 주사위 놀이를 한다"는 것이 결코 진실일 수 없는 것이다.

아인슈타인은 1920년대 이후 놀랄 만한 능력을 발휘하면서, 최고의 과학자이자 다양한 인도주의적 주장을 주도하는 리더로서의 노력을 계속하였다. 그는 세계의 무장 해제를 위한 운동을 조직하는 일에 있어서 부단한 노력을 했으며, 현대 문명에서 왜 전쟁이 종식되지 않는지에 대한 지그문트 프로이트Sigmund Freud와의 공개적인 서신 교환을 시작했다. 그는 진리란 주관적 가치이기보다는 오히려 객관적 가치라는 개념을 공공연하게 옹호했다. 아인슈타인은 1930년대 경제 대공황의 시작과 히틀러의 등장으로 또 다시 유럽을 뒤덮은 군국주의에 맞서 싸웠다. 히틀러가 정권을 잡은 직후, 아인슈타인은 자신의 독일 공민권을 포기하고 1933년 영원히 조국을 떠나면서 자신의 심리 상태를 공개적으로 표했다.

아인슈타인은 뉴저지 주 프린스턴의 고등과학원에서 위안을 찾는다. 그는 계속해서 과학적인 문제에 자신의 리더십을 이용함으로써 정치적으로는 미국 정부의 최고위급에 자신의 견해에 대해 발언할 기회를 얻기도 했다. 일단 독일이 핵무기를 개발할 가능성이 있다는 사실에 경악하게 된 그는(부분적으로는 자신의 방정식의 결과물이었다) 민주주의 세계가 그러한 가능성에 대비해 스스로를 보호할 필요가 있음을 전하는 서신을 루스벨트 대통령에게 보낸다. 아인슈타인 쪽에서 보인 이러한 리더십은 맨해튼 계획을 촉발시켰고, 그것이 종국에는 독일과 일본 양국의 파시즘을 확실하게 궤멸시키는 데 기여했다.

아인슈타인은 2차 세계대전 이후, 어쩌면 인류 최후의 전쟁일지도 모를 3차 세계대전의 발발을 막을 수 있는 일정 형태의 세계 정부를 주창하는 데 많은 시간을 보냈다. 아인슈타인은 이렇게 진술했다. "내가 성취하고자 하는 것은 단지 나의 미약한 능력이나마 그것을 달가워 할 사람이 단 한 명도 없을지라도, 진리와 정의에 이바지하는 것이외다." 이 진술은 아인슈타인이 최고의 과학자이면서 동시에 대중적 리더가 된 이유를 우리에게 웅변해 준다.

: 찰스 다윈 Charles Darwin(1809~1881)

찰스 다윈은 영국의 자연주의자이자 과학적 리더로서, 그의 진화론은 현대를 형성하는 데 없어서는 안 될 개념이다. 또한 그는 자신의 종교적 관념이 자신의 과학적 탐구의 증거로 인해 도전을 받는 것도 마다하지 않았던 보기 드문 리더의 한 실례다(그는 애초 영국 국교회에서 일할 계획이었다). 자연 선택설과 진화론을 공식화함으로써 다윈은 자연 속 인간의 위치에 대한 우리의 생각을 일대 혁신시켰다. 그는 또한 자신감 넘치는 현대 과학의 확립에 이바지함으로써, 점차 당시 만연해 있던 종교적 확신에 반하는 연구 프로그램을 거리낌 없이 따르게 했다. 다윈이 태어났을 때 과학은 여전히 자연 철학, 즉 신학이 자연 현상에 대한 과학적 설명을 압도하는 관념에 종속되어 있었다. 다윈이 사망할 무렵에는 과학이 전문적으로 조직화되어 종교적 통제의 요소가 대부분 분리되었다. 무엇보다도 가장 중요한 것은 다윈의 리더십 유산이 오늘날 우리에게 자신의 운명을 책임짐에 있어 도구를 제공했다는 데 있다. 우리는 이제 인간의 진화를 우리 마음대로 취할 수도 있고 또한 그것을 우리 자신의 목적을 위해 좌지우지하게 될 날을 예견할 수도 있게 되었다. 인류에게 불을 사용할 수 있는 힘을 주기 위해 모든 것을 건 프로메테우스처럼, 다윈은 현대 사회에 인간이라는 종이 '유년기'를 넘어설 수 있도록 도구와 기회를 주었다.

빅토리아 시대의 지성적 리더

찰스 다윈은 의사인 아버지와 부유한 웨지우드 가문 출신인 어머니의 아들로 편안한 환경 속에서 태어났다. 다윈은 학교에서 받은

기계적 암기 방식의 교육을 좋아하지 않았다. 일찍이 과학 과목을 좋아한 다소 별스러운 학생이었다는 점 때문에 반 친구들과 심지어 교사들 사이에서도 그는 놀림감이 되었다(화학을 특히 좋아한 그를 친구들은 '가스'라고 부르며 놀려댔다). 곧 다윈과 그의 아버지 사이에 그의 장래 직업에 관한 긴장이 고조된다. 마침내 격심한 질풍노도의 시기를 거친 후, 젊은 다윈은 1825년 의학 공부를 위해 에든버러대학에 들어갔다. 다윈은 의사가 되는 것을 몹시 싫어했지만 에든버러에서 당대 최고의 과학적 사상을 접하게 되면서 그의 자연에 대한 관심이 자극을 받았다. 예를 들어, 다윈이 그곳에 있는 동안 그는 후천적 특성의 유전에 대한 라마르크Jean de Lamarck의 이론을 처음 접했다. 영국의 명문 옥스브리지 대학(오랜 전통의 옥스퍼드대학과 케임브리지대학을 말한다)의 문화는 자유 사상을 가진 많은 학생들과 맞지 않았기에 그들은 에든버러대학으로 왔다. 그 두 명문 대학에서는 모든 학생에게 여전히 영국 국교도일 것을 필수 조건으로 요구했기 때문이다.

일단 다윈이 의사 개업을 할 수 없게 되었음을 여실히 보여주자, 그의 아버지는 아들이 신사로서 존경 받을 만한 직업을 가지려면 케임브리지대학을 졸업하는 수밖에 없다고 생각한다. 졸업 후 다윈이 아버지에게 충실한 인생을 살기로 약속한 대가로 경제적 보조를 받으면서 아마추어 박물학자의 삶을 산 것은 어쩌면 당연한 수순이었을지도 모른다. 그러나 케임브리지에 있으면서 다윈은 식물학을 공부했고, 한 교수는 다윈에게 남미를 여행하면서 직접 자연을 연구해 보지 않겠느냐고 제안한다. 다윈은 기쁜 마음으로 1831년 남미로 떠난다. 많은 전기 작가들은 그 5년 동안의 탐험 여행을 두고 진정한 교육의 장을 제공했으며 다윈을 한 인간으로서 성숙시킨 여행이라고 말하는 것도 일리가 있다. 그는 유명한 갈라파고스 제도를 방문했으며 브라질과 안데스 산맥과 같은 먼 오지까지도 둘러보았다.

그 여행을 통해 다윈은 '치열한 적자생존의 자연'을 보았다. 그는 남미에서 인종 간·부족 간의 권력과 자원을 위한 투쟁을 목격했다. 색다른 인디언 부족과 그들의 풍습도 목격했다. 그는 멸종한 종의 흔적을 우연히 발견하기도 했다. 그는 설명이 필요한 매혹적인 지층도 목격했고, 갈라파고스 제도의 되새에 매료되기도 했다. 그는 여러 섬을 다니면서 그 새들의 모습이 서로 약간씩 차이가 발생한 것을 목격했는데 변이 정도는 미미했지만 매우 중요한 의의가 있었다. 그는 기독교 전통에서 물려받은 말쑥하고 지적인 설계에는 맞지 않아 보이는 구조를 자연 속에서 관찰했다. 다윈은 5년의 여행을 마치고 영국으로 돌아오면서 5천 가지가 넘는 표본과 수천 쪽의 메모, 일지를 가지고 왔다. 그는 자신의 경험을 통해 유명한 지질학자로 부상했다. 1839년『찰스 다윈의 비글호 항해기』가 출간된 것이다. 그는 지질학회 회원이 되었고 당대의 가장 유명한 지질학자 찰스 라이얼Charles Lyell과 친분을 쌓았다.

1840년대에 다윈에게 있어 가장 큰 문제는 영국의 전반적인 정치 풍토였다. 산업화와 아일랜드의 감자대기근, 정치 개혁 요구, 1848년 유럽 전역에 걸쳐 일어난 혁명 등으로 암울했던 사회적 상황에서 자신이 여행 중 관찰한 현상에 대한 진화론적 설명의 첫 발표가 지나치게 공적인 방식이라는 것에 불안해했다. 이 무렵 다윈은 인간이 창조의 가장 중요한 부분이라거나 자연의 섭리가 목적론적인 것이 아닐 것이라는 개인적인 결론에 이르렀던 것이다. 그는 심지어 신의 개념은 뇌의 생물학적 구조의 부산물일 뿐이라고 혼자 생각에 잠겨 말하기도 했다.

이들 새로운 관념에 대한 긴장감으로 인해 그는 평생토록 그를 따라다니게 될 심각한 위장 장애를 겪게 된다. 그는 과학적으로 가히 혁명적이었던 과거의 리더, 갈릴레오에게 닥친 운명을 너무도 잘 알고 있었다. 다윈은 사회의 존경받는 일원으로서 영국 국교회의 중심에 남고자 하는 욕구 때문에 괴로워했다. 정작 그의 아내도 그의 새로운 사상에 몹시 불편해했다.

그래도 다윈은 자연에 있는 자연 형태의 다양성에 대한 수수께끼를 풀기 위해 분투했다. 그는 말의 품종 개량 기술에 대해 자신의 친구들에게 물었고, 계속해서 직접 자연을 조사했다. 만일 다윈에게 과학적 리더로서 유레카의 순간이 있었다면, 그것은 아마도 1838년 그가 맬서스Thomas Malthus의 『인구론』을 읽었을 때일 것이다. 맬서스에 따르면 모든 생물의 비극은 식량 생산이 산술급수적으로 늘어날 뿐인 반면 인구는 기하급수적으로 팽창한다는 것이다. 그 결과 간헐적으로 급격한 인구 감소가 발생하면서 적자만이 살아남게 될 것이라는 전망이었다. 바로 이것이 다윈이 생물학에서 변이와 변화를 설명하는 데 이용한 자연 선택설의 기원이 된 것이다. 1840년대 무렵, 다윈은 점점 더 조용한 인생을 영위하고 있었다. 그의 진화론은 거의 완벽한 이론이었으나 안타깝게도 그의 비밀노트 안에 계속 처박혀 있었다.

1851년 사랑하는 딸이 죽자 다윈은 기독교에 대해 그에게 남아 있던 유대감을 상실했다. 안정된 1850년대에 영국의 문화적 분위기는 새로운 사상에 매우 개방적이었다. 사회는 점점 더 능력 위주의 사회가 되어갔다. 토머스 헨리 헉슬리Thomas Henry Huxley와 같이 자유사상을 가진 신진 과학자들이 그 시기 대중적인 지식인의 삶 속에서 꿋꿋이 살아남았고, 심지어 부자가 되기도 했다. 헉슬리는 다윈을 만나 그에게 진화론을 설명하는 책을 출판할 것을 재촉했다.

1858년 다윈은 또 다른 박물학자 알프레드 러셀 월리스Alfred Russell Wallace의 소식을 듣고 더욱 고무되어 자신의 진화론을 대중에게 발표해야겠다고 결심한다. 월리스의 말레이 제도 연구는 다윈이 이미 도달한 것과 동일한 결론을 도출하고 있었다. 다윈은 1858년 하반기 그들 각자의 발견이 린네학회에 발표되었을 때, 리더답게 동료의 연구를 정식으로 인정했다. 다윈 이론의 전반적인 요약은 마침내 1859년 『종의 기원』이라는 제목으로 선보인다. 이 무렵 그의 건강이 매우 악화되기 시작하여 새로운 연구를 세상에 내놓고도 적극적으로 주창할 수가 없었다.

그의 리더십의 한 양상은 독창성과 신중한 성품, 그의 점잖은 태도를 칭찬하며 헌신적으로 그를 보호해 주는 친구들을 끌어당기는 능력이었다. 공인으로서는 세상에 나서지 않았던 다윈의 그런 점이 과학에 관련한 문제들에 미친 그의 권위 있는 리더십을 더욱 강화시켰다. 이러한 상황에서 다윈은 그의 사상이 가장 공격 받기 쉬울 때 왕실의 많은 지지자들의 도움을 받았다. 헉슬리는 다윈에 대한 많은 비판에 맞서 그를 공개적으로 지지하고 나서는 단호함으로 인해 용맹스런 '다윈의 불독'으로 알려지게 되었다.

다윈이 이룬 업적은 현대인의 삶 전반에 세분화될 과학적 사고의 새로운 패러다임을 제공했다. 일부에서는 그의 사고가 사회적 다윈주의라고 불리게 된 것을 조잡한 분석이라고 격하시키려 한 반면, 우리는 다윈의 생각이 인간이 아닌 하류 동물에서 탄생한 것임을 기억해야 한다. 다윈은 자신의 조용한 과학적 리더십의 방식으로 인류에게 수십억 년에 걸쳐 지구상에서 진화를 거쳐 온 방식에 대한 최초의 자연과학적 설명을 제공해 주었다. 그 과정에서 그는 인류에게 성장할 수 있는 기회와 그 문화적·생물학적 미래를 자신의 것으로 취할 수 있는 기회 역시 주었다. 지적인 리더에게서 더 이상 무엇을 원하거나 기대할 수 있겠는가? 역사가 계속되는 한 국가는 흥망성쇠를 거듭할 것이다. 그러나 다윈의 사상은 계속 해서 남아 있을 것이다.

06

: Female leadership :

여성의 리더십

: 잔 다르크 Joan of Arc(1412~1431)

잔 다르크는 역사적으로 가장 유명한 여성 중 한 사람이다. 그러나 그녀의 리더십 기술은 잘 알려지지 않은 것이 다반사다. 영국과의 백년전쟁의 결과로 프랑스의 명운이 어느 정도로 추락했는지를 감안한다면, 프랑스 군대의 사기 진작에서 보인 그녀의 능력은 탁월한 것이었다. 그녀는 오를레앙을 포위하려는 영국으로부터 그 도시를 해방시킨 '오를레앙의 처녀'로 알려졌다. 이 사건이야말로 프랑스를 구한 전쟁의 일대 전환점이라 믿는 사람들이 많이 있다. 프랑스의 농촌에 사는 일개 여자라는 이유로 부닥친 모든 편견을 극복하고 프랑스 사회의 확신을 얻어낸 그녀의 능력은 탁월했다. 그녀는 영국군에 포로가 된 이후에도, 또한 마녀라는 날조된 혐의를 받고 화형대에서 산화할 때에도 용기와 침착함을 보여 주었다. 오늘날까지도, 특히 지금으로부터 백 년도 채 되지 않은 1920년 성자로 칭해진 이후 그녀의 명망은 여전하다.

여성 카리스마의 상징

유럽의 15세기는 가능한 모든 리더십을 필요로 하던 시대였다. 전쟁과 기근, 정치적 격변, 역병이 중세 후기의 유럽을 재앙으로 몰고 갔다. 1412년 잔 다르크가 태어났을 때 프랑스와 영국은 전쟁의 한가운데 있었다. 1415년의 아쟁쿠르 전투는 영국에게 대승을

안겼다. 이 시기 프랑스 왕위는 미래의 영국 왕에게 지배를 받게 될 것처럼 보였다. 샤를 6세의 후계자인 샤를 7세는 왕위에 오르기까지 힘겨운 투쟁을 해야만 했다. 프랑스 대부분이 이제 영국과 영국의 부르군드 동맹의 손아귀에 들어가 있었기 때문이다.

잔 다르크는 프랑스의 극동 지역의 동레미에서 보잘것없는 농부의 딸로 태어났다. 12살이 되었을 때 그녀는 자신의 기독교 신앙과 관련한 목소리를 듣고 환영을 보기 시작했다. 특히 그녀는 성 미카엘과 성 마가렛, 성 캐서린이 그녀에게 영국을 프랑스에서 몰아내도록 도와 달라고 외치는 소리를 들었다고 믿었다. 도팽(프랑스 황태자인 샤를)을 알현하고자 수차례 시도한 끝에, 1428년 프랑스의 중심 도시인 오를레앙 근처에서 교전이 일어날 것을 예언한 것이 적중하자 마침내 그녀는 소원을 이루었다. 샤를 황태자를 알현한 후 공식적인 기독교 교리에 대한 그녀의 성실성과 충실성 여부를 판단하기 위한 주도면밀한 심사와 면접이 이어졌다. 마침내 1492년, 그녀는 영국군으로부터 전략적 도시인 오를레앙을 탈환하는 임무를 맡은 군에 배속되는 것을 허가 받았다. 그녀는 이 군사 원정대에 소속되어 있는 동안 다양한 목격자들에게 전략·전술가로 칭송을 들었으며, 사기를 진작시키는 역할도 훌륭히 해냈다. 그녀는 화살에 맞은 후에도 직접 그것을 뽑아냈으며, 수세에 몰린 영국군에 맞서 계속해서 최후의 일격을 지휘했다. 잔 다르크는 이 시기 전장에 나갈 때든 그렇지 않을 때든 남장을 하고 있었던 것으로 종종 비난을 받았다. 그러나 그것은 그녀의 입장에서 보면 훌륭한 리더십 결단이었을 뿐이다. 전통적인 남성 전사의 역할에 어울리는 복장을 함으로써 그녀는 적진을 더 쉽게 돌아다니며 포획을 피할 수 있었던 것이다.

마침내 잔 다르크는 영국에 불리하게 전세를 반전시키는 데 필요한 사기 진작에 기여했다. 오를레앙 탈환의 원동력이 됨으로써 그녀는 영국군과 그들의 동맹이 프랑스의 심장부를 침공할 수 없도록 만들었다. 이제 샤를 황태자의 군대는 프랑스 북부의 영국군 점령지에 대한 공격을 할 수 있게 되었다. 샤를은 어쩌면 잔 다르크의 충고대로 즉시 파리로 향함으로써 오를레앙에서의 그의 승리를 퇴색시키는 무리수를 둔 것인지도 모른다. 그러나 잔 다르크는 계속해서 프랑스군 곳곳의 최전선에서 병사들의 사기를 드높였다. 1430년 5월, 그녀는 운이 다해 콩피에뉴 근처에서 부르군드 동맹의 포로가 되었다. 샤를은 영국군에게서 잔 다르크를 송환시키기 위해 부단히 애를 쓰지는 않았다. 그는 어쩌면 자신의 왕관을 되찾는 데 농사꾼의 딸에게 지나치게 많이 의지하는 것이 두려웠던 것일지도 모른다. 게다가 그는 영국군의 점령에서 해방된 프랑스 국민이 지속적으로 잔 다르크에게 보내고 있던 갈채를 질시했다. 그의 리더십은 신중하고 전통적인 성향이었던 반면 잔 다르크의 리더십은 대담하고 카리스마가 넘쳤다.

잔 다르크는 이제 복수심에 불타고 있는 영국인들을 상대해야 했다. 잔 다르크는 마법을 쓴다는 것과 이단이라는 것, 남장을 했다는 것 등의 여러 가지 도덕적이고 종교적인 죄로 기소된 처지였다. 설상가상으로 재판은 교회와 달리 영국의 압력을 받거나 그들에게서 뇌물을 받은 관료들의 감시를 받고 있었으므로 결론은 이미 정해져 있는 셈이었다. 프랑스의 왕권 자체가 미결 상태로 있었던 당시 영국인들은 잔 다르크를 살려둘 여유가 없었다. 그녀가 의혹을 살 가능성이 있다면, 샤를의 왕권 역시나 불신임을 받을 수 있는 일이었다. 1431년에 시작된 재판 또한 기존의 재판법을 만족시키지 못했다. 잔 다르크는 자신만의 독자적인 법정 변호인을 갖는 것조차 금지된 상황이었다. 그 모든 불리함에도 불구하고 잔 다르크는 여전히 자신의 문제에 대처하는 방식에 있어서 용기를 보여 주었다.

예를 들면 그녀는 신의 은총 안에 거함을 믿는지에 대한 질문을 받았는데, 만일 그녀가 그렇다고 대답한다면 이단 혐의에 대한 진위를 입증하게 되는 것이었고, 그렇기에 대답에 신중을 기해야 했다. 자신의 유죄를 인정하게 될 판국이었던 것이다. 그러나 잔 다르크의 진심에서 우러나온 대답은 좌중을 감동시켰다. "만일 제가 신의 은총 안에 거하고 있지 있다면, 신께서 저를 신의 은총 안에 거하게 하실 것입니다. 그리고 만일 제가 신의 은총 안에 거하고 있다면, 신께서는 저를 계속 그 안에 거하게 하실 것입니다." 편견에 사로잡혀 있던 법정은 잔 다르크를 명백한 이단이나 마녀로 그려낼 수가 없었다. 그녀가 계속해서 남장을 하고 있었던 것은 아마도 강간을 피하기 위함이었거나 다른 복장은 할 수가 없었기 때문이었겠지만, 영국인들에게는 하나의 빌미가 되었고 신속하게 처형을 진행시킨 것이다. 영국인들은 너무도 불안한 나머지 그녀의 재를 센 강에 뿌림으로써 그녀의 유해가 순교자의 성보로 만들어질 수도 있을 것이라는 두려움을 감추지 못했다.

　그녀의 용기 있는 행위와 순교는 너무도 영웅적인 것이었고, 몇 년 지나지 않아 재심이 이루어졌다. 그리고 1456년, 그녀 사후에 무죄가 천명되었다. 잔 다르크의 삶은 리더십 기술에 관하여 심오한 것들을 구체화한다. 한 여성으로서 그녀는 남성의 편견을 극복해 내고 군인다운 용맹스런 모습을 취함에 있어 엄청난 용기를 보여 주었다. 그녀는 또한 기존 켈트족의 강력한 여성적 리더십에 대한 원형에 자신을 맞춤에 있어 대단한 통찰력을 보여 주기도 했다. 그녀는 패배가 거의 기정사실인 것처럼 보이던 때에, 전선에서 군을 지휘하면서 프랑스인들에게 승리를 거둘 수 있다는 용기를 고취시키는 능력으로 "체력이 1이면 도덕은 3이다"라는 나폴레옹의 금언을 실증했다. 그녀는 또한 자신의 종교적 힘을 독창적으로 이용함으로써 자신의 사명과 프랑스 국민의 대의를 전반적으로 강화시켰다. 잔 다르크의 종교적 소명에 대한 믿음은 독실했으며, 그것은 그녀에게 그 누구도 보잘것없는 농사꾼의 딸에게 기대하지 않은 위대한 공적을 달성하기에 충분한 카리스마를 주었다. 그녀는 재판에 임해 훌륭한 대응을 함으로써 동시대인들과 후손 모두에게 그녀가 '국난 극복의 리더'임을 보여 주었다. 그녀는 자신의 대의를 위해 기꺼이 희생을 아끼지 않았다. 그녀는 영국인들에게 완전히 항복하지 않았던 것이다. 죽어서도 그녀는 기독교도와 프랑스인들, 그리고 사실은 그녀의 순수한 믿음과 용기를 찬탄해 마지않던 모든 이들에게 계속해서 리더십을 전했다. 무엇보다도 그녀는 진정한 리더십이란 남녀를 불문하고 어떤 사회 계층에서든 나올 수 있는 것임을 증명했다. 그녀는 1920년 성자의 반열에 올랐으며, 이는 그녀의 리더십이 앞으로의 미래에 더욱 강력한 영향을 미칠 것임을 확실히 알려 준다.

: 엘리자베스 1세

Queen Elizabeth I(1533~1603)

엘리자베스 1세는 1558년 영국과 아일랜드를 통치하기 시작한 여왕이다. 그녀는 역사상 특별한 여성적 리더십의 힘을 실증한 여성이었다. 엘리자베스는 16세기 영국 정치가들과 그에 따르는 무성한 가부장적 억측을 뚫고 나아가기 위해 자신의 지적인 능력과 사회적 본능을 모조리 동원해야만 했다. 그녀는 또한 위험한 상황과 위기의 시대에 태어났다는 불이익을 안고 있었다. 그녀의 아버지는 여성 편력으로 악명이 높았던 헨리 8세였고, 어머니는 왕세자를 생산하지 못했다는 이유로 처형될 운명이었던 불운의 앤 불린Anne Boleyn이었다. 그 과정에서 헨리 8세는 어린 엘리자베스를 법적으로 인정받지 못하게 만들었다. 의회에서 헨리와 앤의 결혼이 처음부터 무효였음을 선언한 것이다. 그녀가 그토록 불행한 출발선에서 성공적으로 나라를 이끌면서 정치적·문화적 황금기를 맞이한 사실은 그녀의 비범한 리더십을 입증해 주는 것이다.

가부장적 시대의 위대한 여성 리더십

평범한 아이라면 이러한 상황에서 자포자기하고 은둔하거나, 일찍부터 어려운 환경에 눈치 빠르게 적응할 줄 아는 사람이 될 것이다. 그리고 엘리자베스는 후자를 선택할 수밖에 없었다. 그녀는 일찍부터 자신의 진짜 속마음을 드러내지 않고 다른 이들과의 관계에 있어서 극도의 용의주도함을 견지하는 본능을 발달시켰다. 심지어 엘리자베스는 아주 어렸을 적에도 중년 여성의 신중함을 가지고 있었다. 엘리자베스로서는 궁정 의식에 참석한 것이 운으로 작용했다. 그녀의 아버지 헨리는 세 번째 왕비인 제인Jane Seymour이 유일한 왕자를 낳았음에도 불구하고 엘리자베스를 장차 왕위를 계승할 후계자로 지명했다.

엘리자베스는 또한 주변의 핵심 인물들과 일찍부터 친교를 쌓는 능력을 보여 주었다. 그녀는 왕자인 에드워드, 그리고 헨리의 마지막 왕비 캐서린Catherine Parr과 많은 시간을 보냈다. 그러나 가장 중요한 것은 그녀가 풍부하고 수준 높은 교육을 받았다는 사실이다. 그것은 비록 왕손일지라도 그 시대 공주에게는 매우 드문 일이었다. 그녀는 수준 높은 교육 덕에 르네상스적인 교양을 갖춘 대단한 여성으로 자랐다. 그녀는 그리스 고전과 라틴어를 배운데다가 근대 프랑스어과 이탈리아어도 유창하게 구사했다.

1547년 아버지 헨리 8세의 사망 후, 엘리자베스에게는 자신에게 닥칠 새로운 위협에 대처하기 위해 열심히 노력하며 습득해 둔 모든 교육적·문화적 자산이 필요했다. 그녀의 후견인은 캐서린이 되었지만, 그녀는 야심만만하고 교활한 토마스 세이무어Thomas Seymour와 급하게 결혼한다. 1549년 그녀의 후견인이자 어머니인 캐서린이 사망하면서, 엘리자베스는 영국을 지배하려는 야심을 성취하기 위해 그녀와 결혼한 토마스의 계략과 관련한 모욕적인 심문에 휘말리게 되었다. 당시 십대에 불과했던 그녀로서는 충격이 아닐 수 없었다. 엘리자베스는 이 치욕적인 시기에도 특유의 침착성과 평정을 유지했다. 토마스가 반역죄로 처형되었다는 소식을 듣고도 자신의 감정을 드러내지 않을 수 있었던 것은 순전히 그녀의 강한 자제력 때문이었다.

엘리자베스가 다시 한번 충격에 휩싸인 것은 1553년 그녀의 이복동생인 에드워드가 죽고 이복언니인 메리가 왕위에 올랐을 때였다. 메리는 프로테스탄트적 성향이 강한 영국에서 독실한 가톨릭 신자였던데다 설상가상으로 가톨릭교를 국교로 신봉하는 스페인의 펠리페 2세와 결혼했던 것이다. 엘리자베스는 젊은 여성이라는 위치에 있었지만 자신의 적들(메리가 사망할 시 후계자가 없는 경우 엘리자베스가 왕위에 오르는 것을 원치 않았던 가톨릭교도들)을 두려워하게 만들 만한 힘을 갖고 있었다. 그러나 사실 그녀의 내면은 자신을 지킬 힘조차 거의 갖고 있지 않았다. 이런 정도의 긴장과 취약성이라면 그녀의 위치에 있는 웬만한 사람들은 전부 굴복하고 말았을 것이다. 그러나 엘리자베스는 그러한 상황에서도 냉정한 얼굴로 정신을 차렸다. 그녀는 심지어 메리를 전복시키려는 음모에 가담했다는 의심을 받은 후 런던 탑으로 보내지기도 했다. 그녀는 자신이 철저하게 지키고 있는 신념을 포기하지 않으면서도 적들을 달랠 수 있는 방법을 알고 있었다. 이 시기 그녀는 이단에 대한 자신의 지독한 증오를 항변함으로써 가톨릭교도들을 달랬다. 그리하여 그녀는 행동하는 외교적 수완을 필연적으로 배운 셈인데,

이는 어떤 리더에게도 필요한 것이었다. 만일 그녀가 인내심을 유지하기만 한다면, 마침내 권력을 손에 쥐었을 때 종교와 정치적 문제에 대한 그녀의 신념이 공공을 위한 정책으로 전환될 수도 있는 것이었다. 젊은 리더로서 그녀는 장기적으로 고려해야 하는 권력의 속성을 배우는 기민함을 보였다.

메리 여왕이 사망한 1558년, 드디어 행운이 그녀에게 찾아왔다. 엘리자베스의 대관식은 그녀를 영국 국민과 끈끈한 인연을 맺게 해 주었다. 성서를 받자(메리의 대관식 때에는 허용되지 않았다) 엘리자베스는 공개적으로 성서에 정성을 다해 입맞췄다. 이는 즉각적으로 그녀가 프로테스탄트 교리의 수호자가 될 것임을 알리는 것이었다. 엘리자베스는 또한 공식적인 의회에서 일할 만한 인재를 찾아내 보상할 줄 아는 결정적인 능력을 갖고 있었다. 윌리엄 세실 William Cecil과 같은 재능 있는 자문 위원들이 충성과 애정을 갖고 수년 동안 엘리자베스를 위해 일할 준비를 끝마쳤다. 엘리자베스는 또한 (당시 영국 국민의 상상 속에 내재해 있는 욕구를 충족시키는) 여왕인 자신의 이미지를 강한 자의식 속에서 만들어 내는 능력 덕에 강력한 리더로 발전했다. 강력한 여성 리더에 관하여 그 시대에 존재한 제한적인 이미지를 감안해, 엘리자베스는 영국인들의 마음과 정신을 압도할 하나의 이미지를 구현해야겠다고 마음먹은 것이다. 바로 국가와 결혼한 처녀 여왕이라는 이미지를 말이다.

그녀의 권력에 위험 요소로 남아 있는 것들은 매우 이중적인 성격을 띠고 있었는데 스페인의 가톨릭 세력과, 영국을 다시 가톨릭 신앙 국가로 복귀시키려는 스페인의 갈망을 두려워해야 한 것이다. 내적으로 그녀는 프로테스탄트 왕통의 지속성을 보장하기 위한 왕자를 낳아야 한다는 압박에 대처해야만 했다. 여기서 그녀는 딜레마에 빠지게 된다. 만일 그녀가 결혼을 하게 된다면 스스로를 남편에게 종속시킬 위험이 있었으며, 처녀 여왕으로서 용의주도하게 쌓아 올린 자신의 이미지를 잃을 수도 있기 때문이었다. 그러나 만일 결혼을 하지 않는다면 그녀의 가톨릭교 친척인 스코틀랜드의 메리 여왕이 영국의 왕권을 승계하게 될 것이었다. 그러므로 엘리자베스는 그 문제에 대한 해법을 찾기 위해 자신의 리더십 수완을 모두 동원해 시간을 벌어야 했다.

그녀가 지침으로 삼은 철학은 그녀의 유명한 말 속에 잘 표현되어 있다. "나는 여기 단 한 사람의 여왕만을 둘 뿐, 남편이라는 지배자는 결코 두지 않을 것이다." 엘리자베스가 왕위에 오르는 날까지 그녀는 늘 너무도 많은 방자한 남성 지배자들에게 휘둘려 왔고, 그것은 놀랄 일이 아니었다. 엘리자베스는 또한 바라는 바를 성취하기 위해 여러 가지 책략을 사용하는 데 정통했다. 그녀는 감언이설로 설득하는 법이며, 부추기고 분열시켜 목적을 달성하는 방법, 때로는 그녀에 대한 공격을 차단함에 있어서 매우 무자비한 방법을 사용할 줄도 알았다. 실제로 엘리자베스는 프랑스 가톨릭교도와 결혼할지도 모른다는 루머를 퍼뜨린 두 남자의 손을 자르기도 했다.

그녀는 또한 여성 리더로서 백성들에게 어머니의 역할을 하며 자신의 권력을 극대화시켰다. 이 전략은 그녀가 다방면에서 펼치는 국가 정책을 위해 더 많은 자금을 쓸 수 있도록 이따금씩 의회를 설득해야 할 때 특히 효과가 좋았다. 그녀는 심지어 1559년 수장령하에서 국교회의 수장이 되기도 했다. 이 역할을 수행함에 있어 극단적인 프로테스탄트와 다소 온건한 프로테스탄트 사이에서 아슬아슬한 줄타기를 해야만 했는데, 이 점에서는 그녀의 중도주의조차도 궁정의 음모와 수차례의 암살 음모에서 그녀를 보호해주지 못했다. 1580년 교황이 엘리자베스와 같은 이단자를 암살하는 것은 죄가 되지 않는다고 공개적으로 수도 없이 되풀이한 것이다. 국내외 정치에서 종교 문제에 대한 긴장이 고조됨에 따라 엘리자베스는 가톨릭교도인 메리(왕위 계승 서열 1위였다)가 그녀에 대한 음모에 깊이 개입되어 있음을 알게 되었다. 비록 엘리자베스는 메리를 처형하는 조치에 대해 몹시 못마땅하게 생각하고 있음을 공공연하게 표명했지만, 그것은 그녀의 권력에 대한 치명적인 위협이 완전히 사라지게 한 조치였다.

1588년, 스페인과의 긴장 관계가 극한 상황에 이르렀고, 엘리자베스의 리더십은 그녀가 군사적 문제에 대한 수완을 발휘함으로써 새로운 국면에 접어들었다. 그녀는 그해 여름 은색 흉갑을 입고 말을 타는 아마존의 여전사 같은 모습으로 병사들 앞에 나섰다. 그러고는 "나는 알고 있다, 내가 힘없고 연약한 여인의 몸을 가졌다는 것을. 그러나 나는 왕으로서, 그리고 영국의 왕으로서 열정과 배짱을 갖고 있다"라고 선언함으로써 군의 사기를 드높였다.

같은 해 말, 스페인 무적함대로 인해 부딪친 재앙은 신의 기름부음을 받은 리더로서의 엘리자베스의 명성을 더욱 공고히 해 주었을 뿐이다. 그녀는 자신의 오랜 치세 기간 내내 리더십을 개인적인 문제로 삼았다. 대중 매체가 없던 시대에 그녀의 왕국 순방은 리더와 백성 간의 유대를 견고하게 했다. 가톨릭 시대의 여성 성인들에게 주어진 적 있는 숭배가 이제는 그녀, 바로 백성들의 그 유명한 처녀 여왕에게로 집중된 것이다. 그녀의 가장 큰 업적은 자신의 여성적 지위를 뿌리 깊은 가부장적 문화에서 하나의 장애로서가 아닌, 오히려 하나의 자산으로 전환시킨 것이다.

07

: The Leader as Entrepreneur and Inventor :
기업가 · 발명가의
리더십

: 헨리 포드 Henry Ford(1863~1947)

헨리 포드는 미국 자동차 산업의 기틀을 마련한 사람이다. 미국 시골 출신의 자랑스러운 아들로서 그의 운명은 20세기 미국의 산업화와 도시화를 엄청난 속도로 가속시키는 것이었다. 수년 동안 헨리 포드의 사업 매니저로 일한 사람은 포드에 대해 이렇게 말했다. "당신은 천재를 알아볼 수 없겠지만, 포드가 바로 천재다." 포드는 수백만의 소비자와 노동자의 삶을 바꾼 그의 능력으로 위대한 리더의 자리에 올랐다. 포드의 시대 이전에는 천재라면 고독한 예술가와 과학자에게나 어울리는 호칭이었다. 그러나 포드는 어떻게 천재라는 꼬리표가 서민의 삶을 바꾼 미국 기업가 계층 전체를 이르는 데 사용될 수 있는가를 보여 주었다. 포드의 리더십은 또한 자본주의가 어떻게 기업가와 소비자를 동시에 고양시킬 수 있는지를 여실히 보여 주었다.

사업적 리더십의 선구자

미래의 위대한 기업가는 미시건 주 디어번에 있는 가족의 농장에서 성장했다. 십대에 이미 그는 기계 공장에서 일하면서 초기 형태의 내연 기관을 땜질하는 데 매료되었다. 1893년, 포드는 이미 디트로이트 에디슨 회사에서 프로 기술자의 경지에 올라 있었다. 스

위스 특허 사무실에서 일했던 아인슈타인과 마찬가지로 포드는 자신의 프로젝트에 대한 실험에 착수하기 위해 직장에서 융통성을 발휘했다. 오래지 않아 포드는 가솔린 엔진을 만들었으며, 그것을 간단한 차체와 결합시켜 '말 없이도 움직이는 마차'를 생산하게 되었다. 1899년, 포드와 그의 후원자들은 디트로이트 자동차 회사를 창업했다. 그러나 포드가 자신의 에너지를 더 좋은 모델의 자동차를 생산하는 데 집중하고자 했던 반면 그에게 투자한 후원자들은 하나의 모델을 단순히 시장에 내놓아 돈을 벌기를 원했다. 포드는 계속해서 자신의 이름으로 새로운 회사(포드 자동차)를 설립함으로써 후원자들과 결별하는 데 있어 과감한 리더십을 발휘했다.

그러나 포드가 자신의 통찰력을 후원자들보다 우위에 두려고 한 점은 그만한 대가를 치러야 했다. 일찍이 그를 후원한 사람들이 이제는 법을 이용해 포드가 모든 휘발유 연료 자동차 관련 특허법을 위반하고 있다는 주장을 폈다. 법정에서 수년 동안 자신의 소송 사건과 싸우고자 한 포드의 결정은 미국의 경제 발전의 중요한 이정표가 되었다. 재판 중 포드는 자주적으로 사고하고 미래를 내다볼 줄 아는 기업가의 상징이 되었다. 기업가들은 현실적으로 경쟁에 개입할 필요도 없이 자본주의에서 이익을 챙기고자 하는 독과점업자들에 의해 인위적으로 억제되고 있었다. 비록 포드는 1심에서 패소했지만, 1911년 항소심에서 승소했다. 이 승리는 "대중을 위한 자동차를 만들겠다"라는 그의 대중화 목표로 배가되었다. 그로써 그는 자본주의의 가치를 믿고 싶어 한 미국인 대다수에게 (까다로운 소수의 욕구와 야심에 그치지 않고) 다수의 욕구와 야심을 채워줄 만한 영웅이 된 것이다.

포드의 부단한 노력으로 탄생한 것이 바로 1908년의 그 유명한 T-모델이다. 포드 자동차는 이후 20년에 걸쳐 1천7백 만 대 가량의 놀랄 만한 판매 기록을 세우게 된다. 산업 부문에서 포드를 리더로 만든 것은 바로 기업가 정신을 가지고 소비자의 욕구에 주목함으로써 해당 산업을 지배한 그의 능력이었다. 포드 자동차는 이 기간 동안 세계 자동차의 거의 절반에 가까운 자동차를 생산했다. 그가 간파한 핵심은 혜택 받은 소수를 위한 사치품을 넘어 자동차를 대중을 위해 필요한 소비재로 계획한 것이었다. 역경을 이기고 자신의 비전을 실현함에 있어서 포드가 보여 준 리더십은 사회 전반에 폭넓게 전파되었다. 자동차를 대중적 소비재로 만듦으로써, 포드는 여전히 근대적 생활을 특징짓는 원동력에 직접적으로 기여했다. 농업 중심의 생활 방식에서 도시적 생활 방식으로의 이전, 그에 수반되는 교외의 성장, 규격화와 대량 생산, 조립 라인에 따른 생산 진행, 소비자 중심주의와 같은 근대적 생활양식의 원동력이 된 것이다.

1차 세계대전이 발발하기 전, 미시건 주에 있는 포드의 하이랜드 파크 공장은 한 시간 반마다 실용적인 차체를 생산해내고 있었다. 원래는 열 시간이 넘게 걸리던 시스템이었다. 곧 그는 24초마다 T-모델 한 대씩을 생산하게 되었다. 그는 1914년 공장 노동자들에게 하루 5달러까지 최저 임금을 올려주었으며, 노동 시간을 하루 8시간으로 감축시켰고, 이는 곧 세계의 눈길을 사로잡았다. 한 조가 8시간씩 3교대로 근무하는 방식은 이때 확립된 것이다. 포드는 자신을 이타적 인도주의자로 포장할 수도 있었지만, 그러한 변화를 설명하는 데 있어서 포드는 자신의 솔직담백한 말투를 고집했다. 그는 단순히 혁신적이고 선견지명이 있는 사업 계획을 개발하는 분야에서만 훌륭한 기업가이고자 했던 것이다. 그의 목표는 생산성 증가와 규모의 경제를 이용함으로써 자동차 가격을 낮추고 시장을 확대하는 것이었다. 1927년, 그의 T-모델은 3백 달러가 채 되지 않는 가격으로 판매되었으며, 시장은 이제 포드의 공장 노동자들도 자동차를 구입할 수 있고 동시에 자신들이 구매한 제품의 가치를 믿을 수 있게 될 정도로 확대되었다.

포드의 급진적인 시각은 계속해서 주주들의 보수적인 기대를 뒤엎었다. 1920년, 포드는 회사의 모든 주식을 자신과 자신의 가족이 보유하게 함으로써 회사를 재설립했다. 그는 이제 새로운 형태의 산업적 실험과 성장을 시작할 수 있게 되었는데, 바로 리버 루즈 공장이 발전을 시작한 것이다. 포드는 자동차를 생산하는 데 필요한 원자재 공급을 담당할 다양한 공장과 산업 전반을 모두 통제하려는 자급자족 프로그램에 도전하려 하고 있었다. 그의 제국은 33개국에 이르렀으며 유리 제품에서 석탄광에 이르는 모든 소유권을 통제했다.

그러나 많은 위인들과 마찬가지로 포드의 가장 위대한 강점 또한 그의 가장 취약한 약점이 되었다. 회사는 다른 사람에게서 받아들이는 것이 거의 없었고, 오로지 포드만의 독특한 개인적 통찰에 모든 바탕을 두고 있었다. 이러한 전략은 그의 회사 경영에 대단한 결단력과 추진력을 주었지만 중대한 문제 또한 초래했다. 그가 T-모델의 색상을 오로지 검정색 하나로 통일한 반면, 다른 자동차 회사는 다양한 색상은 물론 새로운 기어 변속과 브레이크, 엔진 시스템에 대한 실험에 더욱 더 박차를 가한 것이다.

1930년대의 대공황은 포드의 불행을 가중시켰다. 그의 노조 활동 금지 철학은 노동자들의 분노를 사고 있었고, 회사는 다른 자동차 회사들보다도 뒤쳐져 판매 역시 지지부진했다. 그러나 이러한 무리에 야합하지 않으려 하는 포드의 성향으로 마침내 그의 회사는 더 많은 수익을 올리게 되었다. 심지어 그가 1차 세계대전에 대한 미국의 개입에 반대한 것 또한, 무분별한 호전적 애국주의에 비하면 멀리 내다볼 줄 아는 현명한 태도로 비쳤다. 그가 반유대주의

(당시 미국 사회에 만연해 있던 것으로, '동부의 금융 이익'에 대한 통제력을 두려워 한 정서다)에 일시적으로 관심을 가졌던 것도 1927년, 그러한 정서를 유포해 온 신문의 증권을 매각함과 동시에 끝이 났다.

　그가 자동차 회사의 범주에서 벗어나 벤처 기업에도 실험 정신과 도움을 주고자 했던 것은 찬탄할 만하다. 그는 사람들에게 더 많은 직업 교육의 기회를 줌으로써 교육 개혁을 여러 차례 시도했다. 또한 그는 영양적·산업적인 목적을 위한 콩의 효능을 발견했고, 그린필드 빌리지 박물관과 같은 가치 있는 활동을 후원함으로써 자신이 경험한 청년 시절의 농촌의 가치를 부활시키려 애썼다. 무엇보다도 포드는 자본주의가 자신과 같은 창의적이고 대담한 기업가들이 없다면 존재할 수 없다는 것을 증명했다. 자본주의가 다수의 욕구와 꿈을 충족시키는 한, 20세기 소비자 문화를 위해 자본주의를 새로이 하기에 그는 더없이 이상적인 리더였다. '포드주의'는 이제 그의 자본주의적인 기업 경영이라는 남다른 통합체가 어떻게 20세기 전 세계에 걸쳐 자본주의적 시스템을 지배하게 되었는가를 설명하는 대명사가 되었다.

: 토머스 에디슨 Thomas Edison(1847~1931)

토머스 에디슨은 발명가적 리더의 개념을 대표한다. 그는 1,093가지의 특허라는 세계 기록을 보유하기에 이르렀다. 그는 수많은 발명품을 만들어 내는 재능을 가졌을 뿐 아니라 뉴저지 주 멘로 파크에 있는 그의 연구소에서 발명 과정 자체를 조직화하는 데 성공하기도 했다. 발명품과, 미국인의 생활 속에서 그 발명품들의 응용을 촉진시킨 사람으로서 그의 천재성은 발명의 전통적인 개념을 새롭게 하는 데 기여했다. 에디슨 이후의 발명가란 고독한 학자라는 틀을 깨고 협동적인 환경에서 일하며, 연구소에서 발명을 계획하는 사람이 되었다. 실용적인 발명품에 초점을 맞춘 에디슨은 또한 미국 노동자 계층의 기저에도 희망을 주었다. 그들 역시 새로운 소비재와 매혹적인 과학 기술이 끊이지 않고 만들어짐으로써 생산되는 물질적 풍요를 곧 누리게 되었던 것이다.

실용을 추구한 리더

토머스 에디슨은 오하이오 주의 밀란에서 7남매 중 막내로 태어났다. 프랭크 슬로웨이Frank Sulloway의 리더십 연구 중에는 형제 중 나이가 어릴수록 주목 받고 성공하기 위해 위험을 무릅쓰고 모험을 강행하려는 강한 동기를 가진다는 주장이 있다. 이러한 시각에

서는 나이가 많은 형제일수록 기존 계급 질서에 순응하려는 의식을 갖고 있다. 장자의 지위로 인해 그들에게 유리하게 재단되어 있는 사회적 지위를 누리고자 하기 때문이다. 모험을 두려워하지 않는 동기를 배가시킨 것은 에디슨이 어릴 적부터 청각장애를 겪었다는 사실이다. 청각장애로 인해 에디슨은 오랜 시간 외롭게 공부해야 했다. 그는 또한 인간의 감각 영역을 넓히는 장치를 개발하는 일에 강하게 자극 받았다.

　에디슨은 공교육을 거의 받지 못했다. 그는 청각장애와 부족한 집중력으로 인해 암기 위주의 방식이던 당시의 교실에서도 학습 능력 면에서 부진한 학생으로 드러났다. 에디슨은 많은 위인들이 적대적인 환경에서 해 온 그대로를 따랐다. 즉, 자신만의 소질에 의지하고 책을 개인적 성취의 스승으로 삼으면서 그로부터 영감을 받은 것이다. 1859년 에디슨은 학교를 중퇴하고 철도 노동자가 되었다. 철로는 고도의 과학 기술의 최전선에 있었다는 점에서 당시의 인터넷이었던 셈이다(철로는 전보와 같은 다른 혁신적 산업의 부상에 박차를 가했다). 1863년, 실제로 에디슨은 철도 산업에서 진일보한 전보 기술에 집중하고 있었다. 그의 발명 에너지는 일찍부터 이렇듯 풍부한 환경 속에서 충분히 자극을 받았다. 몇 년 동안 땜질을 하던 그는 단일 전선으로 동시에 두 개의 메시지를 전송하는 방식을 발명함으로써 전보 기술을 향상시켰다. 이 첫 번째 성공은 에디슨에게 뉴욕 시에서의 명성과, 성공을 추구해야겠다는 자신감을 주었다.

판에 박힌 듯한 발명가의 이미지와는 대조적으로, 에디슨은 자신이 작업하고 있는 문제를 해결하기 위해 당대 최고의 정비공과 기계공, 과학자와 협력하는 매우 실용주의적인 사람이었다. 뉴욕에서 그는 주식 시세 표시기를 발명하기 위해 최고의 전기 전문가들과 신속하게 연합했으며, 그 기계로 짧은 시간 안에 4만 달러를 벌어들이게 되었던 것이다. 그는 또한 성장일로에 있는 자신의 사업에 대한 최고의 거래를 성사시키기 위해 후원 법인을 바꾸는 능력을 발휘하면서 기업가적 리더로서의 면모도 보여 주었다. 전보 기술을 향상시키는 작업을 더욱 진척시킴으로써 그는 1870년대 무렵 추가적인 소득을 얻게 되었다.

1876년, 에디슨은 뉴저지 주 멘로 파크에 연구소를 설립하는 일에 몰두할 수 있었다. 여기에서 그는 최고의 조수들에게 둘러싸이는 행복을 누렸다. 동료와의 관계에 있어서 심술궂고 괴벽스러우며 독단적인 경우가 있기는 했지만, 에디슨은 연구 도중 재능 있는 많은 사람들(물리학자 니콜라 테슬라Nikola Tesla도 그 중 하나다)의 능력을 최대한 활용했다. 그는 응용 연구 기술의 대명사가 되었다. 에디슨은 "나는 절대로 계산에 의존하지 않는다. 나는 어떻게든 실험을 해보고 결과를 추론한다. 그것도 내가 설명할 수 없는 방법으로 말이다"라고 말한 적도 있다. 에디슨은 또한 어떤 일이든 결코 불가능을 가정하지 않음으로써 그의 무수한 연구 노력 과정에서 리더십을 발휘했다. 알렉산드로스 그레이엄 벨Alexander Graham Bell이 1876년 전화기를 특허낸 후, 에디슨의 그 다음 대형 프로젝트는 전화기와 다른 장치의 음감을 향상시킨 탄소 송신기를 개발하는 것이었다. 1877년 뒤이어 축음기를 개발함으로써 그는 전 세계적인 명성을 얻게 된다. '멘로 파크의 마법사'로 널리 알려지게 된 것이다(그러나 몇 년이 지나고 나서야 축음기의 상품화에 성공할 수 있었다).

에디슨의 다음 도전은 미국의 개인 가정과 공공 사무실에서 사용할 수 있는 전기와 전등을 발명하는 것이었다. 에디슨이 그 문제에 주의를 기울이기 이전부터 이미 반세기가 넘도록 많은 뛰어난 지성들이 실용 가능한 백열전등을 개발하기 위해 애써 온 터였다. 많은 노력 끝에 백열전등의 문제에 탄소 필라멘트가 해법을 제공한다는 사실이 발견되었다. 그 신기술은 전기 생산 대중화의 필요성을 더욱 부가했다. 에디슨은 1882년 뉴욕에서 최초의 전력 보급소를 개발하고 감독하는 책임을 맡게 된다. 전등 공급에 실용적인 해결책을 개발하면서, 에디슨은 향후 뒤를 이을 더욱 큰 규모의 전자 산업을 위한 길을 인도하고 있었다.

1880년대와 1890년대 무렵 에디슨은 축음기를 완성한 데 이어 영화를 발명했고, 실용적인 알칼리성 전지를 만드는 데 집중하고 있었다. 이때 그의 작업 대부분은 뉴저지 주 웨스트오렌지에 있는 새로운 연구소에서 이루어졌다. 과학이 훨씬 더 전문화되고 회사 운영이 갈수록 복잡해지면서, 에디슨은 젊은 시절 발명가로서의 인생을 즐겼던 더 작고 무질서한 작업 환경을 그리워하고 있다는 사실을 알게 되었다. 이 문제는 에디슨이 실용 가능한 마그네틱 광석 분리기 개발의 실패라는 큰 난관에 부닥치면서 더욱 복잡해졌다. 1880년대에 철의 가격이 천정부지로 치솟으면서 빈약한 광석에서 철을 분리해야 할 필요성이 생긴 것이다. 빈사 상태의 광산과 그 광산에 다시 한 번 활기를 불어넣을 신기술에 대한 그의 투자는 철 가격이 급락하면서 실패로 끝났다. 그러나 에디슨은 여전히 지칠 줄 모르는 노동자였다. 당시 최고의 과학 기술로 자동차가 열차를 능가하면서, 에디슨은 헨리 포드와 같은 새로운 산업 리더와 공동연구를 하는 독창성을 발휘하였다(포드는 자동차 자동시동기의 작동 배터리를 필요로 했다).

발명가로서 에디슨의 리더십은 미국인이라는 존재가 무엇을 의미하는지에 대한 개념을 확대시켰다. 과학 기술 분야에서 미래의 리더들에게 하나의 모범이 됨으로써, 에디슨의 삶은 수십억 인구의 삶의 질과 개선 가능성을 크게 확대시켰다.

08

: Diplomatic Leadership :

외교의 리더십

: 오토 폰 비스마르크

Otto von Bismarck(1815~1898)

프로이센의 외교관이자 총리였던 오토 폰 비스마르크는 당대의 지배 세력을 길들여 자신의 목적을 위해 이용할 줄 아는 위대한 리더의 능력을 실증하는 인물이다. 그는 링컨이 미국을 위해 한 일을 독일에서 해냈다. 분열되어 있던 영토를 강력한 하나의 국가로 통합시킨 것이 바로 그것이다. 비스마르크는 프로이센의 리더로서 세 차례의 전쟁을 승리로 이끌었다. 이들 전쟁은 프로이센의 종주권하에서 독일을 통일시키려는 그의 꿈을 달성하기 위해 직접 계획한 것이었다. 어떤 의미에서 그는 근대적 보수주의 운동의 창시자이기도 했으며, 보수적인 목적을 성취하기 위해 급진적인 방법을 사용할 줄 아는 사람이었다. 19세기로 접어들면서 절대 군주제가 안정적으로 운용되도록 만들었고 대중 민주주의의 시대 속에서 소수 지배 계층의 주도권을 유지시키려는 시도를 했다. 비록 과학기술과 경제, 엘리트적 사고가 19세기 그가 살던 시대(그리고 현재 우리가 살고 있는 시대)에 급속도로 발전하기는 했지만, 그는 그 시대의 평범한 유권자들이 본질적으로 보수주의자라고 부르는 명제에 성패를 거는 모험을 할 만큼 예리한 통찰력을 가진 사람이었다. 유권자들이 종국에는 전통과 질서의 힘을 이용해 표를 던질 것이라 판단한 것이다. 그러나 비스마르크는 독일제국이라는 복잡한 존재와 복잡하게 얽힌 동맹 관계가 자신의 사후에도 다른 누군가에 의해 다뤄질 수 있을 것이라고 추측하는 오만에 빠져 있었다.

철혈정치의 리더십

비스마르크는 구 프로이센의 심장부에서 태어났다. 그의 아버지는 귀족이기는 했지만 신통치 않은 지주였다. 그의 어머니는 남편보다는 더 진보적인 사고를 가지고 있었으며, 어떻게 해서든 어린 비스마르크를 당시 가장 진보적인 학교에서 교육시키려고 했다. 비록 비스마르크는 베를린에서 학교 다니는 것을 싫어했지만, 경쟁이 치열한 환경에 놓이게 된 그에게는 그러한 상황이 자신의 촌스러운 편견과 추측을 재고할 수밖에 없게 만들었다. 그는 대학에서 공무원이 되기를 바라는 가족의 바람대로 법학을 공부했다. 그는 대학 교육과 자신이 걷게 될 공직자로서의 삶, 두 가지 모두에 대해 몹시도 따분해했다. 어머니가 세상을 뜨자마자 그는 홀가분한 마음으로 아버지를 도우러 갔다. 그의 아버지가 가족의 소유지를 관리하는 일은 늘 뭔가가 부족했던 것이다. 1840년대의 대부분을 시골의 지주로서 보낸 그는 그때를 인생에서 가장 행복했던 시절로 기억했다.

비스마르크는 운 좋게도 자신과 보수적 견해를 같이하는 여성과 결혼했다. 요한나 폰 푸트카메르Johanna von Puttkamer는 그를 전통적인 종교적 경건함을 가진 사람으로 변화시키는 데 일조했다. 그러한 경건함은 비스마르크가 훗날 근대적인 세력에 맞서 프로이센의 전통을 지키려고 노력하는 과정에서 신의 길을 따르도록 그의 용기를 재무장시켰다. 그의 첫 정치적 연설은 사실 매우 보수적인 것이었다. 예를 들면, 그는 독일에서 1800년대 중반 무렵에야 겨우 시작된 과정인 유태인들의 정치적 해방을 비난했다. 그러던 1848년, 여기저기서 혁명이 일어났다. 영국과 러시아를 제외한 유럽의 모든 주요 국가들은 유럽 전역에 퍼져 있던 자유주의적 혁명 세력의 동요에 영향을 받았다. 한동안은 유럽 사회의 전통적 기둥, 즉 귀족정치와 군주제, 가톨릭교회가 자유주의에 유리한 쪽으로 전복될 운명처럼 보였다. 비스마르크는 프로이센에서의 혁명에 매우 엄혹하게 대처하여, 베를린에 있는 왕을 위해 필요하다면 자신의 사유지에서 소작하고 있는 농민과 함께 혁명 세력에 맞서 싸우겠다는 제안을 했다.

1848년의 혁명이 극단적인 폭동이 아니라 그저 불만을 표출한 정도로 끝나게 되자 비스마르크는 한숨을 돌린다. 자유주의 혁명을 주도했던 중산층은 가장 진보적인 집단으로서 보다 보수적인 농민과 노동자들보다는 항상 수적으로 열세였다. 다른 보수주의자들과는 달리 비스마르크는 훗날 자신의 정치적 싸움에서 이 핵심적 사실에 주목했다. 1849년 비스마르크는 프로이센 의회의 하원에 당선된다. 왕 프리드리히 빌헬름 4세Friedrich Wilhelm IV에 대한 열성적 옹호로 결국 그는 프랑크푸르트에서 개회한 독일 연방의회에 임명되었다. 이 의회는 당시 독일의 많은 독립 국가들 간에 발생한 국가적 사안들을 처리했다.

비스마르크는 프랑크푸르트의 부르주아적이고 상업적인 환경에서 거의 10년을 보냈다. 여기에서 그는 대중적 정치가 싹트고 있던 시대에 민족주의의 힘을 알게 되었다. 그는 또한 그의 조국 프로이센을 희생시키면서 독일 내의 문제를 지배하려는 오스트리아를 싫어했다. 비스마르크는 1859년과 1862년 사이에 러시아와 프랑스의 대사로 있으면서 외교 능력을 갈고닦았다. 그는 국내의 비판에서 관심을 다른 곳으로 분산시키기 위해 민족주의와 외교문제를 이용함으로써 자국민을 교묘하게 조종한 나폴레옹의 방식에 찬탄을 아끼지 않았다. 1862년 비스마르크는 새로운 프로이센의 왕 빌헬름 1세Wilhelm I가 그를 수상으로 임명하면서 곧바로 그러한 방식을 적용할 수 있게 되었다. 비스마르크가 새로운 지위를 맡게 된 것은 시기적으로는 최악이었다. 프로이센은 본격적인 헌정 위기를 겪고 있었고, 군비를 더욱 확대할 것을 요구하는 왕과 그에 필요한 예산 승인을 거부하는 의회가 대치하고 있는 상황이었던 것이다.

비스마르크는 수상으로서의 첫 조치로 대담한 절차를 밟았다. 1863년과 1866년 사이에 그는 국정에 필요하다는 이론을 근거로 묵은 세금을 의회의 승인 없이 거둬들이는 일을 계속했다. 비스마르크에 대해 잘 알지 못하던 사람들도 당대의 위대한 결정(특히 독일의 통일)이 (1848년의 혁명에서 시도되었던 것처럼) '말과 다수의 결정'이 아니라 '철혈'에 의해 결정되게 할 것이라고 주장한 그의 유명한 연설을 기억하고 있다. 의회는 여전히 (국내의 개혁을 요구하는 소리를 잠재우기 위해) 프로이센의 주도하에 독일의 통일을 주장하는 비스마르크의 요구에 귀를 기울일 마음이 전혀 없었다. 비스마르크는 이제 그의 외교적 창의력을 이용하여 프로이센 내 자유주의자들과의 싸움에서 유리하게 조종할 수 있는 국가 외적인 요소를 찾으려 했다. 그는 덴마크 북부에서 완벽한 상황이 빚어질 것으로 보았다. 덴마크의 남부 지방 슐레비히와 홀스타인은 상당수의 게르만족이 국경 안에 살고 있었다. 비스마르크는 민주주의 카드를 써서 데인족과 이 지역에 대한 짧지만 성공적인 전쟁을 유발시켰고, 손쉽게 승리를 거두었다.

프로이센의 자유주의자들은 여전히 불만이었다. 그리하여 비스마르크는 독일 통일이라는 더 큰 문제에 비중을 둠으로써 보다 큰 도박을 하기로 결심했다. 누가 독일을 이끌어야 하는가? 오스트리아인가, 프로이센인가? 비스마르크는 프로이센에게 유리한 독일 통일 문제에 대한 해법이 결국은 자국 내에서 일어나는 모든 저항 운동을 종식시킬 것이라는 데 성패를 걸었다.

1866년, 비스마르크는 오스트리아를 침공한다. 철도와 참모 시스템, 군사 훈련과 군 기강, 드라이제 소총과 같은 과학 기술로 프로이센은 몇 주도 걸리지 않아 오스트리아를 패퇴시킨다. 비스마르크는 오스트리아에게 과도하게 굴욕을 주지 않으면서 전쟁을 마무리지음으로써 위대한 리더십을 과시했다. 이는 오스트리아가 훗날 패전의 상처를 치유하고 재기한 후 프로이센과 동맹을 맺을 수 있게 한 안전장치였다.

비스마르크가 프로이센의 보호하에 독일의 통일을 이루는 꿈을 완수할 날이 가까워졌다. 그는 군주의 능력을 비난하고 독일의 빈민 계층에게 참정권을 확대시켜 주는 것과 같은 보수적인 목적을 취하기 위해 급진적인 수단을 이용해 적을 놀라게 했다. 그러나 독일 남부의 독립 국가들은 여전히 프로이센 주도하의 새로운 독일

제국을 경원시하고 있었다. 프랑스와의 전쟁은 그러므로 비스마르크의 관점에서 보면 통일의 과정을 완성시키기 위한 것이 되는 셈이었다. 프랑스는 그들의 독립을 보장해 줄 마지막 카드였고, 만일 비스마르크가 프랑스군과 싸워 승리를 거둔다면 독일 남부의 독립 국가들조차도 프로이센의 영향력 안으로 몰려들 판이었다. 그것은 그의 인생 최대의 도박이었다. 프랑스는 여전히 많은 사람들이 생각하기에 세계 최고의 군사 강국이었기 때문이다.

비스마르크는 이러한 갈등 상황에 대비해 그의 외교적 리더십을 발휘했다. 그는 프랑스와 프로이센 사이에 전쟁이 발발할 경우 오스트리아나 러시아가 프로이센을 뒤에서 공격하지 않을 것을 분명히 해 두었다. 그는 교묘한 책략을 써서 프랑스를 전쟁에 끌어들이면서, 또한 적국이 프로이센의 호엔촐레른Hohenzollern 왕가가 스페인의 왕위에 오르는 것이 가능한지와 같은 비교적 사소한 문제에 대해 도발하고 있는 것처럼 보이게 만들었다. 프랑스는 프로이센이 이 선택권을 영원히 포기해야 한다고 요구했지만 성공하지 못했다. 놀랍게도 비스마르크의 리더십하의 프로이센은 세 번째 도박이자 가장 큰 도박인 프랑스와의 마지막 전쟁에서 이겼다. 1871년, 비스마르크는 전쟁에서 승리한 후 프랑스로부터 알자스로렌의 영토를 획득했고 이는 큰 수확이었다.

그가 권좌에서 내려온 1890년까지 지속된 비스마르크의 정치 이력은 그가 창출한 새로운 국제 체제를 관리하는 데 쓰였다. 그는 프랑스인들을 자극하여 독일에 복수할 길을 찾는 대신 제국 건설의 기회를 외국에서 찾게 하려고 했다. 그는 유럽 동부와 남부에서의 평화를 유지하기 위해 시차를 두고 이탈리아와 오스트리아, 러시아가 프로이센과 동맹 관계를 맺게 하려고 애썼다. 문제는 비스마르크가 도출해 낸 상황 속에서 독일이 복잡하고 불안정해질 수도 있는 국제적 상황의 중추가 되었다는 것이었다. 프랑스는 알자스로렌을 빼앗겼다는 이유로 독일 편이 아니었고, 이탈리아 역시 믿을 수 없었다. 오스트리아와 러시아는 두 나라 모두가 발칸 반도에서 경쟁적으로 야심을 품고 있었기에 서로 양립할 수 없는 동맹국이었다. 비스마르크는 오스트리아와 러시아 사이에서 선택해야 하는 것이 두려웠다. 비스마르크의 비극은 그가 자기만이 관리할 수 있는 외교적 체계를 세웠다는 것이었다.

　이 사실은 젊고 경험이 없었던 빌헬름 1세가 1890년 외교 정책을 총지휘하면서 첨예하게 드러났다. 비스마르크는 독일제국 황제의 권력을 강화시키는 것에 그의 정치 인생을 걸었지만 그가 뿌린 씨앗대로 황제는 1890년 비스마르크를 강제로 끌어내렸다. 그런 다음 계속해서 영국과 러시아, 프랑스를 적으로 돌렸으며 1차 세계대전에서 독일을 패배로 몰고 간 바로 그 3국동맹을 초래했다. 비스마르크는 하야하기 전, 국내 문제에 있어 '협력의 정치'를 계속했다. 그는 독일 국민에게 세계 최초의 복지 국가를 선물해 국민들이 보수적인 정부에게 계속 충성을 다하게 하고자 했던 것이다. 그러나 그는 근세의 모든 세력과 싸울 수는 없었다. 남부 독일이 그들의 가톨릭 신앙에 관한 더 많은 종교적 자치권을 요구함에 따라, 사회당은 계속 그 당세를 키워나가고 있었다.

　비스마르크는 프로이센을 유럽 열강 중 가장 취약한 나라에서 가장 강력한 나라로 바꿔 놓았다. 그 과정에서 치른 희생은 실로 엄청난 것이었다. 비스마르크는 독일의 국내외 정책이 그의 사후에도 오래 지속될 수 있도록 할 안정적 토대를 마련하지 못했던 것이다. 그가 절대 군주제를 근세와 화해시키려고 한 시도는, 비스마르크와 같은 선견지명이 있는 황제와 정치가가 계속 존재할 경우에만 지속 가능했다. 비스마르크의 가장 위대한 특성은 그가 프로이센의 국내외 정책 상황에서 약점을 독창적으로 취해 그것을 뛰어난 성공으로 전환시켰다는 것이다. 최소한 그가 살아 있는 동안에는 말이다.

: 클레멘스 폰 메테르니히

Clemens von Metternich(1773~1859)

오스트리아의 정치가 메테르니히는 근세를 이해하기 위해 우리가 반드시 알아야 할 또한 사람의 독일인 리더다. 비스마르크나 프리드리히 대왕과 마찬가지로 메테르니히 역시 국제 정치를 실현하는 데 기여했다. 메테르니히는 오늘날과 같은 전문적 외교를 위한 풍조를 조성한 유럽 최초의 근대적 외교관이었다. 그는 나폴레옹에 맞서 오스트리아의 국익을 보호하려고 시도하면서 자신의 외교적 이력을 시작했고, 민족주의와 자유주의라는 강력한 세력에서 조국 오스트리아를 구하려고 애쓰면서 그 이력에 마침표를 찍었다. 헨리 키신저Henry Kissinger와 같은 외교관은 하버드 재학 시절 메테르니히와 그의 정책에 관한 논문을 쓰기도 했다. 위대한 외교적 리더는 대규모 전쟁의 가능성이 존재하는 한 전쟁의 끝을 위해 언제나 필요한 존재다. 1차 세계대전이 외교적으로 제대로 끝나지 못했기에 메테르니히와 같은 위대한 외교관들의 필요성이 다시금 절실한 것이다.

유럽 최초의 근대적 외교관

클레멘스 폰 메테르니히는 18세기 후반 쇠퇴기의 신성로마제국을 대표한 외교관의 아들로 태어났다. 이 무렵 볼테르는 "신성로마제국은 신성하지도 않으며 또한 로마도 아니다"라는 신랄한 비판을 했다. 신성로마제국은 그러나 고대 로마의 유산을 이어갈 기독교 황제의 이상을 믿고 있는 메테르니히 가문과 많은 독일인들에게는 그 의미가 컸다. 합스부르크 왕조의 치하에 있던 신성로마제국은 유럽에, 특히 독일에 상당한 정치적 안정과 보호를 제공해 오고 있었다. 신성로마제국이 아니었다면 그러한 정치적 안정은 보장받지 못했을 것이다. 신성로마제국은 또한 중세에 걸친 동유럽 유목민들의 침략에서 유럽을 보호해 왔다. 또한 17세기 비엔나를 점령하려 한 이슬람교도의 침략에 맞서 유럽을 지키기도 했다. 마지막으로 이 신성로마제국은 독일인들에게 단결 의식을 갖게 했으며, 독일을 주기적으로 자국의 영토 확장의 꿈을 실현하기 위한 표적으로 본 스페인과 프랑스, 러시아제국에게서 보호해 주었던 것이다.

메테르니히는 사회와 정치에서 균형과 조화의 가치를 통찰하는 법을 배웠다. 1789년 프랑스 대혁명의 발발 이후 4반세기 동안, 그는 그의 생각이 공격받고 있는 것으로 보았다. 프랑스 혁명론자들은 하룻밤 새에 세상을 바꾸고 유럽과 유럽인들에게 이성이라는 추상적 통치 체제를 강요하고자 했다. 메테르니히 가문은 프랑스가 독일 라인란트를 침략한 여파로 자신들의 사유지를 빼앗아 간 후, 1794년 영국에 이어 비엔나로 도망을 가야만 했다. 메테르니히와 에드먼드 버크 같은 보수주의자들은 프랑스 대혁명에 치를 떨었다. 그들은 문명적 생활 속에서 전통과 역사적 연속성을 멋대로 파괴한 결과가 어떤 것일지를 두려워했다. 그들은 신에 대한 기독교의 전통적 관념을 혁명의 기치였던 인간의 이성에 대한 신념으로 단순하게 대신한다는 것이 모든 이들에게 자유를 보장할 수는 없을 것임을 깨달았던 것이다. 실제로 당시 이성이라는 이름으로 더욱 억압적인 엘리트 권력 집단을 세울 수도 있었던 혁명론자들의 손에서 이성은 새로운 신이 될 수도 있었다. 프랑스 대혁명에 대응하여 근대적 보수주의를 창안하는 데 있어서, 메테르니히나 버크와 같은 리더들은 모든 변화가 다 나쁜 것은 아니라는 주장을 하지는 않았다. 그들은 단지 그러한 변화가 반드시 질서를 어지럽히지 않는 양상으로 와야 한다고 주장했다. 그것도 새로운 사상이 전통적 방식과 관습보다 더 우월한 것임을 스스로 입증한 이후여야 한다는 것이다.

메테르니히는 제국의 당당한 도시 비엔나에서 어떻게든 출세해야만 했다. 고된 노력을 통하여 그는 오스트리아 외교직에 진출했다. 외교적 수완에 대한 재능과 기술로 그는 1803년 합스부르크 왕조의 베를린 대사가 될 수 있었던 것이다. 그는 대사직을 맡음으로써 그의 정치적 운명에 첫 발을 딛게 된다. 그로부터 몇 년 지나지 않은 1806년, 그는 프랑스 대사의 지위로 승진하게 된다. 그의 외교적 기개는 이 몇 년 동안 호된 시험을 받았는데, 특히 조국 독일에서 나폴레옹이 유성처럼 이루어 낸 성공을 지켜보면서 극도의 인내심을 보여 주어야만 했다. 어떤 특정한 위기에 대해서건 위험한 과잉 반응을 피하면서 그가 보여준 빈틈없는 기지는, 대부분의 문제에 성급한 결정을 내리기 전에 하룻밤 정도 자면서 생각하는 것이 좋다는 그의 재치 있는 말로 요약된다. 1806년 말, 나폴레옹은 거대한 독일 국가 프로이센과 오스트리아를 굴욕적으로 완패시켰다. 메테르니히는 나폴레옹의 승리의 결과로 독일에 더 이상의 추가 피해가 가지 않도록 하는 상당한 수완을 발휘했다. 그러나 때는 너무 늦어 신성로마제국을 구할 수는 없었다. 나폴레옹은 이미 그의 이익에 부합하도록 독일에 새로운 형태의 정치 기구를 설립한 상태였다. 그 기구가 바로 프랑스에 비굴하게 복종하게 될 라인 연방이었던 것이다.

거물급 보수주의 정치인의 이미지와는 반대로 메테르니히는 나폴레옹을 견제하기 위한 혁신적인 생각들을 고려했다. 예를 들면 스페인에 있던 수많은 나폴레옹 군대의 발을 묶어놓기 위해 스페인 게릴라들의 능력을 이용하는 식이었다. 그는 독일 전역에서 대중적으로 일어난 반란이 프랑스로부터 독일을 해방시킬지도 모른다고 믿었다. 나폴레옹 체제에 저항하는 오스트리아의 반란이 성공할지도 모른다는 희망을 품었지만, 그런 일은 일어나지 않았다. 1809년, 오스트리아는 또 다시 와그람 전투에서 패하고 말았다. 이제 합스부르크 왕조와 그들의 오스트리아 제국을 굴복시키려는 프랑스의 가혹한 요구를 저지하기 위해 메테르니히는 두 배로 머리를 짜내야만 했다. 이 문제에 대한 그의 독창적인 해법은 나폴레옹과 합스부르크 왕조와의 혼인을 지지하는 것이었다. 1810년, 나폴레옹과 오스트리아 황제의 딸 마리 루이즈Marie-Louise의 결혼은 메테르니히의 손 안에서 더할 나위 없이 훌륭한 효과를 보였다. 그 결혼을 계기로 나폴레옹의 새 가족에 대한 공격 의지가 확연히 약해졌으며, 메테르니히는 나폴레옹을 유럽 최고의 기득권을 노리는 왕조와 결혼하게 함으로써 그를 자기편으로 끌어들일 수 있었다. 이 자체로도 나폴레옹이 이제는 유럽의 모든 왕을 제거하는 일보다 자신의 왕조를 세우는 일에 더 관심을 갖는 것으로 보였고, 이로써 혁명론자들의 기선을 제압할 수 있게 되었다.

나폴레옹의 러시아 침략은 결국 그의 파멸로 끝나게 되어 있었다. 메테르니히는 오스트리아가 이 침략을 위해 나폴레옹을 지원하면서도 동시에 나폴레옹이 실패할 경우 자신의 패를 은폐하기 위한 충분한 공작의 여지를 남겨두었다. 나폴레옹이 러시아에서 퇴각하자 메테르니히는 놀라기는 했으나 성급한 행동은 자제했다. 성급한 사람 중에는 러시아와의 시급한 동맹 관계 체결을 주장하는 이도 있었고, 나폴레옹을 반대하는 이들도 있었다. 그러나 메테르니히는 오스트리아의 정책을 그런 식으로 변화시킬 경우 장기적인 결과가 어떨지에 대해 생각하는 확실한 리더십을 보여 주었다. 결국 문제는 프랑스가 삽시간에 결정적인 패배를 할 경우, 독일에서 러시아의 패권이 프랑스의 패권보다 더 나을지에 대한 것이었다. 그는 나폴레옹을 만나 권좌를 계속 지킬 의사가 있는지, 또한 유럽에서 힘의 균형을 회복시키려는 자신의 목적을 달성할 수 있을지를 타진해 보았다. 나폴레옹은 그 중 어떤 것도 할 의사가 없었다. 나폴레옹과의 거래를 성사시키기 위해 계속 노력했지만 아무런 보람이 없자, 기회가 전부 사라지기 전에 나폴레옹에 반대하는 쪽에 합류하기로 뜻을 굳히게 된다. 그의 뛰어난 수완으로 영국과 프로이센, 러시아, 오스트리아의 야심만만한 연합을 주도하는 타고난 리더가 된 것이다.

메테르니히는 나폴레옹의 패배의 결과로 오게 될 유럽의 평화를 먼저 생각하는 선견지명이 있었다. 그의 노력 덕분에 조국의 수도 비엔나에서 평화 조약이 체결되었다. 비엔나 회의에서, 오스트리아의 외무 장관이면서 수상인 메테르니히는 유럽 사회의 힘의 균형을 회복하려는 목표에 집중했다. 그는 승전국들이 프랑스에 대해 보복하지 않도록 설득하기 위해서는 그의 모든 기술을 동원해야 함을 잘 알고 있었다. 보복은 프랑스의 공격을 또 다시 촉발시킬 뿐이었다. 그는 이제 러시아의 독일, 더 넓은 의미에서 유럽의 힘의 균형에 대한 위협에 몰두했다. 그는 영국과 프랑스와의 외교적 인맥을 이용해 동유럽에서 러시아의 영토 확장을 저지하려고 했다.

그가 사교계에 주의를 기울인 것 역시나 보람이 있었는데, 그의 매력과 위정자들을 위해 연 화려한 파티들은 약소국이었던 오스트리아를 '부드러운 힘'의 전술을 통해 작지만 강한 나라로 인식시킬 수 있었다. 그는 독일 연방이라는 새로운 체제를 통해 독일의 정치를 재구성했다. 그 과정에서 그는 오스트리아가 반드시 이 새로운 연방의 선봉에 위치하게 만들었다. 프로이센과의 경쟁 관계가 점점 심화되면서, 이는 훗날 메테르니히 시대 이후 처리되어야 할 숙제가 되었다.

메테르니히의 정책은 대단히 성공적이어서 나폴레옹이 패한 1815년과 유럽 전역에 걸쳐 혁명이 발발한 1848년 사이의 시기를 '메테르니히의 시대'라고 부를 정도였다. 그는 이 시기 강한 의지력의 러시아 황제와 지적인 혁명론자들, 여타 열강의 관심사와 같은 전혀 어울릴 것 같지 않은 세력들과 협력했고, 또한 조화를 이루고자 하는 데 있어 빈틈없는 기지를 발휘했다. 그리하여 메테르니히는 프랑스 대혁명과 나폴레옹의 시대로 인해 혼란 상태에 빠져 있던 유럽에 복고와 균형의 의식을 자신의 유산으로서 남기게 된 것이다. 그가 오스트리아와 나머지 독일에서 자유를 억압했다는 비판도 일리는 있지만, 그것은 메테르니히가 활동했던 당시의 상황 속에서 이해되어야 한다. 우선 그는 오스트리아 황제의 신하였다. 메테르니히 자신은 제국의 유권자 입장에서 권력의 분산을 지지했으나 황제는 그에 반대했다. 둘째로 그는 만약 급진적인 정서가 과도해진다면 극우 성향의 러시아 황제 알렉산더가 독일의 문제에 직접 개입하려 할 것이라는 두려움 때문에 그러한 정서를 억압해야만 한다고 느꼈다. 1848년에 발발한 혁명 활동에 대해 많은 사람들이 메테르니히를 탓했지만, 그의 이력을 면밀하게 살펴보면 1835년 메테르니히에게 악의를 품은 새 황제가 즉위하면서 일찍이 그의 힘이 약해졌음을 알 수 있다. 메테르니히의 (오스트리아 내에서의 혁명적 활동 세력을 약화시켰을지도 모를) 국내 개혁에 대한 다양한 제안은 거부 당했다.

메테르니히의 시대는 오늘날까지도 (유럽연합의 형태로) 평화적인

외교의 리더십

351

시기의 여러 모습을 재현하려는 현대 유럽인들에게 황금시대로 기억되고 있다. 이는 메테르니히가 은퇴할 때 "유럽은 나에게 있어 하나의 아버지 나라였다"라고 입버릇처럼 말했던 것과 끼워 맞춘 듯 너무도 닮아 있다.

: *Diplomatic Leadership* :

09

: The Artist as Leader :
예술의 리더십

: 파블로 피카소 Pablo Picasso(1881~1973)

위대한 스페인의 화가 파블로 피카소가 이 책에 포함된 것은 위대한 예술가가 어떻게 리더십의 모델이 될 수 있는지를 보여 주기 위함이다. 흔히 전통적 리더에 대해 생각하는 것처럼 계급 질서나 제도적 권력을 통해서라기보다는 본보기로서, 그리고 자신이 바라는 조건대로 인도하는 과정에서, 피카소는 예술계 안팎에서 그를 따르는 추종자들을 북돋아 줌으로써 그들이 나름대로의 창조적 리더가 되도록 도움을 주었던 것이다. 피카소는 자신이 이룬 업적을 능가하기 위한 부단한 노력에서 전통을 초월할 수 있는 능력을 증명했다. 그리하여 그는 유럽 예술에서 르네상스 시대 이래로 존재해 왔던 현실주의 전통에 맞선 그 유명한 입체파의 반란을 주도했던 것이다. 또한 예술계 밖에 있는 폭넓은 사람들과 이야기했고 우리의 세계관을 변화시켰다. 이는 1937년 스페인의 도시 게르니카를 폭격한 파시스트의 악행을 매우 강도 높게 비판한 그의 유명한 그림 「게르니카」에서 가장 분명하게 드러난다. 이 그림에서 그는 예술가가 어떻게 시각적 언어를 이용하여 당대의 핵심적 정치 문제를 비판할 수 있는지를 보여 주었다. 피카소는 보통 사람들이 불변의 현실로 받아들이는 사회적 '기정사실'을 어떻게 예술로써 새로이 상상할 수 있는지, 또한 그 능력으로 다양한 부분에서 리더십 모델이 될 수 있는지를 보여 주었다.

새로운 방식으로 세상을 보게 한 리더십

피카소와 같은 예술가를 리더로 생각하는 것은 리더십이라는 것이 단지 정치적 힘에 국한되는 것이 아니라, 리더적 자질과 추종자적 자질의 역동성이 스스로를 지치게 하는 바로 그 현실을 재구성하는 상상력과 미학의 힘에 대한 것임을 우리에게 일깨워 준다. 오늘날 지각 있는 사람이라면 피카소의 예술적 비전이 우리의 세계관에 끼친 영향이 변치 않았음을 알고 있을 것이다. 사상이라는 것이 터무니없는 속임수라고 생각하는 사람들은 (대개가 자신들이 이름을 댈 수조차 없는) 특정 사상이나 사상가에 노예가 되어 있는 것이라 했다. 자신의 현실 인식이 무명의 어떤 예술가에 의해 형성되었을 때, 스스로 세상을 객관적으로 바라본다고 생각하는 사람들도 역시나 마찬가지일 것이다.

피카소는 말을 배우기도 전에 그림을 그렸다고 한다. 피카소의 천재적인 예술 감각은 그의 부모, 특히 미술 교사인 아버지에 의해서 길러졌다. 우리가 피카소를 정의할 때 으레 그렇듯 (낭만적 신화와는 반대로) 그가 항상 혁신적인 화가나 반항적인 화가였던 것은 아니다. 그 또한 일정한 영역에 있는 대부분의 리더들처럼 재능을 발전시켜 줄 스승(현존 인물과 역사 속 인물을 포함한다)을 찾아다니며 과거의 기법과 전통을 숙달함으로써 경험을 쌓아야 했다. 그의 초기 작품은 그가 르네상스 이래로 발전을 계속해 온 전통적인 유럽의 화풍에 통달했음을 보여 준다. 그는 1차원적인 원근법 등의 기술을 사용함으로써 2차원적인 캔버스 위에 자신의 예술로써 3차원적인 현실감을 훌륭히 전달했다. 예술에 있어서 이러한 현실주의 전통은 사진 기술의 발명과 더불어 도마 위에 올랐다. 만일 사진이 현실을 현실적으로, 그것도 어느 정도의 예술성을 갖고 대상을 포착할 수 있다면 화가가 할 일이 뭐가 남겠는가?

피카소의 이력 중에는 이러한 근본적인 의문과 도전에 대한 예술적 리더의 반응으로 해석될 수 있는 것이 많이 있다. 그는 1900년 자신의 조국 스페인을 떠나 파리로 이주함으로써 계획적으로 모험을 했다. 그는 이미 확립된 전통적 기법을 기술적으로 숙달하는 것에 만족하지 않았다. 그가 말한 것처럼, "예술에서는 친구도 죽여야 한다." 그는 당대 최고의 아방가르드파 화가들의 작품을 공부함으로써 스스로 도전을 시작했다. 세잔Paul Cezanne과 같은 표현주의와 후기 인상파 화가들의 작품을 공부하면서 자신만의 예술적 언어와 비전을 계발시키는 자기 도전을 동시에 한 것이다. 사진 작가가 사진이라는 매개로 일상적인 현실 감각을 포착할 수 있다면, 예술가는 캔버스 위에서 그와 같은 일을 한다는 것을 피카소는 보여 주었다.

과도기적 국면('청색 시대'와 '장미의 시대'라 일컬어지는 시기)을 거친 후, 그는 1907년 「아비뇽의 처녀들」로 완숙의 경지에 이르렀다. 입체파로서의 이 초기 작품은 다섯 명의 매춘부를 주제로 해 현실에 대한 새로운 통찰을 실험한 것으로, 동시성(예를 들어, 같은 평면에서 인체의 앞부분과 뒷부분을 동시에 보는 것)과 불협화음, 분열 등의 의미를 그 특징으로 하고 있다. 어쩌면 그는 아인슈타인 이론의 역설과 불안이라고 하는 20세기의 정신을 무의식적으로 시각화하고 있었는지도 모르겠다. 그 과정에서 피카소는 우리에게 새로운 렌즈를 통해 자신을 바라보고 맥락을 이해할 수 있게 한 것이다.

피카소에 대한 매우 흥미로운 사실은, 다른 예술가라면 그만한 위치에서 자신의 명예에 안주하고 무리를 형성하려 들 것이라는 우리의 고정관념을 무참히 깬다는 것이다. 피카소는 대신 그림과 예술에 대한 자신의 접근에 있어서 부단한 실험을 함으로써 더욱 자기 도전에 매진했다. 그는 자신의 조각에 자전거 부품 같은 것들을 혼합해 넣으려고 시도하기도 했으며, 몽마르트르에 있는 그의 파리지앙 아틀리에에서 모든 분야의 창조적인 리더들을 초대하는 전시회를 주최함으로써 또 한 번의 자기 도전을 했다.

그는 파시즘에 저항하는 작품 「게르니카」에서 독일군의 폭격으로 인한 고통과 수난을 묘사함으로써 정치라는 추상적 개념을 헤쳐 나가기 위해 자신의 예술을 이용했다. 2차 세계대전 중, 그는 독일군이 점령하고 있던 파리에 남아있으면서 심지어 프랑스 레지스탕스에게 미술 재료를 받아서 쓰기도 했다. 레지스탕스는 그의 예술이 나치가 경멸하는 그 모든 것, 즉 혁신과 실험, 개인주의를 표상하고 있다는 인식을 했던 것이다. 그는 공산주의에 발을 들인 후 기껏해야 여자 관계로 말썽을 일으켰을 뿐 아무런 성과도 얻지 못했다. 하지만 (우리에게 세상을 바라보는 새로운 방식을 보여주기 위해) 자신의 예술을 통해 끊임없이 스스로를 재창조하려고 했던 그 놀라운 추진력은, 리더십을 연구하는 모든 이들에게 피카소의 진정한 기념비로 영원히 남을 것이다.

: 레오나르도 다 빈치

Leonardo da Vinci(1452~1519)

피렌체의 예술가이자 과학자, 기술자였던 레오나르도 다 빈치는 르네상스의 가치를 구현한 삶을 살다 간 사람이다. 그는 오늘날까지도 다양한 분야에서 탁월한 사람이 되려는 포부를 가진 사람들의 전형으로 남아 있다. 다 빈치는 인간적인 것의 의미가 무엇인가에 대한 우리의 인식에 혁명을 일으켰다. 다 빈치가 인간의 삶 자체가 하나의 예술 작품이 될 수 있음을 보여 준 이후, 현대인은 개인이 지향할 새로운 하나의 모델이 생겼다. 바로 실험과 진지한 유희(가장 진지한 의미의 호모 루덴스)로 정의되는 삶이 그것이다. 르네상스적인 삶이란 어떤 것인가를 보여 주는 그의 모범이 있기 전에는 인간의 삶이 신에 의해 미리 정해진 하나의 방식으로 정의된다고 여겨졌다. 다 빈치 이전의 예술가는 신과 그 시대의 고정된 사회적 계급 질서를 거스를까 두려워하는 보잘것없고 개성도 없는 그런 존재였다. 그러나 다 빈치 이후의 예술가(가능한 한 넓은 의미에서의 예술가)는 사회 모든 영역에 하나의 모범이 되고자 하는 포부를 품을 수 있게 되었다. 무엇보다도 그는, 신이 인간을 신 자신의 이미지로 만든 것이 사실이라면 인간이 신성한 예술 작품을 창조함으로써 그 은혜를 갚을 수 있다는 것을 보여 준 리더였다. 미술사가 케네스 클라크Kenneth Clark가 말한 것처럼 그는 '역사상 가장 집요한 호기심을 가진 정신'의 소유자였다.

르네상스의 가치를 구현한 천재

레오나르도 다 빈치는 르네상스 이탈리아 사회의 소산이다. 중산층 지주와 소작인 여성 사이에서 태어난 그는, 능력을 중시했던 풍

LEONARDO DA VINCI PITT. SCVL. E ARCHI.
FIORENTINO

토의 르네상스기 이탈리아가 자신에게 상대적으로 신분이 낮은 사회적 배경을 극복할 기회를 주리라는 것을 믿었다. 이탈리아는 그 당시 유럽의 다른 나라보다 교육적인 면에서 더 발전해 있었다. 일반인들조차 상대적으로 발전한 경제(은행과 상업, 직물 생산, 선적, 사치품 사업 등이 당시의 유력한 산업이었다)에서 살아가기 위해 계산은 물론 글도 읽고 쓸 줄 알아야 했다. 그의 유년기는 눈에 띄는 흠은 없었으나 그렇다고 결코 뛰어난 것도 아니었다. 그러나 다 빈치는 르네상스 정신을 자신의 개인적 노력을 통해 대단한 것으로 만들었다. 그는 "토론에서 권위에 의존하는 사람은 누구든 그의 이해가 아니라 기억을 이용하는 것이다"라고 말하며 자신의 철학을 드러냈다.

다 빈치는 예술가인 안드레아 델 베로키오Andrea del Verrocchio 문하에서 도제로 있을 수 있는 기회를 십분 활용했다. 이 도제 기간 중 그는 자연계를 면밀히 관찰하는 그의 타고난 재능을 함양했다. 그에게 있어서는 "모든 책 중에서도 가장 장엄한 것이, 그러니까 우주 말인데, 우리 눈앞에 펼쳐져 있다." 훗날 이 기술은 꽃을 피워 다 빈치의 인생철학('보는 법 알기'로 구체화된 철학이다)에 영향을 미쳤다. 어떤 의미에서는 그가 중세 천년 이후의 세계를 새롭게 봄으로써 인간의 의식에 혁명을 인도한 것이다. 중세 암흑기에는 리더들과 그 추종자들 모두가 세계를 기독교에서 말하는 내세보다 열등하고 '타락한' 것으로 보고 절망하는 경향이 있었다. 반면 중세 예술은 묘사하는 인물이나 사건의 정신적인 정수를 포착하기 위해 직선 원근법과 같은 방식을 의도적으로 피하고자 했다. 다 빈치와 같은 르네상스기의 선구자들은 과감하게 이러한 생각에 의문을 제기했다. 그에게 있어서 리더십의 열쇠는, 자연계를 그 자체를 위해 찬미하고 배울 가치가 있는 경이로운 것으로 보는 시각이었다. 이러한 사고방식에 따르면 기독교에서 신을 경배하는 최선의 길은 스스로 창조적인 신처럼 되는 데 있을지도 모른다는 것이다. 다 빈치는 그의 오래고 다채로운 이력에서 바로 이 일을 계속해 나간 것이다.

이탈리아에서 예술은 역사에 그 유례를 거의 찾아 볼 수 없을 정도로 힘을 얻었다. 다 빈치는 피렌체와 로마, 밀라노, 그리고 프랑스 등지에 있는 리더들에게 끊임없이 명사의 대우를 받았다. 또한 그는 후원금과 예술적 자유도 부여 받았는데, 이들 정치 조직의 지도급 인사들은 그 대가로 예술적 천재를 알아보는 고상한 취미를 가진 예리한 정신의 소유자로서 정통성과 존경을 받았다. 다른 르네상스 예술가들이 한두 가지 분야에 노력을 집중시킨 반면, 다 빈치의 전문 기술은 토목 공학과 군사 공학, 그림, 건축과 조각에 이

361

르기까지 다양한 분야에 걸쳐 있었다. 그는 르네상스 리더들 사이에서 누구와도 견줄 수 없는 당대 제1인자였다. 다 빈치의 삶은 한 리더의 영향력이 언제나 리더 자신의 통제 범위를 능가하기 마련이라는 생각을 뒷받침해 준다. 그의 업적 중에는 기술과 정치적인 제약, 자금 부족으로 인해 미완으로 끝난 것이 많이 있다(비운의 비행기와 고대 이래 최대 규모의 기마상, 대운하 계획 등이 그것이다). 그러나 다 빈치는 진행 중인 작업을 언제나 포기하지 않았으며, 그 다음 작업을 시작할 준비를 항상 하고 있었다.

자발적이고 창의적인 개인에 대한 현대적 개념을 형성하는 데 기여한 다 빈치는 개개인이 인생에서 자신의 역할을 교회와 부모, 사회가 대신해서 정하게 하기보다는, 직접 그러한 역할을 창조해 내는 일이 존경 받을 만한 것이 되게 했다. 세밀하게 실제를 표현한 그의 스케치와 그림에서 볼 수 있듯이, 우리가 세계를 인식하는 방식을 변화시킨 그의 리더십은 자연계에 대한 우리의 지식을 넓히려 한 그의 보다 큰 포부를 일부 반영한다. 언젠가는 자연계의 모든 특징을 스케치로 포착해 정리하려던 분명한 그의 꿈이 과학 혁명과 자연을 있는 그대로 이해하려는 시도를 끌어내는 데 기여한 것이다. 다 빈치의 인식 혁명은 미리 운명이 결정된 신학이나 이념을 그 위에 얹어 놓지 않고, 인류 최초로 자연계로 하여금 '스스로를 대변하게' 했다. 그는 자신이 자연계에서 관찰한 자연의 힘과 움직임을 과학적이고 예술적인 방식으로 도출하려 한 것이다.

그림 그리는 일에 다 빈치가 만반의 준비를 갖추고 있었다는 사실은, 왜 그가 이 분야에서 리더의 위치를 차지하게 되었는지를 잘 설명해 준다. 그는 그림에 관한 모든 전문적 기법(원근법, 명암법, 구성, 해부학적 연구 등)에 숙련돼 있었다. 이를 통해 그는 시각적인 언어로 새로운 것을 말할 수 있었다. 「최후의 만찬」과 같은 작품은 보는 이들로 하여금 세계를 새롭게 보고, 옛 이야기를 마치 생전 처음 듣고 있는 것처럼 이해하게 해 준다. 이러한 의미에서 다 빈치는 다른 위대한 리더와 마찬가지로 자신을 따르는 이들에게 세상을 한계보다는 오히려 가능성으로 가득 찬 것으로 보게 하는 능력을 발휘했다고 할 수 있다. 인간이 만물의 척도가 될 수 있으며, 의지가 있다면 무엇이든 할 수 있다는 르네상스의 사상을 구현함으로써, 다 빈치는 우리가 세계를 새로운 견지에서 바라볼 수 있게 해 준 예술적 리더의 한 전형을 제시한다. 만일 우리가 인간의 존엄성과 잠재력을 소중히 여기고 있다면, 그것은 다 빈치와 같은 예술가들이 우리에게 세상을 인식하는 새로운 눈을 주었기 때문일 것이다.

: 리더십 이론에 대한 고찰

    사람들은 언제나 리더십에 매료된다. 서구의 전통에 관한 여러 명저들이 리더에 대해, 그리고 그러한 리더들이 선이나 악을 위해 어떻게 권력을 사용했는지에 관해 쓰고 있다. 플라톤, 공자, 마키아벨리, 홉스Thomas Hobbes와 그 외 많은 이들이 리더십의 본질, 그리고 리더십과 사회와의 관계를 정의함으로써 불가능한 일을 실행하려고 했다. 사실 이 책은 전체 맥락에서 『성서』가 어떻게 신성한 인간의 모습을 한 리더십의 본질에 대해 확대 해석을 한 것에 불과한 것인지에 대해 쓴 것일 수도 있다. 과연 리더십은 어떻게 정의되어야 할까? 해리 트루만Harry Truman은 이 질문에 도움을 주었다. "리더십은 대중이 자신들이 원하지 않는 어떤 것을 좋아하도록 만드는 능력이다." 트루만의 말처럼 쉽게 말하면 리더십은 "한 개인이 자신이 속한 집단에게 공동의 목표를 달성하도록 영향력을 행사하는 과정이다."

    18세기 계몽주의 사상이 널리 퍼지면서 과거 신학적인 용어나 순수문학적인 용어로 설명해 왔던 이성과 과학적 개념을 리더십 연구에 응용하려는 시도가 있었다. 20세기 전반에 걸쳐 정치학과 심리학, 리더십 연구 등의 사회과학은 일반적인 이론과 리더십 모형을 세밀하게 정립하려 한다는 점에서 할 말이 매우 많았다. 이 과정에서 역사는 그러한 사회과학 분야와 그 분야에서 이론화시키고자 하는 목적에 어느 정도 도움을 주는 수동적인 자료 창고 역할을 담당했다. 새로운 리더십 연구에서 역사학자들은 위대한 리더 개개인의 독특한 이야기에 점점 초점을 맞춰가고 있다.

사회과학은 위대한 리더십 연구에 무엇을 기여했을까? 20세기 초에는 모든 리더들에게 공통된 고유한 특징을 발견하는 것이 연구의 주된 관심사였다. 그러한 연구의 목적은 리더들의 지능, 외모, 신장 등의 변수와 리더십 간의 상호관계를 찾는 것이었다. 그러나 그러한 연구방식은 위대한 리더는 만들어지는 것이 아닌 타고나는 것이라고 미리 결정지음으로써 미국의 문화적 성향에 반하는 결과를 초래했다. 뒤이은 행동주의학파는 리더들이 실제로 자신의 위치에서 수행한 업적의 객관적인 규모를 강조했다. 그리하여 미시간대학과 오하이오주립대학의 심리학자들은 20세기 중반 수십여 년에 걸쳐 리더들의 행동에 대한 객관적인 연구를 진행했다. 리더십에 있어 보편적인 실재를 찾으려는 노력은 특징주의학파와 행동주의학파 모두가 여실히 보여주었다(리더십을 공부하는 학생들에게는 일종의 성배로 여겨진다). 그 후 프레드 피들러Fred Fiedler 와 같은 리더십 이론가들은 리더십이 발생되는 특정 상황과 배경이 반드시 되풀이되는 것은 아니라는 의견에 주목하기 시작했다.

공장과 같은 환경에서 효과를 발휘하는 리더십의 자질이 학문적 환경에서 실패하는 것은 어쩌면 당연할지도 모른다는 것이다.

현대 리더십 연구의 선구자 제임스 맥그리거 번스James MacGregor Burns는 변형적 리더와 실무형 리더의 구분에 영향력을 미쳤다. 번스의 '영웅'은 변형적 리더로, 대공황 같은 상황에서 통찰력과 큰 생각, 엄청난 난제를 해결하는 데 필요한 웅대한 실험정신을 가지고 위기에 대응하는 프랭클린 루스벨트 같은 사람이다. 번스에 의하면 변형적 리더는 하나의 문제를 사회 자체를 변화시킬 수 있는 기회로 보는 반면, 전형적인 실무형 리더는 큰 문제나 도전에 부닥쳤을 때 어설프게 변죽만 울리며 상황을 피상적으로 처리하는 데에만 관심을 가지는 사람이다(번스는 실무형 리더의 예로 허버트 후버와 빌 클린턴Bill Clinton을 들었다). 다시 말해 변형적 리더야말로 세계 역사상 중요한 위치를 차지할 가능성이 보다 더 높은 통찰력 있는 리더라는 것이다. 반면 실무형 리더는 진정한 리더가 아니며, 단순한 관리자에 불과한 경우가 많다. 그들은 더 근본적인 방안이 필요한 문제에 대해 늘 손바닥으로 하늘을 가리는 식이다.

위대한 리더십의 전형

문화적 환경이 다르면 리더십도 다를까? 근대 앵글로색슨 사회에서는 개인주의와 합리주의 성향이 사업이나 정치 영역에서 사람들이 기대하는 리더의 모습을 형상화했다. 문화에 따라서 좀 더 집단주의적 경향을 띠거나 계급의식을 갖거나, 혹은 위계질서를 중요시하거나 위험부담을 덜 가지려고 하는 등의 여러 특성을 보일 것이다. 그러한 특성으로 인해 각기 다른 문화에서 위대한 리더의 정의가 달라지는 반면, 추종자들의 입장에서는 각각의 리더들이 보유하고 있는 어떤 특성들에 관해 보편타당한 기대를 갖게 되는 것이다. 실제로 추종자들은 자신들의 리더가 용기를 주며, 지적이고, 결단력이 있는데다, 의사소통에 뛰어나며, 긍정적이고, 동기부여를 해 주며, 자신감을 심어주고, 역동적이며, 미래에 대한 전망에 밝은 사람이라고 생각하는 것으로 조사되었다.주3 문화적 환경이 어떻든 대부분의 사람들은 솔직하지 않고, 비협조적이며, 몰인정한 독불장군은 좋아하지 않는다. '문화마다 다른 모습으로 나타나는 것', 이것이 아마도 리더십을 가장 명료하게 표현한 것이 아닐까 한다. 사회적 위기와 위대한 리더의 등장이 서로 결합하는 현상이 문화에 영향을 미친다고 말하는 사람도 물론 있을 수 있다. 에릭 에릭슨Erik Erikson은 마틴 루터에 대한 연구에서 위대한 리더란 사회의 총체적 위기를 해결함과 동시에 자기 자신의 실존적 위기를 해결할 수 있는 사람이라는 견해를 제시했다.

월터 베니스Walter Bennis 같은 저술가들이 '감성적 지성emotional intelligence'이라 부르는 것 또한 위대한 리더십에서 일정 부분 역할한다는 데에는 의심의 여지가 없다. 우리가 위대한 리더의 초상에서 볼 수 있듯, 모든 리더들의 공통점은 자신을 추종하는 사람들의 소망과 꿈이 무엇인지를 초인적으로 직관할 수 있는 능력이다.

제롤드 포스트Jerrold Post는 감성적 지성과 같은 개념이 우리가 위대한 리더를 분석하는 데 도움을 줄수록 '블랙박스'로 남는 리더십은 그만큼 줄어든다고 했다. 포스트는 '리더십'이 1970년대 이전의 정치학 서적에서는 흔히 볼 수 없는 개념이라는 것을 발견했다.주4 진부한 사회학자들이 사용하는 합리적 선택론과 여타 방법론은 리더십이라는 주제를 배타하려는 경향이 강했다. 그렇다면 어떻게 과학적 이론이나 담론을 초인적 직관력 등의 리더십의 수단을 측정하거나 이해하는 데 사용하게 된 것일까? 위대한 리더십의 요소를 재정립하기 위해서는 소설가적 재능이나 역사학자적인 재능이 필요할 수도 있다. 위대한 리더십을 가진 천재 중 일부는 대중이 언제 자신을 '이성적인 배우'로서 이해해줄지, 그리고 그렇게 예측 가능한 사람이 되지 말아야 할 때는 언제일지를 알고 있다. 리더십에 관한 어느 비평가의 말처럼, "위대한 리더는 자기 자신 안에 다양한 사람들을 가지고 있다."주5

리더십 이론의 또 다른 경향은 리더를 필사적으로 자부심을 좇으며 잠재적 추종자들로부터 정당성을 인정받으려고 하는 다분히 기형적인 인간으로 단정한다. 이러한 '리더십의 보상 이론 compensation theory of leadership(정치학자 해롤드 라스웰Harold Lasswell을 비롯한 여러 학자들에 의해 체계화되었다)'에서는 리더가 위대할수록 그 리더가 권력을 추구하도록 몰아가는 정신적 병리현상도 그만큼 커진다고 단언한다. '리더십의 보상 이론'과 이와 비슷한 다른 이론들은 민주주의 시대에 사는 우리로 하여금 스스로를 더 낫다고 느끼도록 한다. 우리는 위대한 리더들의 능력을 '병력'으로 치부하는 것으로 그들을 멀리하는 것을 합리화할 수 있다(리더들이 과시하는 덕목과 재능은 그들의 악행으로 인해 더 돋보였다. '영웅도 자신의 하인 앞에서는 보통 사람'이라는 속담처럼, 어떤 영웅도 리더십을 연구하는 사람들에게는 평범한 인간에 불과하다!). 그러나 만일 리더십이 병리학적으로 타고난 적극성이라면, 처음부터 끊임없이 그러한 리더들을 필요로 하는 추종자들에 대해 우리는 어떻게 설명해야 좋을까? 우리는 왜 민주주의 시대에 살면서도 위대한 리더들에게, 또 그리 위대할 것도 없는 리더들에게 복종해야 하는 것일까?

자기 자신의 습관과 흥미, 개인적인 강한 애착 등이 작용하여 어떤 상황을 초래하게 된다고 말하는 사람들도 있다. 앞서 언급한 대로 에릭 에릭슨은 위대한 리더들이 사실은 자신들이 살고 있는 더 큰 사회에 변화를 일으킴으로써 자신의 개인적인 문제를 해결하려 하는 것일지도 모른다는 말을 했다. 에릭슨의 견해에 따를 경우, 마틴 루터에게 있어 개인적인 문제란 사회적으로 해결되어야 하는 중요한 문제인 것이다(즉, 신이 함께하는 평화를 찾기 위해서는 평화의 정의에 대해 같은 생각을 가지고 있는 기독교도 간 공동체를 이루는 일이 필요했다). 모든 정치적 수완은 곧 연출력과 같다고 말하는 사람도 있었다. 분명 루터의 경우에는 "여기 나는 서 있다. 서 있을 수밖에 없다"라고 말했던 그런 극적인 순간처럼, 자신의 인생의 유명한 사건들이 위대한 리더십 역시 위대한 한 편의 드라마라는 사실을 설명해 준다. 그리고 그 드라마는 신비스럽게도 한 개인이면서 동시에 그가 속한 사회의 상징이기도 한 리더에 의해 끊임없이 참신해지며 흥미로워진다.

위대한 리더에 대한 우리의 고찰은 또 하나의 의문에 대한 해답을 찾게 한다. 그것은 엘리트 사회의 주변부에서 아웃사이더로서 존재하는 것이 실제로 부상하고 있는 위대한 리더에게 과연 유리하게 작용하는지이다. 이 의문에서 우리는 나폴레옹이나 히틀러, 스탈린, 레닌, 마오쩌둥과 같은 인물을 떠올릴 수 있다. 다른 모든 조건이 동등하다는 전제하라면, 아웃사이더로서 존재하는 것이 어쩌면 미래의 위대한 리더에게 추진력과 야심, 빠른 회복력의 측면에서 유리하게 작용할까? 이 의문에 대한 우리의 해답이 어떤 것이든, 위대한 리더들이 여러 측면에서 위대해지는 것은 운명적인 파트너를 만났기 때문이라는 점에는 의심의 여지가 없다. 루스벨트의 적은 히로히토였고 처칠의 적은 히틀러였다. 루스벨트와 처칠 모두는 적들의 결의에 찬 극단적인 성격이 아니었다면 분명 위대한 리더십을 가진 최고 지휘관의 자리에 오르지 못했을 것이다. 유토피아란 어쩌면 위대하고 훌륭한 리더들이 대적해야 할 위대하고 사악한 리더들이 더는 존재하지 않을 때를 말하는 것일지도 모르겠다. 우리 모두가 열망하는 좋은 사회는 모두가 리더가 될 수도 있고 참모도 될 수 있는 그런 사회다. 다만 시대가 다를 뿐이다. 현명한 어떤 이는 말한다. "위대한 리더를 필요로 하는 사회에 재앙이 있을지어다."

리더십의 사례 연구에서 다루어져야 할 또 하나의 가능성은, 우리가 그것에 대해 상투적으로 이해하고 있는 것처럼, 리더십이란 환영幻影이라는 톨스토이Lev Nikolaevich Tolstoi의 명제다. 결국은 나폴레옹 같은 리더들이 스스로를 추진력 있는 리더이자 지휘자로 여기기 시작했을 때, 『전쟁과 평화』가 왜 그토록 어리석어 보였는지에 대한 명상이 아니고 달리 무엇이겠는가? 톨스토이에게 있어서 리더란 무의미한 조각상, 혹은 역사상 더욱 진실하고 깊이 잠재해 있는 대의의 상징에 불과한 존재다. 톨스토이는 주장한다. "인간은 의식적으로 자신을 위해 살아간다. 그러나 무의식적으로는 역사적이고 보편적인 인류의 목적을 달성하는 과정에서 하나의 도구로서 존재한다 … 왕은 역사의 노예다."주6 현대판 '환영으로서의 리더십leadership as illusion' 학파는 리더십이 다수를 희생하여 소수의 권력을 영위하게 하는 신화라고 단정한다. 리더십의 전통적 개념에 대한 비판에 따르면, 위대한 리더에 대한 그러한 숭배는 우리에게 내재되어 있는 리더십의 기술이 발전하는 것을 박탈하고 방해한다.

그러나 리더십은 신과 자유의지, 그리고 유토피아에 대한 믿음과 비슷한 것인지도 모른다. 그러한 믿음을 결코 증명할 수는 없지만(그 믿음대로 온전히 살아간다는 것은 말할 것도 없이), 우리는 그 믿음 없이는 진정으로 살아간다고 말할 수 없다. 결국 우리는 "리더는 단지 톨스토이가 말하는 역사의 파도를 타는 것이 아니라 역사의 파도가 오고 있음을 우리에게 설득하는 것이다"주7라는 생각으로 이러한 직관적인 근거에 동의하고 있는 것일지도 모른다. 톨스토이가 '위대한 리더들'에 대해 본능적인 혐오감을 갖고 있었던 이유는 어쩌면 그러한 개념에 내포되어 있는, 말 등에 올라 우주의 중심에 있는 자신의 모습을 보고 있는 위대한 사람의 오만함에서 기인한 것인지도 모르겠다. 그러나 위대한 리더라고 해서 항상 역사의 무대 위 한 마리의 공작새처럼 의기양양해야 할까? 노자는 위대한 리더를 확인하는 또 다른 방법 한 가지를 제시하고 있다. "모름지기 사람들이 그 리더의 존재를 거의 모르고 있을 때에야 비로소 최고의 리더라고 부를 수 있다 … 리더가 자신의 소임을 다하고 자신의 목적을 달성했을 때, 그때 사람들은 이렇게 말할 것이다. 우리가 직접 그 일을 해냈다고." 순자는 최고의 군사 지휘자를 무력을 쓰지 않고도 원하는 것을 얻을 수 있는 사람이라고 생각했다. 어쩌면 가장 위대한 리더란 노자와 순자의 가르침을 따를 수 있는 사람 아닐까.

마키아벨리식 리더십

마키아벨리를 거론하지 않고는 리더십에 대해 논할 수 없다. 많은 위대한 리더들은 궁극적인 선으로서의 그들의 통찰력을 성취하는 데 필요한 힘을 얻기 위해, 때로는 공정하지 못한 수단을 사용해야 한다는 역설적인 상황과 직면해 왔다. 어떻게 위대한 리더가 비도덕적인 이 세계에서 도덕적인 리더로 남아 있을 수 있겠는가? 위대함이 과연 도덕성과 관련이 있기는 한 것일까? 아니면 니체의 표현대로 성공이 "자신의 도덕성을 만드는 것일까?" 많은 이들이 아직도 마키아벨리가 자신의 '비도덕성'으로 리더십을 호도한 것이라 여기고 있다. 그러나 필자는 여기서 다른 주장을 하고자 한다. 그 당시 마키아벨리는 자신의 저서 『군주론』 자체만으로 어떤 리더든 뿌리부터 썩어버린 르네상스 시대의 이탈리아를 통일시키는 데(심지어는 로마시대의 공화국적 가치를 회복하는 데) 영감을 줄 수 있을 것이라 믿었다. 이러한 사실을 통해 우리는 마키아벨리가 이상주의자 중에서도 가장 순진한 사람이었음을 알 수 있다.

그러한 순진성에도 불구하고 마키아벨리는 오늘날 없어서는 안 될 리더십에 대한 자신의 강한 소신을 분명하게 표현했다. 예를 들어 리더라면 여러 개의 페르소나를 소유할 정도로 현명하며, 그 페르소나를 용의주도하게 움직여 대중과 어울릴 것이다. 우드로 윌슨과 같은 매우 도덕주의적인 리더조차도 사람들의 이목을 끌고 있는 순간만큼은 사자와 여우, 둘 다의 역할을 연기한 것으로 알려져 있다. 경우에 따라서 사랑받는 것보다는 차라리 두려움의 대상이 되는 것이 실은 더 낫다는 것을 알아차릴 수도 있다. 대망을 품은 리더라면 위대한 리더가 되기 위해 필요한 노련한 기술(사교적 에티켓에서부터 전사가 되는 기술에 이르기까지)을 습득함으로써 자신의 탁월성을 보다 높일 것이다. 이 탁월성이라는 개념이 『군주론』에서 왜 그토록 비중 있게 다뤄지는 것일까? 위대한 리더라면 분명 실제 수준에서 자신이 가진 자유의지의 효력을 믿을 것이다. 그러나 위대한 리더가 어떻게 포르투나(운명의 여신―역주), 즉 기회나 우연과 싸우는 것일까? 신의 분노와 마찬가지로 기회나 우연은 결코 피할 수 없다. 그러나 마키아벨리에 따르면 리더의 탁월성이 훌륭히 발달됨으로써 최소한 일시적으로 길들이고 통제할수는 있다.

과두제의 철칙

또 다른 의문은 "'과두제의 철칙iron law of oligarchy'이 과연 있을까?"라는 것이다. '과두제의 철칙'이란 인류학과 역사에 의해 지금껏 기록된 모든 사회 현상이 정상에 위치한 한 명의 리더와 그 아래 위치한 다수의 추종자라는 식의 정치적 위계로 특징지어지는 이유가 무엇인지를 설명해 주는 것으로, 모스카Gaetano Mosca와 미헬스Robert Michels 같은 이론가들은 '과두제의 철칙'이 존재한다고 보았다. 민주주의 시대인 현재에도 그러한 위계가 있음을 우리는 수용해야 할까? 게리 윌스Gary Wills와 같은 자유주의 저술가들은 그러한 위계가 지속적으로 존재해 왔다고 가정하면서도 그러한 위계 내에 있는 리더들이 반민주주의적인 사람임에 틀림없다는 가정은 하지 않았다. 윌스와 같은 저술가들에게 있어서 위대한 리더로 정의되는 사람들은 리더의 자리에 오르기 위해 우선적으로 자신을 추종하는 사람들의 바람을 이해하고 공유해야만 한다. 윌스는 자신의 책 『시대를 움직인 16인의 리더』에서 "당신의 리더를 보여 줘라, 그러면 당신의 영혼은 벌거벗겨질 것이다"[주8]

라고 말했다. 윌스는 위대한 리더에 대한 과잉초점으로 "우리는 리더가 부족한 것이 아니라 충분한 추종자가 부족한 것이다"[주9]라는 기본적인 요점을 놓치게 될지도 모른다고 우려했다. 윌스는 위대한 리더가 되는 필수 조건을 정확하고 가치 있는 추종자들과 정당하고 가치 있는 목적을 찾는 것으로 보았다. 행동에 옮길 정확한 순간을 직관적으로 아는 능력은 (윌스가 분명하게 설명하듯) 유용하고 위대한 리더십의 또 다른 특징이다.[주10] 윌스는 또한 위대한 리더에 대한 모든 연구에서 제기해야 할 또 다른 요점을 제기했다. '리더십의 방식은 시대의 구속을 받는 것일까?' 카이사르나 나폴레옹, 프랭클린 루스벨트가 오늘날 그들의 모습을 재현한다면 과연 리더로서 성공할 수 있을 것인가?

리더십의 기술

지금까지 우리는 (거의 암묵적으로) 정치적 리더십에 대해서만 논의해 왔다. 과학자들은 평범한 사람들에 비해 일단의 문제에 지나치게 집중한 형편없는 리더에 불과할까? 분명 위대한 리더십의 특징은 광범위한 인간 유형과 본성을 폭넓게 이해하는 능력일 것이다. 리더십 연구의 바이블인 배스Bass와 스토그딜Stogdill의 『리더십 편람Handbook of Leadership』은 "리더십이란 인간 본성을 다루는 기술이다"[주11]라고 가정한다. 군사 분석가 에드워드 루트워크Edward Luttwak 역시 전시의 리더들은 승리를 쟁취하기 위해 적군이 자신을 어떻게 인식하는지를 고려해야 한다는 사실이 전쟁에 대한 역설적인 논리를 만든다고 지적한다. 과학자는 관찰자와 그의 주의력에 의식적인 방식으로 반응하지 않는 물리적인 세계(하이젠베르크의 원칙이 작용하기 시작하는 현실세계의 소립자 수준에서는 그렇지 않겠지만)를 연구한다.

인간사에는 진정으로 위대한 리더가 되기를 원한다면 결코 무시하지 못할 자기 반사적인 요소가 틀림없이 존재한다. 위대한 리더십 논리의 또 하나의 역설적 요소는 많은 위대한 리더들이 자신이 가지고 있는 훌륭한 자질에 쉽게 끌려 다닌다는 사실이다. 나폴레옹은 자신의 군사적 천재성을 맹신하며 계속해서 이러한 힘에 지나치게 의존했고 그 덫에 쉽게 걸려들었다. 그는 모든 문제를 자신에게 명예와 행운을 가져다 준 군사적 재능으로 모두 해결할 수 있는 것으로 보았던 것이다. 지나치면 그것 자체로 무력한 우유부단함을 초래하는 자기 반사 기술에 재능이 없다면, 위대한 리더라 해도 '재주가 하나뿐인 조랑말'에 그칠 수밖에 없다. 이러한 사례는 리더십이 과학이 아닌 하나의 기술로써 가장 심오한 위치를 차지함을 보여 준다.

카리스마적 리더십

리더십을 과학이 아닌 기술로서 논의하면서 카리스마라는 주제를 짚고 넘어가지 않을 수 없다. 위대한 리더가 시대와 문화의 간극을 뛰어넘어 공유하는 보편적인 한 가지 특징은 추종자들을 카리스마적으로 장악하는 능력이다. 여기서 카리스마란 정확히 무엇일까? 기독교적 관점에서는 카리스마를 은총의 선물, 즉 성령의 연장으로 본다.주12 독일의 사회학자 막스 베버Max Weber는 리더십이라는 주제에 적용되는 이러한 개념을 정교하게 재정의했다. 실제로 그는 민주주의 시대와 합리주의 시대, 물질주의 시대에 사람들이 훨씬 더 카리스마적인 리더를 찾으려는 경향이 강해질 것임을 예견했다. 베버에 따르면 사람들은 현대를 특징짓는 합리성과 관례화(현대 생활에 있어 신비주의를 말살시켜 온)라는 '철장iron cage'에서 탈출할 필요가 있기에 점점 더 그러한 카리스마적 인물들을 맹목적으로 충성하며 추종하게 된다. 인간의 본성인 감성적이고 비합리적인 면은 본능적으로 우리에게 호소하는 리더에 목말라한다. 니체에게는 미안한 말이지만 우리는 어쩌면 리더를 카리스마적인 디오니소스형 인간(가슴에 호소하는 인간형)과 당당하고 합리적인 아폴로형 인간(지성에 호소하는 인간형)으로 구분하고 있는지도 모르겠다. 프랭클린 루스벨트의 감성적 카리스마를 지미 카터Jimmy Carter의 안정된 합리주의와 비교하면 실감이 날 것이다.

카리스마적인 리더가 역사의 무대 위로 급부상하는 것을 이해하기 위한 한 가지 방법은 그러한 리더가 종종 위기의 시대에 출현함에 주목하는 것이다. 대공황과 2차 세계대전으로 프랭클린 루스벨트, 처칠, 히틀러 같은 리더가 부상하게 된 것이 단지 우연일까? 역동적인 리더는 종종 지친 일상에 활기를 불어넣어 주는 것처럼 보이기도 한다.[주13] 여기서 카리스마적인 리더로서의 히틀러에 대한 오토 슈트라서Otto Strasser의 해설을 생각해 보기로 하자. "히틀러는 인간의 심장 박동에 지진계처럼 민감하게 반응한다 … 그는 국민의 가장 은밀한 욕망을 선전하는 확성기처럼 행동한다."[주14] 물론 문제는 항상 그 위대한 카리스마적 리더가 권좌에서 물러날 때 발생했다. 항상 카리스마적 리더가 존재하는 것은 아니다. 그러한 상황에서 사회는 리더십 계승의 문제를 어떻게 다룰 것인가? 간단히 말해 어떻게 카리스마적 리더십을 일상화시킬 것인가? 모든 사회는 정신적 외상이나 불안정한 시기가 지나면 안정 상태에 들어서야 한다(미국이나 프랑스, 러시아에서 혁명이 일어난 이후 어떠했는지를 생각해 보면 알 수 있다). 카리스마적 리더가 여전히 권력을 쥐고 있는 동안 그 리더와 추종자들은 끈끈한 관계를 맺게 된다. 즉, 리더와 추종자들은 각자의 유토피아적인 소망과 꿈을 이루기 위해 서로를 필요로 하게 되는 것이다.[주15]

현대 사회는 놀라운 리더십을 지니고는 있지만 파괴적인 사회적 에너지 역시 잠재되어 있는 카리스마적 인물보다는 위기 상황을 회복시킬 만한 카리스마적 리더를 갈망해야 한다. 번스와 같은 리더십 이론가들은 변형적 카리스마를 가진 리더들이 그들의 추종자들과의 대화에서 서로 격려할 정도로 충분히 현명하기를 바란다. 그러한 대화의 결과는 추종자들이 리더를 자신들의 마음에 들게 느끼는 고무적인 것이어야 한다.

리더의 정체성

　역사상 위대한 리더를 이해하는 또 다른 방법은 그들을 훌륭한 이야기꾼으로 보는 것이다. 리더는 추종자들에게 정체성에 관해 이야기한다. 우리는 어디에서 왔으며, 어디로 가고 있는 것일까 하는 등의 이야기 말이다.[주16] 위대한 리더는 추종자들에게 흡족한 정체성을 부여하고 그 정체성을 그들 본연의 모습으로 구체화시킨다. 그렇기에 그들이 위대한 것이다. 하워드 가드너Howard Gardner는 리더의 유형을 한 문화의 정체성을 새로이 일신시키는 혁신적 리더와, 추종자들에게 있어서 완전히 새로운 결정적이고 강제적인 정체성을 조작해 내는 몽상가적 리더(예수나 마호메트)로 보았다. 그러한 리더들은 또한 가드너가 말한 '복합적 지성multiple intelligence'을 매우 잘 나타내고 있는지도 모르겠다. 여기서 '복합적 지성'이란 형식적이거나 추상적인 추론에 뛰어날 뿐 아니라 대인관계에 대한 지적 능력과 언어적 예리함, 그리고 미적 감각과 같은 것에 대한 놀라운 기술을 말한다. 실제로 리더십의 미적 차원은 종종 무시되고는 하지만, 정확하게 말하면 위대한 리더들이 리더임과 동시에 위대한 행위 예술가이기도 하기 때문에 그들을 찬양하는 것은 아닐까? 어떤 리더가 건축물이나 획일적인 통제, 사회적 개혁을 위한 청사진에 있어서 자신의 미적인 지성을 보여주든, 아니면 완전히 새로운 신학을 보여주든, 그 결과는 예이츠William Butler Yeats의 말을 빌리자면 이렇다. 추종자들은 "춤꾼(리더)과 춤

(성공적 리더십)을 구별할 수 없다." 위대한 리더는 실로 자신이 평생 해야 할 역할을 찾은 사람인 것이다.

위대한 리더는 리더인 자기 자신과 추종자들의 정체성을 찬양하는 이야기를 해야 할 수도 있다. 그러나 그러한 이야기가 추종자들의 반향을 불러일으키기 위해서는 위대한 리더들의 지지를 가장 많이 끌어들일 수 있도록 고안된 방식으로 해야만 한다. 이는 애초부터 대중적 소비를 위해 단순화한 정교하고 복잡한 개념을 생기게 한다. 그때 리더에게는 선(우리 사회)과 악(적성 사회)이라는 단순한 주제에 초점을 맞추려는 경향이 당연히 생긴다. 리더가 된다는 것은 통합의 역할뿐 아니라 분리의 역할도 담당할 수 있는 것이다. 실로 간디와 같이 포괄적인 리더들은 자신의 추종자들에 의해 살해 당할지도 모르는 위험을 감수했다. 왜냐하면 그들이 '대결적인 자세'에 대한 평범한 진리를 거슬렀기 때문이다.주17

위대한 리더에 대한 논의에서는 그러한 인물들이 실제적으로 큰 차이를 만드는지에 대한 의문이 필연적으로 제기된다. 위대한 리더들은 단지 쉽게 이해할 수 없는 더 심오한 대의를 구현하기 위해 우리가 사용하는 개념일 뿐일까? 리더십은 우리 인간의 뇌로는 결코 완전하게 이해할 수 있도록 고안되지 않은 어떤 결정론이나 자각과 같은 개념일까? 이 의문을 해결하기 위해서는 역사에서 '대의'가 의미하는 바가 무엇인지를 이해해야만 한다. 우리의 목적에 부합해 말하자면 '대의'란 중요한 방식으로 역사를 변화시킬 수 있는 힘을 이르는 말이다(여기서 역사적 정의는 시대적 변화에 대한 연구다). 우리가 역사를 일정 부분 미리 결정된 것으로 가정하지 않는다면(그렇다면 우리가 이 명제를 어떻게 시험할 수 있었겠는가?), 우리는 리더 개개인과 당연한 대의를 역사 변화의 최종적 대리인쯤으로 봐야 할 것이다. 위대한 리더가 변화의 대리인이라는 잘못된 생각을 바로잡으려는 마르크스주의자들조차도 결국은 신비주의적이며 비개인적인, 그리고 시험할 수 없는 어떤 기적에 의지하게 된다(시대정신, 계급 갈등, 진보적 사상 등).[주18]

리더와 추종자

오컴Ockham은 변화에 대해 역사의 관념적이고 사이비과학적인 '힘' 보다 더 나은 설명을 제시함으로써 위대한 리더와 추종자들을 가려내는 이러한 문제를 면도날 같이 예리하게 뒷받침하곤 했다. 시드니 후크Sidney Hook와 토마스 칼라일 같은 다양한 이론가들은 근래까지도 철저히 외면 당하기는 했지만 리더의 능력이 역사에 커다란 변화를 일으킨다는 주장을 펼쳐 왔다.

다양한 리더들과 그들을 움직이게 한 추동력에 대해 연구한 미국 정부 분석가인 제럴드 포스트는 리더가 변화를 가져올 수 있을 때가 언제인지를 정확하게 알아낼 수 있는 방법을 제시한다. 우선 리더는 반드시 그 사회에서 전략적 위치를 차지해야 한다. 그 다음 리더가 한두 가지 방법을 구체화할 수 있도록 어떤 불확실한 상황(우리는 모두 어떤 역사적인 순간이 다른 순간에 비해 더 유동적이라는 사실을 인식하고 있다. 전쟁이나 혁명의 시기가 그 단적인 예다)이 반드시 제시되어야 한다. 세 번째로 리더가 그 소설 같은 상황에 진부한 방식으로 대응할 수 있게 하는 전례가 전혀 없거나 거의 전무해야 한다. 네 번째로 대응의 자발성이 너무도 필수적인 요소이므로 리더는 반드시 (어느 정도) 자기 자신의 본능에 의존해 현재 처해 있는 상황을 어떻게 처리해야 할지 결정해야 한다(쿠바의 미사일 위기가 있던 당시의 존 F. 케네디John F. Kennedy와 흐루시초프Nikita Khrushchev를 떠올려 본다).

위대한 리더란 엄청난 위력을 발휘하는 사람 그 자체다. 제임스 맥그리거 번스가 탄압 정치는 리더십이 아니라고 한 것은 훌륭한 지적이다. 히틀러는 지배했지만 통솔하지 못했다. 위대한 리더는 추종자들이 자발적으로 자신들의 의지를 정하는 능력 때문에 더욱 강력한 리더십을 발휘한다. 폭군형 리더나 약골형 리더는 통솔을 위해 무력에 의존한다. 권력은 리더의 정통성과 그 리더가 추종자들에게 부여할 수 있는 보상에 기초하며 강압과 통찰력, 전문 지식, 번득이는 카리스마에 기초한다. 추종자들에게 영향을 주기 위해 리더는 설득과 감화, 상담의 방법을 쓰며 비위를 맞추거나 개인적으로 호소하기도 하고, 제휴와 압력 등의 방법을 쓰기도 한다. 그에 대해 추종자들은 저항을 하거나 따를 수도 있고, 리더의 의지에 동의할 수도 있다.주19 결국 리더와 그 추종자들은 끊임없이 함께 협상이라는 춤을 추고 있는 것이다. 제아무리 위대한 리더라 해도 이러한 춤을 추기를 꺼릴 경우 재앙이 뒤따를지도 모른다. 리더십 이론가 중에는 위대한 리더십의 최상의 형태를 마땅히 '스스로를 통솔하는 리더'라고 가정하는 이도 있으며, 이것은 어쩌면 당연한 논리라고도 볼 수 있다(이것이 이상화된 형태로서의 민주주의와 자본주의의 총체적 특징이 아닐까?). 위대한 리더십은 또한 추종자들이 한때 순수하게 모방하고 싶어 하는 모범적인 행동을 수반한다. 간디의 유명한 말처럼 "세상의 변화를 보고자 한다면, 자기 자신부터 변하라."

위대한 리더는 불확실성을 견딜 수 있어야 한다. 돌이켜 보면 피할 수 없을 것처럼 보이는 역사의 단면이, 당시 그러한 양상을 만들어 내는 장본인에게는 물론 상당히 유동적이고 쉽게 변할 수 있는 것이기 때문이다. 위기를 빨리 마무리짓고자 하는 리더라면 만약 그들이 굉장히 유동적인, 그러나 잠재적으로는 유익한 역사적 상황에서 도피하려고 할 때 마찬가지로 기회를 놓치는 위험부담도 함께 져야 하는 것이다. 이는 사업과 전쟁, 정치, 문화, 종교의 경우에서처럼 다양한 영역에서 그대로 적용된다. 그러한 상황에서 리더는 정말로 중요해질 수 있을까? 배스와 스토그딜은 그들의 저서인 『리더십 편람』에서 "리더는 한 조직이 수행하는 일의 45%를 설명할 수 있다"는 것을 밝혀낸 한 연구를 인용했다.[20] 리더는 (조직을 성공적으로 통솔하기 위해서) 이스라엘 군에서 흔히 하는 말인 "나를 따르라"는 말을 믿어야 한다. 전선에서 통솔과 동시에 책임을 지는 자리에 있다는 사실은 리더가 스트레스와 큰 변화가 일어나는 시기에 추종자들과 가장 효과적으로 결속하는 핵심적인 방법 중 하나다. 이는 결국 위대한 리더가 나중에 처할 타인으로부터의 자신의 리더십에 대한 도전에서 살아남을 수 있는 힘의 원천을 어떻게 형성하느냐의 문제다. 다른 사람을 해고하면서 자신의 월급은 보호하는 방식으로 조직의 실패를 처리하는 CEO라면 연고주의와 탄압 정책을 써야만 권력을 유지할 수 있을 것이다. 나폴레옹의 말처럼, "체력이 1이면 도덕은 3이다." 긍정적인 의미에서 동기 유발된 추종자들은 그렇지 않은 추종자들보다 더욱 큰 효과를 발휘할 것이다.

진화론적인 심리학과 점점 복잡해지는 인간 게놈 연구의 바람이 거세지는 현재 상황을 목격하고 있는 우리로서는, 현재보다 더 나은 위대한 리더십의 틀을 잡아 가는 생물학의 역할을 보게 될 것이다. 진화론적 심리학에서는 진화가 우리의 신체뿐 아니라 행동과 인지 능력의 틀도 만들었다고 본다. 예를 들어 우리가 설탕을 좋아하는 것도 실은 석기시대의 유물에서 맛있는 희귀 과일이 있다는 것을 나타내는 지표의 하나로 설탕이 기능하기 때문이라는 것이다. 그것은 우리의 몸이 하나의 유기체로서 조리를 완벽히 할 수 있도록 해준 데 대한 보상을 하는 한 가지 방법인 것이다. 설탕이나 음식을 너무도 쉽게 구할 수 있는 오늘날의 '초대형화된' 음식 환경에서는 그러한 행동이 물론 더 이상 제 기능을 하지 못한다. 리더십과 관련해 그와 비슷한 주장을 하자면, 근대 민주주의 사회 이전에는 전권을 가진 가부장적 '독재자'가 주어진 사회나 부족을 책임지는 것이 어쩌면 당연했고, 그만큼 제 기능을 발휘했다.

위대한 리더십을 더 이상 그럴 필요가 없음에도 우리를 그 자리에 머물게 하도록 고안된 석기시대의 파괴적 유산이라고 믿는 이들도 있다. 그렇다고 해도 진정 민주적인 사회라면 모두가 리더가 될 수 있으며 또한 그래야만 한다고 믿는 이들도 역시 있다. 리더십은 그렇게 생각하는 사람들을 위해 사회적으로 전해지는 것이 아닌, 오늘날의 세계에 맞도록 민주화된 개념인 것이다.

그러나 오늘날 대부분의 사회는 어떤 면에서 매우 위계적이다. 대부분의 사회는 여전히 사회적 피라미드 구조를 유지하고 있다. 두 세대에 걸쳐 성차별을 타파하려는 제도를 시행 중에 있는 선진 민주주의 사회에서조차 리더의 대부분은 여성이 아닌 남성이다. 정치학자 프레드 윌호이트Fred Willhoite에 따르면, 이들 남성 리더들 중에는 사실 아직도 영장류의 사회에서 보이는 '우두머리 수컷 alpha males'의 유형에 근접해 있는 경우가 많이 있다고 한다. 인간 사회에서의 그러한 우두머리 수컷은 고도의 '지능과 빈틈없는 성격, 달변과 신뢰성, 적극성, 사교성, 협동심, 적응력 등'을 보일 것이다.주22 윌호이트의 주장에 따르면 위계 질서와 계급을 정하는 제도는 어떤 사회에서나 성공과 번영을 위해 필요한 일종의 질서와 예측가능성 등을 인간과 영장류에게 부여한다. 이 이론에 의하면 위대한 리더는 민주주의 사회에서도(특히 위기의 시기에는) 계속 나타날 것이다. 왜냐하면 강력한 리더는 어떤 심층의 정신 수준에서 여전히 우리를 지배하기 때문이다. 겉으로는 민주적이고 합리적이며 평등주의적일지라도, 우리 내면의 자아는 더 깊은 충동과 야망이라는 측면에서 여전히 평등주의적이지 못하다. 모스크바와 베이징에서 오늘날에도 여전히 스탈린과 마오쩌둥의 초상을 걸고 다니는 택시들을 볼 수 있지 않은가?

리더십 유전자

최근의 연구에서는 새로토닌(포유동물의 혈관과 뇌 속의 혈관 수축 물질—역주)의 수치가 높은 것이 리더십 능력과 상호관계가 있다는 안을 내놓기도 한다.[주22] 테스토스테론(남성 호르몬의 일종—역주) 또한 남성과 여성이 가지고 있는 리더십의 차이점에 관하여 설명해 줄지도 모르겠다. 얼마 후면 '리더십 유전자'가 발견되는 것이 아닐까? 하버드대학의 전 총장인 래리 서머스Larry Summers는 유전적으로 남성이 과학과 수학에서 여성보다 더 뛰어나며, 성공의 정도가 평균적으로 더 높다는 자신의 가설로 인해 대중의 웃음거리가 되기도 했다. 그러한 주제에 관한 연구 중 그의 가설을 뒷받침해주는 것이 많아 보이기는 하지만 말이다(이 주제에 관한 찰스 머레이 Charles Murray와 스테판 핑커Stephen Pinker의 최근 연구를 참조하라). 역사상 위대한 리더십이라는 우리의 주제에 성별간의 차이라는 문제점을 추론해 볼 수도 있을 것이다. 남성이 출산을 하지 않기 때문에 많은 분야에서 우위를 차지할 것이며, 육체적으로 더 우월하고 보다 높은 지능을 가지고 있다는 추론이 나오는 것과 같은 맥락일 것이다. 물론 남성의 경우 부정적인 면에서 볼 때 지능지수가 낮거나 학습 장애 등을 갖고 있는 경우가 여성보다 더 많다. 지능 면에서 남성의 경우가 여성의 경우보다 더 많은 변이가 있을 수 있다는 것이다.

어쩌면 플라톤과 다른 고전주의 철학자들이 말한 (개개인이 모든 면에서 차이가 있기는 하지만) 어떤 정치 체제에서든 인간 유형학의 기본적인 유형들은 극소수에 불과할지도 모른다는 말은 틀린 것이 아닐지도 모른다. 예를 들어 플라톤은 저서 『공화국』에서 어떤 사회든 극소수의 사회 계급, 즉 지적인 엘리트 계층, 전사 계층, 상인, 농부가 있을 것이라 주장했다. 플라톤에 따르면 철학자가 왕이 되고 왕이 철학자가 될 때에야 비로소 국가 조직이 평화를 찾게 될 것이라고 한다. 왜 그런 것일까? 왜냐하면 모든 인간이 제퍼슨 Jefferson의 가설과는 반대로 평등하게 태어나지 않았기 때문이며, 이 사실을 반영하지 않는 사회는(훨씬 더 나쁜 경우로 그 사실을 부인하는 사회는) 불화가 일어나고 종국에는 소멸하고야 만다. 플라톤과 같은 철학자들은 어떤 국가 조직이든 그 '초유기체superorganism'가 수뇌부(철학자 왕)와 근육 부위(전사 계층), 그리고 나머지 몸체(상인과 농부 계층)로 구성되었다고 가정했다. 이러한 개념에서 보면 인간 사회는 꿀벌의 사회와 유사하다. 전체는 부분의 합보다 더 크고 각자의 부분은 노동을 분담한다. 사회생물학자들과 윌슨 Edward Wilson 같은 진화론적 심리학자들은 인간 사회를 생물학적 맥락에서 이해함으로써 플라톤의 연구를 새롭게 정리하고 있다.

하워드 가드너는 신체와 체력, 기술과 지능, 매력과 성별 등이 리더십 능력과 어떻게 상호관계를 맺고 있는지 명백히 보여주는 연구를 인용한다.[주23] 가드너는 "우리의 영장류적 유산은 사실 리더와 리더십에 대한 평가의 근간이 된다"고 기술했다.[주24] 예를 들어, 가드너는 '타고난 리더born leaders'는 원칙적인 문제에 대해 그들은 개개인들을 직접 대면하게 되는 젊은 시절에 이미 리더십에 대한 타고난 성향을 실제로 나타낸다는 사실을 발견했다.[주25] 나하반디Afsaneh Nahavandi는 저서 『리더십, 과학인가 예술인가』에서, CEO는 대개 한 집안의 장남이며 양부모 가정에서 자란 기혼의 오른손잡이에 키가 큰 편이고 평균 이상의 교육을 받았다고 언급한다. 그 문제에 관해 일부 비평가들이 '지나치게 지적인' 것은 실제로 위대한 리더가 되는 데 장애가 된다고 언급해 왔다는 사실은 무척 흥미롭다. 그 정도의 수준에 도달하면 지적 수준이 보다 낮은 추종자들과 개인적인 연대감이 없어짐으로써 리더의 통솔 욕구와 추종자들의 추종 욕구에 방해가 되는 것이다.

찰스 머레이는 저서 『인간의 성취Human Accomplishment』에서 역시 생물학과 리더십이라는 주제에 관하여 흥미로운 관점을 제시한다. 그는 '로트카의 법칙Lottka's law'에 대해 언급하면서, 다양한 리더십 영역에서(특히 예술과 과학에서)의 주요한 발전이 초인적 업적을 세운 소수의 공으로 돌아갈 수 있다는 사실을 발견하게 된다고 말한다. 머레이가 수집한 통계를 근거로 하면, 어떤 직업을 갖고 있든 평균이거나 그 이하의 사람들은 자신은 초인적 업적을 세운 사람에게 '무임승차' 하는 것에 지나지 않는다고 대부분 생각한다. 머레이는 진정 위대한 업적을 세운 사람들은 높은 목적의식과 자율 의식, 선에 대한 초월적 의식을 타고났다고 여긴다. 아리스토텔레스가 최선의 사회는 우리 모두가 생산적인 기쁨의 노력을 위한 최고의 능력을 실현할 수 있는 사회라고 말한 것처럼, 머레이에게 있어서 그것이야말로 심오한 진리를 담은 말인 것이다. 머레이는 또한 역사상 인간의 업적과 그 업적이 또 다른 업적에 영향을 미치는 현상에 대한 과학적 연구인 계량역사학 분야의 대가던 사이먼튼Dean Simonton에게서도 영감을 받았다.[주26]

우리는 머레이가 프랜시스 골턴Francis Galton의 업적인 성취에 대해 연구하게 된 계기를 알 수 있다. 골턴은 19세기 인간의 특징에 대한 유전 가능성 조사 전반에 커다란 영향을 미쳤다. 골턴은 지능이 일정 부분 유전된다고 믿는 사람들을 지지한 반면(리더십도 어느 정도 유전 가능성이 있을까?), 열의와 노력 없이 잠재력만 가지고 있다면 결국은 생산적이 될 수 없을 것이라고도 믿었다. 데이비드 리켄David Lykken은 표현형(육안으로 볼 수 있는 생물의 형질)에 관한 자신의 이론으로 유전 가능성 명제를 상세하게 피력한다. 이는 유전자형(개인 유전자 구성의 총체)이 유전자 주변 요소보다도 개인에게 미치는 영향이 더 크다는 견해다. 리켄은 행동에 영향을 미치는 것이 개인적 유전자에 의해서라기보다는 유전자 간 상호작용에 의한 것이기 때문에 '리더십 유전자leadership gene'는 결코 발견될 수 없을 것이라는 이론을 제기하기도 한다.

엘리트 정치학 이론가인 모스카, 파레토Vifredo Pareto, 미헬스도 역시 리더십에 대한 플라톤식 생물학적 패러다임에 기여한다. 그들은 모든 사회가 물리적 의미에서도 추종자들이 아닌 엘리트에 의해 지배된다고 함축적으로 말한다(영국의 한 연구에서는 한 사회의 엘리트 계층 구성원들이 어떻게 하위 계층 사람들에 비해 스트레스를 덜 받고, 육체적 질병으로 덜 고생하면서도 요절하게 되는지를 밝혔다). 안토니오 그람시Antonio Gramsci와 아놀드 토인비에 이르기까지, 학자들은 인간 사회에서 이른바 문화적 '트리클다운(대기업의 성장을 촉진하면 덩달아 중소기업과 소비자에게도 혜택이 돌아가 총체적으로 경기가 활성화된다는 경제 이론—역주)' 효과가 항상 존재해 왔다는 사실을 인지했다. 즉 최근까지도 사회적 리더에 의해 만들어진 고급 문화는 사회 위계상 하위 계층에 속하는 사람들이 열심히 모방해 왔다는 것이다. 이러한 과정은 토인비가 그의 최고 걸작인 『역사의 연구』에서 '문화적 모방'이라고 칭한 것이다.

토인비에 따르면 대중이 어떤 이유에서든 더는 엘리트 계층을 모방하지 않게 되면 문명은 소멸하거나 다른 모습으로 재탄생할 준비를 한다. 위대한 리더가 이끄는 더욱 새롭고 활기찬 엘리트 계층이 변화하는 문명에 자신들의 문화를 강요함으로써 그 과정을 새로이 시작하는 것이다. 이러한 관점에서 보면 위대한 리더는 문명 전반의 기본 지향에서조차 자신의 흔적을 남길 능력을 갖고 있는 것이 된다. 그러나 건전한 사회에서는 위대한 리더가 자신의 사명을 단순히 '일'이나 '통치'로만 여기려 하지 않을 것이다. 최고의 리더는 정확히 말하면 스스로의 사명을 놀이와 실험의 정신에서 접근했기 때문에 최고의 리더가 된 것이다. 현대 사회에서 리더와 리더십에 대해 이야기할 때, 우리는 항상 모든 사회 계층에서 인간의 힘의 원천을 완전히 해방시킬 준비가 갖춰지도록 사회를 조직화하는 최선의 방법에 대해 논의해야만 한다.

"리더는 타고나는 것이다"라고 믿는 사람들도 있고, "만들어지는 것이다"라고 믿는 사람들도 있다. 그러나 우리는 여전히 이 양분화된 논의에서 중도를 찾을 수 있다. 유럽과 일본에서는 '타고난 리더'일지라도 훈련과 교화 과정이 수반되어야만 거친 원석에서 다이아몬드로 거듭날 수 있다고 믿는다. 노동 시스템의 구분에 있어서 사회가 더욱 복잡해짐에 따라 모든 사람이 특정 영역 내에서 리더가 될 수 있다는 고리타분한 생각이 실현될지도 모르겠다.

주어진 사회 구조 내에서 유리한 고지를 점령하는 위대한 리더는 앞으로도 계속 존재하겠지만, 그러한 리더들이 점점 더 복잡해지는 사회를 성공적으로 이끌기 위해서는 다양한 영역의 수많은 또 다른 리더들에게 의지하지 않을 수 없게 될 것이다. 니체는 다양한 사회 계층에서 모든 위대한 리더가 특정한 때와 장소, 그리고 특정한 문화라는 상황 내에서만 완벽하게 발전한 개인의 모습으로 나타나게 될 것이라고 말했다. 니체는 또한 우리에게 진정한 리더란 리더십의 이전 사례를 모방하려는 어리석음에 대해 정확히 인식하고 있는 사람이라고 상기시킨다.

나쁜 리더십

'lead'의 어원은 고어 'laed'('길'을 뜻한다)다. 그렇다면 우리가 위대한 리더에 대해 더 많은 것을 알기 원할 때, 그들의 정반대편에 있는 역사상 최악의 리더를 이해함으로써 좀 더 수월해지지 않을까? 바바라 켈러먼Barbara Kellerman은 많은 주목을 받은 저서 『배드 리더십』에서 나쁜 리더십에 대한 연구는 좋은 리더십을 이해하는 열쇠라고 설명한다. 켈러먼의 표현대로라면, "우리는 질병을 무시하지 않고는 건강을 가르칠 수 없다." 주27 추종자들 역시 책임을 회피할 수 없다. 켈러먼은 추종자들이 책임져야 하는 '복종의 범죄crimes of obedience'가 있다는 것에 주목한다(여기서는 나치 독일의 경우를 생각해 볼 수 있다). 언급하기 껄끄럽지만 스탠리 밀그램Stanley Milgram의 실험은 추종자들이 권위적인 인물이 내린 명령이면 아무리 비도덕적인 것일지라도 어느 정도까지 그에 복종하는지를 보여 준다. 주28 위대한 리더십의 열쇠가 정말 성숙한 추종자들의 의식에 기인한다고 한다면, 나쁜 리더십에 종지부를 찍는 열쇠 또한 추종자들의 행동에 있는 것임에는 틀림이 없을 것이다.

에드먼드 버크Edmund Burke의 말을 쉽게 바꿔 말하면, "악인들이 승리하는 데 필요한 것은 단지 선인들이 아무런 일도 하지 않고 손을 놓고 있는 것이다." 도대체 왜 추종자들은 나쁜 리더를 따르려고 하는 것일까? 그 이유는 바로 우리 모두에게 홉스의 강력한 리더십이 부재한 사회적 혼란과 무정부 상태에 대한 두려움이 내재해 있기 때문이다. 그렇기 때문에 약간의 질서를 누리기 위해서라도 나쁜 리더십을 기꺼이 견뎌내는 것이다. 궁극적으로는 이러한 현상 역시 계급이 제대로 정립되지 않아 발생하는 사회적 불안을 치유하기 위한 우리 인간의 유산과, 그에 수반되는 책임의 입장에서 이해될 수도 있겠다. 우리는 '호모 사피엔스'이면서 '호모 하이어라키쿠스(위계적 인간—역주)'이기도 한 것이다.

나쁜 리더십의 전형적인 특징은 무능력과 비윤리적 행동이며, 나쁜 리더 또한 전형적으로 무능력하고 고집스럽고 과격한 사람이거나, 냉담하고 타락했거나, 편협한 악인이라고밖에는 할 수 없는 그런 종류의 사람이다. 켈러먼이 나쁜 리더십의 해결책으로 제안하는 것에는 무엇이 있을까? 재임 기간의 제한, 권력 분산의 보장, 집단 순응적 사고 지양, 선례를 따를지에 관한 역사학자와의 논의, 추종자들에게 리더 개인에게만 충성을 바치기보다는 사회나 조직의 더 깊이 있는 가치에 충성하도록 인센티브 부여하기 등이 나쁜 리더십과 싸우기 위한 점검 목록에 포함된 항목들이다.주29

군사적 리더십

군사적 리더십에 대해 몇 가지 언급해야겠다. 역사상 최고의 리더 중 많은 사람들이 군인이거나 군과 관련된 사람이다. 군 생활에서는 민간인의 생활과 마찬가지로 비스마르크의 금언이 여전히 진실로 통한다. "현명한 사람은 타인의 실수를 통해 얻는다." 리더십은 갈등 관계에 있는 한쪽이 전쟁과 같은 복잡한 상황에 적절히 대처하기 위해 필요한 유리한 고지를 선점하는 데 특히 중요하다. 투키디데스Thucydides가 인간은 두려움과 관심, 명예에 의해 행동하도록 영속적으로 동기 유발된다고 생각한 것은 다음과 같은 군사적 세계관으로 번역된다.

1. 군사적 인간은 그의 동료를 실망시킬까 두려워한다.
2. 그는 전쟁이라는 위기의 상황에 자신이 혹여 자격이 없을까 두려워한다.
3. 그는 자신의 명예를 자기가 직접 더럽히게 될까 두려워한다.

위대한 리더가 전쟁터에서 자신의 휘하에 있는 부하를 이해하기 위해서는 이러한 요소에 대해 분명히 이해하고 있어야 한다. 자신이 가진 권력이 최고 지점에 이르렀을 때 일종의 카리스마와 자신의 일에 대한 희열을 보여줘야만 소대와 분대, 참모부에 결속력과 동지애를 심어줄 수 있는 것이다. 군사적 영역에서의 위대한 리더십의 또 다른 특징은, 조직을 통틀어 적시에 창의적으로 올바른 결정을 내려야 하는 중간 지도층을 파악하고 신뢰하는 능력이다. 상부로부터의 기본적인 지침만으로 지휘관에게 결정권을 위임하는 독일식 관행은 오늘날까지 성공적인 군대와 실패한 군대를 구별시켜 주는 도구로 기능한다.

『미육군 리더십 야전교범U.S. Army Leadership Field Manual』에서는

"인격과 능력을 갖춘 군사적 리더라면 탁월한 공을 세우기 위해 행동한다"라고 기술하고 있다.*30 군사적 리더는 반드시 충성심과 의무감, 존경심, 사심 없는 복무, 명예, 청렴, 개인적인 용기와 같은 가치를 가지고 있어야 한다. 또한 자신의 정신적, 육체적, 감정적 기술의 충분한 개발을 위해 필히 노력해야 한다. 대인관계와 개념적인 측면, 기술적, 전술적인 면에 있어서도 우수한 기술을 증명해야 한다. 군사적 리더의 행동 능력은 타인에게 영향을 미치는 방식으로(의사소통 및 의사 결정, 동기 부여 등을 통해) 입증되어야 한다. 또한 계획을 세우고 그 계획을 실행하며 그것을 평가함으로써, 또 경험을 통해 배우고 개선함으로써 자신의 능력을 입증해야 한다. 무엇보다도 군사적 리더는 자신의 하급자들이 필요로 한다면 목숨까지도 희생할 수 있는 의지가 있어야 한다.

언급한 것들을 실천하기 위한 유일하게 신뢰할 만한 방법은, 위대한 군사적 리더십의 (역사가 어떤 지침으로서 작동한다면) 전선에서 부하를 통솔하며 말단 사병과 죽음의 위험을 함께하는 것이다. 이러한 리더십 철학은 이스라엘군이 오늘날 소부대 수준에서 최고의 군사 조직으로 평가되는 이유가 무엇인지를 여실히 보여 준다.

리더십의 유산

베르나르 샤르트르Bernard of Chartres는 "만일 더 멀리까지 볼 수 있다면, 그것은 우리가 거인의 어깨 위에 서 있기 때문이다"라고 했다. 우리는 우리 자신이 아닌, 역사의 위대한 리더들이 창조해 낸 생각과 가치, 제도의 산물인 것은 아닐까? 현대 서구에서 리더에 대해 냉소적인 태도를 취하기는 쉽지만(우리는 그렇게 할 자유가 있다), 평범한 리더십을 최고의 수준에서 오랜 기간 제공해 줄 수는 없게 되었다. 중국과 인도를 비롯해 여러 개발도상국이 서구를 따라잡기 시작하면서 새로운 국면의 문명 간 투쟁이 시작되고 있는 것도 어쩌면 당연한 일일 것이다.

새뮤얼 헌팅턴Samuel Huntington은 최근 서구의 이슬람과의 갈등을 보며 이미 이러한 현상이 두드러지고 있음을 주목한다. 서구의 패권이 5백 년 만에 처음으로 경쟁 국면을 맞으면서, 서구인들은 마땅히 현재와 미래의 도전에 맞서 필요한 리더십의 지혜를 발전시키기 위해 역사에 의지해 영감과 생각을 얻어야 한다. 서구인들이 그러한 도전에 응할 수 있는 한 가지 방법은 위기를 기회로, 패배를 승리로, 승리를 지속적인 평화로 바꿀 수 있는 리더를 발굴하는 것이다. 그러한 리더가 나서서 오늘날의 미국(국내외 정책상에서 더 큰 위협이 평범하게 취급되고 있는 반면 부유층의 물질적 요구와 결여를 우선적으로 처리하는 사회)이 그렇듯 '정의가 무시되는 사회'에 종지부를 찍으려면 엄청난 위기를 감수해야 할 것이다.[주31] 우리는 과거의 리더들이 이루어 낸 위대한 업적을 물려받은 사람들이다. 어떻게 하면 현재 우리에게 남겨진 사회적 자산, 즉 리더십 자산을 모두 소진하지 않고 우리 후손들에게 남겨줄 수 있을 것인가?

: 주석

주1) Babara Kellerman, Ed., Leadership: Multi-disciplinary Approaches(Prentice-Hall, 1984), ix.

주2) 가드너Gardner 33쪽에서 인용.

주3) John Antonakis, The Nature of Leadership(SAGE, 2004), 270.

주4) Jerrold Post, The Psychological Assessment of Political Leaders: With Profiles of Saddam Hussein and Bill Clinton(University of Michigan Press, 2005), 12.

주5) Steven I Davis, Leadership in Conflict: The Lessons of History(St. Martin's Press, 1996), 155.

주6) T.J. Wren, The Leader's Companion(Free Press, 1995), 58.

주7) Dankwart A. Rustow, Ed., Philosophers and Kings: Studies in Leadership(George Braziller, 1970), 9.

주8) Will, Certain Trumpets: The Nature of Leadership(Simon and Schuster, 1995), 21.

주9) 6)과 동서, 22.

주10) 6)과 동서, 267.

주11) Bernard Bass, Bass and Stogdill's Handbook of Leadership(Free Press, 1990), 14.

주12) Alan E. Bryman, Charisma and Leadership in Organizations(SAGE, 1992), 24.

주13) 10)과 동서, 29.

주14) J. Thomas Wren, The Leader's Companion: Insights on Leadership Through the Ages(Free Press, 1995), 105.

주15) Charles Lindholm, Charisma(Blackwell, 1993), 67.

주16) Howard Gardener, Leading Minds: An Anatomy of Leadership(HarperCollins, 1996), ix.

주17) 14)와 동서, 291.

주18) 14)와 동서, 295.

주19) Afsaneh Nahavandi, Art and Science of Leadership(Prentice-Hall, 2003), p.65.

주20) Bass, 8.

주21) Kellerman, 154.

주22) Gardner, 23.

주23) 21)과 동서, 32.

주24) 21)과 동서, 23.

주25) 21)과 동서, 286.

주26) Dean Simonton, Genius, Creativity, and Leadership: Historiometric Inquiries(Harvard, 1984).

주27) Barbara Kellerman, Bad Leadership: What It Is, How It Happens, Why it Matters(Harvard Business School Press, 2004), 11.

주28) 26)과 동서, 21.

주29) 26)과 동서, 239.

주30) U.S. Army Leadership Field Manual(MaGraw-Hill, 2004), 4.

주31) Andrew Bacevich의 The New American Militarism(Oxford University Press, 2005).

Allison, Graham and Zelikow, Philip. Essence of Decision: Explaining the Cuban Missile Crisis. New York: Longman, 1999.

Antonakis, John, Ed. The Nature of Leadership. Thousand Oaks, CA: Sage, 2004.

Aristotle. Politics. New York: Penguin Books, 1962.

Bass, B.M. Leadership and Performance Beyond Expectations. New York: Free Press, 1985.

────── Bass & Stogdill's Handbook of Leadership. New York: Free Press, 1990.

Bennis, W. On Becoming a Leader. Reading, MA: Addison-Wesley, 1989.

Bennis W. and Nanus, B. Leaders. New York: Harper & Row, 1978.

Bryman, Alan E. Charisma and Leadership in Organizations. Thousand Oaks, CA: Sage, 1992.

Buck, James Harold and Korb, Lawrence J., Eds. Military Leadership. Thousand Oaks, CA: Sage, 1987.

Burns, James MacGregor. Transforming Leadership. New York: Grove Press, 2004.

Buss, David. Handbook of Evolutionary Psychology. New York: Wiley, 2005.

참
고
문
헌

Campbell, J. The Power of Myth. New York: Anchor Books, 1991.

Davis, Steven I. Leadership in Conflict: The Lessons of History. New York: St. Martin' s Press, 1996.

DePree, M. Leadership Is an Art. New York: Doubleday, 1989.

Drucker, P. Managing for the Future. New York: Harper & Row, 1992.

Fiedler, . E. A Theory of Leadership Effectiveness. New York: McGraw-Hill, 1967.

Freedman, D. N. and McClymond, M. J., Eds. The Rivers of Paradise: Moses, Buddha, Confucius, Jesus, and Muhammad as Religious Founders. Grand Rapids, MI: W. B. Eerdmans, 2001.

Gardner, H. Leading Minds: An Anatomy of Leadership. New York: HarperCollins, 1995.

Gardner, J. On Leadership. New York: Free Press, 1990.

Grint, K., Ed. Leadership: Classical, Contemporary and Critical Approachers. Oxford, U.K.: Oxford University Press, 1997.

———— The Arts of Leadership. Oxford, U.K.: Oxford University Press, 2001.

Hartwick Classic Leadership Cases. Oneonta, NY: Hartwick Humanities in Management Institute.

Kellerman, Barbara, Ed. Political Leadership: A Source Book. Pittsburgh, PA: University of Pittsburgh Press, 1986.

———— Re-inventing leadership. Albany, NY: SUNNY Press, 1999.

———— Bad Leadership: What it is, How it Happens, Why it Matters. Boston, MA: Harvard Business School Press, 2004.

Kets de Bries, M. F. R. The Leadership Mystique. London: Financial

Times/Prentice Hall(2001).

Kissinger, Henry. The World Restored: Metternich, Castlereagh, and the Problems of Peace, 1812-22. Boston: Houghton Mifflin, 1973.

Kuhn, T. S. The Structure of Scientific Revolutions. Chicago, I.L.: University of Chicago Press, 1962.

Linholm, Charles. Charisma. Oxford: Blackwell, 1993.

Maslow, A. H. Toward a Psychology of Being. New York: D. Van Nostrand Co., 1968.

McCaffrey, Barry R. Leadership: The Warrior's Art. Carlisle, PA: Army War College Foundation Press, 2001.

Murray, Charles. Human Accomplishment: The Pursuit of Excellence in the Arts and Sciences, 800 BC to 1950. New York: Perennial, 2004.

Nahavandi, Afsaneh. Art and Science of Leadership. Presidio, 2003.

Neider, L. L. and Schriesheim, C. A., Eds. Leadership. Greenwhich, CT: Information Age Publishing, 2002.

Neustadt, R. E. Presidential Power and the Modern Presidents: The Politics of Leadership from Roosevelt to Reagan. New York: Free Press, 1990.

Northhouse, P. Leadership: Theory and Practice. Thousand Oaks, CA: Sage, 2004.

Plato. The Republic. New York: Random House, 1987.

Post, Jerrold M. The Psychological Assessment of Political Leaders. Ann Arbor, MI: University of Michigan Press, 2005.

Rejai, Mostafa and Phillips, Kay. Leaders and Leadership. Westport, CT: Praeger, 1997.

참고문헌

Rustow, Dankwart. Philosophers and Kings: Studies in Leadership. New York: George Braziller, 1970.

Simonton, D. K. Genius, Creativy, and Leadership. Cambridge, MA: Harvard University Press, 1984.

———— Greatness: Who Makes History and Why. New York: Guilford Press, 1994.

Storr, Anthony. Feet of Clay. New York: Free Press, 1997.

Tocqueville, A. R. The Spellbinders: Charismatic Political Leadership. New Haven, CT: Yale University Press, 1984.

Wills, Gary. Certain Trumpets: The Nature of Leadership. New York: Simon & Schuster, 1995.

Wren, J. T., Ed. The Leader's Companion: Insights on Leadership Through the Ages. New York: Free Press, 1995.

: *Leadership* :

리더십; 역사를 움직인 50인의 위대한

1쇄 발행 2008년 11월 24일
1쇄 발행 2008년 12월 3일

지은이 마크 로버트 폴릴 · **옮긴이** 김수진
펴낸곳 도서출판 **말글빛냄** · **인쇄** 삼화인쇄(주)
펴낸이 박승규 · **편집** 김보미 · **디자인** 진미나
주소 서울시 마포구 동교동 203-4 함께 일하는 사회 빌딩 301호
전화 325-5051 · **팩스** 325-5771
등록 2004년 3월 12일 제313-2004-000062호
ISBN 978-89-92114-37-0 03320
가격 16,500원

*잘못된 책은 바꾸어 드립니다.